U0492721

攀西国家战略资源创新开发试验区发展研究

张旭辉 等著

中国财经出版传媒集团
经济科学出版社
Economic Science Press

图书在版编目（CIP）数据

攀西国家战略资源创新开发试验区发展研究/张旭辉等著.
—北京：经济科学出版社，2019.5
ISBN 978-7-5218-0493-5

Ⅰ.①攀… Ⅱ.①张… Ⅲ.①区域经济-资源经济-经济发展-研究-攀枝花市 Ⅳ.①F127.713

中国版本图书馆 CIP 数据核字（2019）第 078812 号

责任编辑：刘　丽
责任校对：蒋子明
版式设计：齐　杰
责任印制：邱　天

攀西国家战略资源创新开发试验区发展研究

张旭辉　等著

经济科学出版社出版、发行　新华书店经销
社址：北京市海淀区阜成路甲 28 号　邮编：100142
总编部电话：010-88191217　发行部电话：010-88191522
网址：www.esp.com.cn
电子邮件：esp@esp.com.cn
天猫网店：经济科学出版社旗舰店
网址：http://jjkxcbs.tmall.com
北京季蜂印刷有限公司印装
710×1000　16 开　19.75 印张　350000 字
2019 年 5 月第 1 版　2019 年 5 月第 1 次印刷
ISBN 978-7-5218-0493-5　定价：68.00 元
（图书出现印装问题，本社负责调换。电话：010-88191510）
（版权所有　侵权必究　打击盗版　举报热线：010-88191661
QQ：2242791300　营销中心电话：010-88191537
电子邮箱：dbts@esp.com.cn）

前言

四川攀西地区是我国重要的战略资源富集区，钒钛磁铁矿资源储量巨大，稀土、碲铋等资源具有独特优势，是国防军工和现代化建设必不可少的重要资源，具有十分重要的战略地位。2013年3月，中华人民共和国国家发展和改革委员会（以下简称国家发展改革委）批准设立攀西战略资源创新开发试验区（以下简称攀西试验区或试验区），攀西资源综合开发利用再次上升为国家战略，也是目前国家批准设立的唯一以资源开发综合利用为主题的试验区。

2013年，四川省组织实施试验区建设规划（2013—2017年）。随着规划的实施，试验区在体制创新、科技攻关、产业发展、生态环境保护等方面成效显著。同样不可忽视的是，这些成绩与"建成世界级钒钛产业基地和我国重要的稀土研发制造基地，成为国内资源富集地区资源科学开发的示范区"的目标还有较大的差距。

有鉴于此，本书以区域经济、产业经济、新结构经济学等理论为基础，较为系统地分析了攀西试验区发展面临的困境、潜力以及创新发展的突破策略三个方面的研究内容，以期为持续推进攀西试验区创新开发，科学发展，构建现代化经济体系，带动攀西民族地区、贫困地区跨越发展提供智力支撑。

为实现上述研究目标，本书由相对独立但又存在内在逻辑联系的四个研究板块构成。其一为总论篇，包括第1~3章，从整体上梳理了攀西资源开发的历史进程、攀西试验区的目标定位与战略导向、发展困境及潜力。其二为理论篇，包括第4~8章，构成了整个研究的理论基础，既包括对区域经济、产业集群理论的理论回溯也涉及对国内外试验区建设经验总结；同时基于林毅夫的新结构经济学进行了理论上的创新和修正，提出了资源型区域产业转型的新结构经济学框架（I-EIC分析框架），以协调资源型区域经济发展中政府与市场的关系问题；并以之为基础，针对试验区跨行政区划的现实特征、政策环境、制度约束等方面，对试验区运行机制与运行模式、区域协调机制进行了设计。其三为实践篇，包括第9~15章。本篇以前述总体研究和理论分析为基础，分别针对攀西试验区以钢铁、钒钛、石墨、稀土、特色制造业等为代表的资源型主导产业，从产业基础、发展定位、发展路径、转型方向等方面展开了系统的研究。同时鉴于现代服务业在促进区域转型中的重要性日益凸显，本篇还着重分析了试验区的服务业转型发展问题。第15章则结合绿色发展的要求，提出了试验区生态文明建设的总体发展思路。其四为对策篇，包括第16~17章，从科技创新政策、财税政策、金融政策、土地政策、产业政策、能源政策等多方面提出了试验区体制机制创新的方向和对策。

　　本书是在张旭辉主持完成的四川省软科学研究计划项目"攀西国家级战略资源创新开发试验区：困境、潜力与突破"的基础上修订完善的，是集体研究的成果，由攀枝花学院张旭辉教授、胥刚研究员、李博副教授、周斌副教授、杨勇攀教授合著。张旭辉教授负责撰写第11、12、14~16章，李博副教授负责撰写第1~3章，周斌副教授负责撰写第4~6章、第13章，杨勇攀教授负责撰写第7~10章、胥刚研究员负责撰写第17章。全书由张旭辉、胥刚和李博完成统稿。此外，在研究过程中，四川大学的蒋永穆教授、内江师范学院的史仕新教授、成都信息工程大学的刘敦虎教授、攀枝花学院胡春生教授、攀枝花市发展与改革委员会严安国先生给予了大力的支持并提出许多宝贵的修改建议，在此致以最诚挚的感谢！同时，本书借鉴和吸纳了已有的一些相关研究成果，在此对有关作者表示衷心感谢！另外，经济科学出版社刘丽对本书的顺利出版付出了大量的辛勤劳动，在此表示衷心感谢！

　　本书尝试对攀西国家级战略资源创新开发试验区进行初步的探索，水平有限，难免存在疏漏与不足之处，在此我们诚恳地求教于国内外的专家学者，期待您的批评指正。

张旭辉
2019年1月于攀枝花学院明德楼

目 录

● 总 论 篇　　　　　　　　　　　　　　　　　　　　　1

第1章　设立攀西试验区的目标与意义 …………………… 3
1.1　攀西资源开发的历史沿革 ………………………… 3
1.2　新时代攀西试验区的建设目标定位 ……………… 11

第2章　攀西试验区发展的现实审视 …………………… 16
2.1　发展基本情况 …………………………………… 16
2.2　攀西试验区发展面临的困境 …………………… 19
2.3　攀西试验区发展潜力分析 ……………………… 24

第3章　攀西试验区发展的战略导向与路径选择 ………… 27
3.1　攀西试验区发展的战略导向 …………………… 28
3.2　攀西试验区发展的路径选择 …………………… 28

● 理 论 篇　　　　　　　　　　　　　　　　　　　　　33

第4章　相关文献综述 …………………………………… 35
4.1　概念界定与研究范围 …………………………… 35
4.2　国内外研究现状 ………………………………… 38

第5章　试验区建设的理论基础 ………………………… 49
5.1　区域经济协调发展与增长极理论 ……………… 49

5.2 资源型城市产业集聚理论 ·· 55
5.3 资源型城市产业转型的新结构经济学分析框架 ····················· 64

第 6 章 国内外试验区建设的经验与启示 ·· 79
6.1 国外经验与启示 ·· 79
6.2 国内经验与启示 ·· 84

第 7 章 攀西试验区运行模式及机制设计 ·· 88
7.1 攀西试验区创新体系的构成要素 ·· 88
7.2 攀西试验区建设的运行模式 ·· 95
7.3 攀西战略资源创新开发试验区利益协调模式设计 ················· 109

第 8 章 攀西试验区建设中需处理好的七大关系 ································· 119
8.1 协调发展、重点突破与系统集成的关系 ····························· 119
8.2 政府、市场与社会的关系 ··· 120
8.3 高质量发展与经济增长的关系 ··· 121
8.4 供给侧改革与资源型产业转型升级的关系 ·························· 122
8.5 战略资源开发与军民融合的关系 ······································ 124
8.6 改革创新与对外开放的关系 ·· 125
8.7 资源开发与生态文明建设的关系 ······································ 126

● 实 践 篇   *129*

第 9 章 钢铁产业 ··· 131
9.1 钢铁产业的发展状况 ··· 131
9.2 钢铁产业转型升级的宏观战略路径 ··································· 135
9.3 钢铁产业转型升级的机遇和思路 ······································ 138
9.4 钢铁产业转型升级的目标 ··· 139
9.5 钢铁产业转型升级发展的重点领域 ··································· 140

第 10 章 钒钛产业 ··· 142
10.1 钒钛产业发展现状 ·· 142

10.2	钒钛产业问题	145
10.3	钒钛产业关键技术突破	147
10.4	钒钛产业发展的重点领域	157
10.5	钒钛产业集群发展实证	159

第 11 章　石墨产业 ········ 164

11.1	国内外石墨矿产资源储量及产业发展	164
11.2	攀西石墨矿资源量及产业发展情况	167
11.3	石墨资源性产业发展趋势	168
11.4	攀西石墨产业发展的重点和方向	171
11.5	石墨产业建设发展展望	173

第 12 章　稀土产业 ········ 175

12.1	稀土资源储量和产业发展情况	175
12.2	攀西凉山稀土产业发展环境	182
12.3	攀西凉山州稀土产业发展优势与问题	185
12.4	攀西凉山州稀土产业发展思路与目标	188
12.5	攀西凉山州稀土产业发展定位与重点	190
12.6	攀西凉山州稀土产业发展模式与路径	194

第 13 章　特色制造产业 ········ 196

13.1	特色制造产业发展现状	196
13.2	特色制造产业存在的问题	205
13.3	发展思路与战略目标	208
13.4	特色制造产业发展重点和主要任务	210
13.5	加快特色制造产业发展的具体措施	218

第 14 章　攀西试验区服务业发展 ········ 221

14.1	资源型城市转型与服务业发展	221
14.2	攀枝花市与周边城市服务业发展比较分析	234
14.3	资源型城市生产性服务业影响因素——以攀枝花市为例	243
14.4	攀西试验区生产性服务业发展	249

第15章 攀西试验区生态文明建设 ············ 259
- 15.1 试验区生态文明建设状况 ············ 259
- 15.2 试验区生态文明建设面临的发展环境 ············ 263
- 15.3 试验区生态文明建设的总体思路 ············ 264
- 15.4 试验区生态文明建设重点工程 ············ 267
- 15.5 试验区生态文明建设机制和保障措施 ············ 270

对策篇 279

第16章 攀西试验区政策支撑体系研究 ············ 281
- 16.1 科技创新政策 ············ 281
- 16.2 财税政策 ············ 282
- 16.3 金融政策 ············ 285
- 16.4 土地政策 ············ 286
- 16.5 产业政策 ············ 287
- 16.6 能源政策 ············ 287
- 16.7 生态政策 ············ 288
- 16.8 人才政策 ············ 289

第17章 攀西试验区发展建议 ············ 290
- 17.1 夯实自身发展基础 ············ 290
- 17.2 创新资源开发模式 ············ 291
- 17.3 促进产业转型升级 ············ 293
- 17.4 推进重大技术创新 ············ 294

参考文献 ············ 296

总论篇

攀西国家战略资源创新开发试验区发展研究

第1章 设立攀西试验区的目标与意义

在地球46亿年的地质演变史中,为人类留下两座雄奇秀险的大裂谷——东非大裂谷和攀西大裂谷。当乘坐飞机越过浩瀚的印度洋进入东非大陆赤道上空时,一条长度相当于地球周长1/6的大裂谷从机窗外铺展开来,气势宏伟,景色壮观。东非大裂谷宽度约几十至200千米,深达1000至2000米。裂谷内分布有众多湖泊、火山和草原,物种丰富,盛产铜、金、金刚石等稀世矿藏,也是人类最古老的发源地之一。而在万里之遥的南方古丝绸之路上,从四川邛崃贩运毛铁的马帮背夫穿越横断山时,常常感觉背驮的东西沉重了许多,举步维艰。直到走出这个区域才会有轻松感。古人哪里知道,他们所穿越的崇山峻岭是一座座磁铁山。距今6亿多年前,中国大陆还因古海洋的存在而分离成几大古陆板块,其中的扬子古陆从南半球的澳大利亚板块分离向北漂移,缓慢地与北半球的古陆合拢。在随后数亿年间几大古陆板块拼合对接过程中,位于扬子古陆西缘的部分逐渐与悄然隆起的古特斯洋板块(即后来的青藏古陆)拼接,并伴随着地球深部地幔炽热岩浆的上涌,同时与古陆基底岩层产生强烈的热结晶作用。一个地球上罕见的成矿地质带——攀西大裂谷就这样诞生了。

1.1 攀西资源开发的历史沿革

1.1.1 攀西地区矿产资源的发现

攀西地区资源丰富,得天独厚。在漫长的历史长河中,它被人们一次次地感知,但又长期未能揭开其神秘的面纱。直到民国时期,借助于现代地质勘察,这一巨大的资源宝库才初露端倪。然而直到1949年中华人民共和国成立,对攀西资源的开发才成为可能。此后又经过了数代人的努力，昔日之裂谷荒野才成为今日祖国西南的工业重镇。

从历史角度进行考察，古人对攀西磁铁矿资源的零星利用已逾千年。在《后汉书·郡国志》中已经有了台登（今泸沽）、会无（今会理）出铁的记载。明清之际，会理小关河一带的冶铁业已经十分发达，境内小土炉多达百余座。但是，上述零星的开发活动都不过是冰山一角，攀西地区丰富的矿产资源依然深埋在裂谷深处，不为人知。迟至19世纪末期，随着西方列强对我国的入侵，这一资源宝库才逐渐引起世人的重视。最先对其运用现代地质科学的基本方法进行踏勘的也并非中国地质工作者，而是一批批外国人，如德国的李希霍芬、匈牙利的劳策、法国的乐尚德、瑞士的汉威等人。① 从1914年起，国内一些著名的地质学家，如丁文江（1914）、谭锡畴、李春昱（1929—1930年）、李承三（1930）、黄汲清、常隆庆、刘之祥（1936—1937年）等人才相继入川进行地质调查。1937年9月，常隆庆所著《宁属七县地质矿产》首次出版发行，为攀西地区的地质研究奠定了基础。1934—1945年，常隆庆先后6次深入攀西地区开展地质勘察工作②。常隆庆因对攀西资源发现的突出贡献至今为人们所铭记。

抗战爆发后，大批科学家怀着科学救国的理想和建设后方工业基地以为抗战奥援的希冀，纷纷深入裂谷深处，为国寻宝。此为20世纪攀西资源勘探的第一个高潮。1940年6月，地质学家汤克诚赴盐边乌拉调查煤矿，途间发现山间铁粒，凭着职业敏感，同行团队立即展开探勘，足迹遍及尖包包、兰家火山、倒马坎三地，并测制出铁矿简图，形成《西康省盐边县攀枝花及倒马坎铁矿区地质报告》。报告认为，该矿带储量为1000万吨左右。这是近代第一次对攀枝花钒钛磁铁矿较为系统的勘察发现。此后，各路探矿人员又多次对攀西地区铁矿进行大规模的地质调查，攀枝花的煤田和其他矿藏相继被发现。沉睡亿万年之久的不毛之地，转眼间摇身一变为富甲天下的聚宝盆。一时间攀枝花在中国地矿界声誉鹊起。

其间，抗战正危。国内实业界大批有识之士和地质学家都曾对发展中国西南钢铁工业、开发攀枝花铁矿抱有满腔热情。中华民国国民政府亦在1939年5月于重庆召开第一次全国生产会议，研究西南工业布局问题。时任行政院长孔祥熙在开幕词中说："政府已斟酌西南各省资源及交通，决定在四川境内，选择适当

---

① 胡昌绪，李思校，杜维宣. 金色的攀枝花 [M]. 成都：四川科学技术出版社，1990：24.
② 郑有贵，张春鸿. 三线建设和西部大开发中的攀枝花 [M]. 北京：当代中国出版社，2013：22 - 26.

地点，为第一期要发展的工业区域"。① 但终因国民党政府自顾不暇，加之交通闭塞、开发难度大，攀西铁矿资源继续深埋裂谷，直至抗战胜利，攀西资源开发依然停留于无数仁人志士的脑海间。

1.1.2 1949年中华人民共和国成立至"三线建设"前的攀西资源开发

1949年中华人民共和国成立，翻开了攀西地区崭新的一页。在1953年制订的第一个国民经济五年计划中，中央把开发内地、加速内地钢铁工业建设作为恢复国民经济的工作重点之一。其后在中华人民共和国地质部的统一部署下，对全国6个片区80余个成矿带开展地质大普查，攀枝花被纳入会理地质大队马河普查点的重点普查范围。1954年6月，南京大学地质系教授徐克勤率实习生团队配合会理地质大队进行普查找矿实习。他们的勘测结果大大突破了前人的结论，预估攀枝花铁矿储量达1亿吨以上。同年12月，西南地质局派专家进行复核，确认了这一结论。此后，国家进一步加大了对攀枝花铁矿的勘察力度，扩大区域普查范围，邀请苏联地质专家扎鲍罗夫斯基进行现场指导，并同步开展勘察钻探、地形测量、物理探矿等综合勘测工作。

1955年年底，攀枝花矿区地质普查结束，结果更超预期。此次普查除发现尖包包、兰家火山、倒马坎三地储量远超之前估计外，又发现朱家包包、公山、纳拉箐三个矿体。普查探明，攀枝花铁矿为一斜长带状分布矿床，长19公里，宽2公里，C2级储量10亿吨，其中铁矿石储量7亿多吨，二氧化钛和五氧化二钒储量达800万吨和200万吨，是一个具有综合利用前景的巨型铁矿。此外，依据矿床特征其后又追索发现了西昌太和、米易白马、会理红格（现已划归攀枝花市盐边县）等新矿区，远景储量约50亿吨。② 更为难得的是，同步开展的煤矿、辅助原料勘探表明，本地还具有发展钢铁工业所必需的煤炭储备。1958年永仁地质队测定全区煤炭储量达5.44亿吨。煤铁资源的相互配合为在攀西地区发展现代钢铁业奠定了坚实的基础。

攀西地区丰富的矿产资源很快引起中央的高度重视。1958年3月，地质部部长李四光向毛泽东主席报告，在四川金沙江畔发现了一个大铁矿。主席闻讯非常

---

① 陈东林. 三线建设：备战时期的西部开发 [M]. 北京：中共中央党校出版社，2003：15.
② 郑有贵，张春鸿. 三线建设和西部大开发中的攀枝花 [M]. 北京：当代中国出版社，2013：22 - 26.

高兴，询问那个地方叫什么名字。李四光说，那里荒无人烟，因长着几颗大攀枝花树，地质勘察队就把那里标注为"攀枝花"。毛泽东当即表示赞成，认为"攀枝花"这个名字很好，并指示要组织力量尽早开发。这也是攀枝花这座全国唯一以花为名的城市名称的由来。从此，攀枝花这个诗意的地方就在毛主席的脑海中留下了深刻的印象。其后，地质部、冶金部、中国科学院等也加快对攀西资源开发利用的研究力度，多次开展选矿、冶炼实验。中国科学院与苏联科学院签订技术合作协定，邀请苏联专家对攀枝花铁矿的矿物构成、选矿流程、精矿冶炼等给予技术支持。在数年后开启的"三线建设"中，攀枝花钢铁基地建设更成为全国建设的重大项目，攀西资源开发终于破冰起航。

1.1.3 "三线建设"时期的攀西资源开发

20世纪60年代初期，中共中央和毛泽东从当时的国际局势出发，提出了将我国各地区划分为一线、二线、三线的战略构想，由此也导致了"三五"计划设想中以"解决吃穿用"为主的发展战略向以加强战备、加速"三线建设"建立战略后方全面布局的转变。① 三线建设由此成为此后近二十年间影响中国经济社会发展大局的国家战略。

"国家战略"（National Strategy）一词最早源于英国提出的"大战略"概念，其后美国军方对其进行了系统性的阐发。美国在《国防部军语辞典》中将其定义为：平时及战时，发展和运用政治、经济、心理与军事权力，以达成国家目标的艺术与科学。究其概念而言，蕴含着三层含义，即由国家制定、以整个国家为对象和以国家利益为战略目标指向。以此为评价标准，攀西地区资源开发活动的第一个高潮无疑是"国家战略"导向下的大规模战备和国土开发计划——始于1964年并持续至20世纪80年代的"三线建设"的关键工程。而在此后的二十多年间，攀西资源开发陷入相对低潮，则同样与国家战略重心的转移具有高度的相关性。

在"三线建设"这个全面布局中，攀西地区的资源开发成为重点抓手，成为三线建设期间的重中之重。对于攀西资源开发在整个三线建设中的地位，毛泽东就曾以极富个性的话谈道："攀钢建设不是钢铁厂问题，而是战略问题""攀枝

---

① 陈睦富. "三线建设"的回顾与历史启示 [J]. 咸宁师专学报, 2000 (4): 44-51.

花建不成,我睡不好觉"。① 在人烟稀少,几无工业基础的攀西大裂谷建设现代化的钢铁基地,当然不是党和国家最高层的头脑发热,而是有着深远的国家战略考量。以攀西资源开发为重点,是为了推动三线建设这个全局。三线建设这个全局,从战略目标来看,又有国防战备和经略西部,平衡国内生产力布局的双重战略意图。

从国防战备的角度来看,攀枝花的优势主要有两点:一是地处中国腹地的攀西大裂谷之中,隐蔽性强,是建设战略大后方的理想之地。对此,周恩来总理曾指出:"除了攀枝花(位于西南川滇交界处)以外,我国周围各省都是第一线。东南沿海、舟山是最前边,东南几省是第一线。对东南亚来说,南边几省是第一线。对印度来说,西藏是第一线。对修正主义,西北、东北各省是第一线。但是各省相互来说又都是二线三线。比如,西藏有事,内地都是三线。真正的三线是陕南、甘南、攀枝花。"② 二是资源丰富且互补,具有能支撑钢铁工业独立发展的资源优势。当时在攀枝花钢铁工业选址问题上存有较大的争议。毛泽东在听取了有关专家的汇报后说:"乐山地址虽宽,但无铁无煤,如何搞钢铁?攀枝花有铁有煤,为什么不在那里建厂?钉子就钉在了攀枝花。"③

从经略西部,平衡国内生产力布局的角度来看,攀西地区也具有独特的区位优势。针对西南三线建设,彭德怀元帅曾创造性地提出"一点一线一片"构想,并利用"钟摆原理",通过攀枝花钢铁基地的建设,带动贵州六盘水煤炭资源的开发;通过成昆铁路串联"两点一线",既可为重庆工业发展提供原料保障,重庆的工业设备又可便捷地支持攀枝花和六盘水工业基地的建设;既可确保国防战备目标的达成,又可在西南地区建成一个庞大的地域经济综合体,进而带动大西南整体的工业化进程。

双重目标的达成,在技术层面上则归结为攻克钒钛磁铁矿冶炼这一世界性的难题。④ 经过广大建设者和全国科技精英的努力,从1965年开始,历时两年半,共经历1200多次实验,终于探索出了在普通高炉中冶炼攀西磁铁矿的工艺流程,解决了横亘在攀西资源综合利用过程中最大的技术难题,成为中国钢铁工业发展

---

① 中共中央文献研究室. 周恩来传(1949—1976)(下)[M]. 北京:中央文献出版社,1998:511.
② 薄一波. 若干重大决策与事件的回顾(下)[M]. 北京:中共中央党校出版社,1993:1204.
③ 中共中央党史研究室,中央档案馆. 中共党史资料(第74辑)[Z]. 北京:中共党史出版社,2000:189. 转引自杨学平. 论三线建设与攀枝花城市化进程[J]. 濮阳职业技术学院学报,2011(6):123-128,136.
④ 国家计委档案. 1965年计划纲要(草案)[A]. 转引自:郑有贵,张春鸿. 三线建设和西部大开发中的攀枝花[M]. 北京:当代中国出版社,2013:31.

史上技术攻关的典范。① 1971 年攀钢顺利出钢，1974 年成材，标志着基地一期工程的基本建成。一座以钢铁为主，包括煤炭、电力、化工等多个工业门类的"百里钢城"，在不到 10 年的时间里，奇迹般地出现在昔日的"不毛之地"。

1.1.4　"三线建设"时期攀西资源开发的经验总结

"三线建设"是我国在计划经济体制下进行的规模最大、持续时间最长的国土开发计划。攀枝花钢铁基地作为"三线建设"时期的重点抓手和标志性工程，堪称全球冶金工业发展史上的一个典范，至今对攀西试验区②的建设具有重大的借鉴意义。

（1）以明确的战略目标为指引，统筹安排资源开发路径。三线建设的出台根源于严峻的国际形势和国内东西部经济不平衡的现实考量。在制定这一重大战略决策时，其战略导向就十分清晰。其首要目的是满足国防战备的需求，其次则是平衡国内经济布局，"在纵深地区建立一个工农结合的、为国防和农业服务的比较完整的战略后方基地"。具体到攀西资源开发，在选址问题上因为毛泽东的亲自拍板而明确要求"钉在攀枝花"之后，关于攀西资源开发的目标就严格按照"出矿、夺铁、保钢、成材"的顺序展开，其后的体制创新、资源调配、技术攻关和配套建设无不在这一总目标的指引下有序展开，渐次推进。

（2）以体制创新为保障，提升资源配置效能。1965 年年初，中央几乎同时批准设置安达（大庆）特区和攀枝花特区，以解决多头管理和条块分割问题。在攀枝花特区建立冶金部和四川省委的双重领导体制，下设冶金、矿山、煤炭、交通等 9 个专业指挥部，以便于对有限的资金、人才和物资进行全面规划、集中领导、统一管理和专业协作。与大庆特区主要为解决行政管理和生活问题相比，攀枝花特区在新中国经济建设史上无疑更具有开创性意义。这种"条块结合，部委为主，地方为辅"的双重领导体制，一方面强调冶金部的主导作用，确保了国家战略意图在地方层面能得到有效贯彻，并提高全国范围内的资源配置效率；另一方面通过将四川省委吸纳进领导体制中，以兼顾地方利益，亦便于调动地方积极性。如果说深圳蛇口工业区是改革开放后我国对外开放的第一块试验田，那么成立更早的攀枝花特区则是新中国历史上第一个综合工业经济特区，对当前阶段攀

---

①　刘吕红，阙敏．"三线"建设与四川攀枝花城市的形成［J］．唐都学刊，2010（10）：58－62．
②　攀西试验区全称为"攀西战略资源创新开发试验区"，为行文方便，在不引起混淆的情况下，在后续章节中，以攀西试验区或试验区作为攀西战略资源创新开发试验区的简称。

西资源开发和攀西试验区建设而言，仍具有启发性。在当前攀西资源开发的顶层制度设计——攀西试验区部省联席会议制度中，我们不难发现前后两个历史时期在制度设计上的连续性和继承性。在市场经济条件下，攀西战略资源的综合开发和利用已不能采取计划经济体制下国家大包大揽的方式进行，但由于涉及国家战略安全，发挥市场机制在资源配置中的决定性作用的同时，强化国家战略指引，优化政府规划、财税、金融、科研政策的导向性设计，以动员、引导社会资源向关键项目集中配置，构建新形势下"集中力量办大事"的新机制依然具有重大的现实意义。

（3）以技术创新为突破，提升资源综合开发利用效率。攀西地区资源储备得天独厚，但作为高钛型矿，要实现在普通高炉中的冶炼则是一项工业强国多年攻关未能突破的世界性难题，成为全球冶金领域的一块"禁区"。苏联专家更加直白地讲，攀枝花矿"好看不好用"，是"呆矿"，几乎宣布了攀枝花钒钛磁铁矿的"死刑"。[①] 在中苏关系破裂之后，意味着对这一"禁区"的突破只能依靠国内自身力量。1964年，在攀枝花钢铁工业基地建设大规模上马的同时，冶金部集中全国的科技精英108人开始了向世界冶金难题的攻关之路。广大科技人员因陋就简，在极其恶劣的生产、生活条件下，仅用不到两年的时间攻克了用普通高炉冶炼高钛型钒钛磁铁矿的世界难题，打开了攀西资源宝库的大门，书写了世界冶金史上属于中国的辉煌。这一成功的技术攻关，奠定了攀西资源开发最坚实的技术基础，也厚植了攀西地区敢为人先、锐意创新的城市精神。在这个意义上，攀西地区在持续数十年的资源开发过程中无不践行着"创新驱动发展"的深刻意涵。

1.1.5　攀西资源开发的沉寂与低潮

1970年顺利出铁，1971年出钢，1980年攀钢一期工程建成达产，形成年产150万吨钢的生产能力，奠定了攀枝花市作为我国重要的战略后方钢铁能源基地的基础。改革开放后，随着国内产业结构的不断升级，国家进一步提出要加大对攀西资源的综合开发利用。攀西资源开发得以摆脱建设初期"以钢为纲"的发展思路，开始着手钒钛资源的综合开发利用。

但随着国际大环境的趋缓，国内发展战略从以战备为中心转向以经济建设为

---

① 郑有贵，张春鸿. 三线建设和西部大开发中的攀枝花 [M]. 北京：当代中国出版社，2013：70-71.

中心。在邓小平同志"两个大局"战略思想的指导下，国家通过策略性的区域尺度重组和"梯度"差别性制度供给，引发了全国生产力布局空间尺度的重大调整与相应的治理形式的重构。由此，战备时期一线、二线、三线的划分转变为东中西三大地带的区域架构[1]，区域发展思路也由之前的平衡开发转变为东部优先，各类要素均向东部沿海地区倾斜。因此，尽管1992年四川省即向国务院报送了《关于建立攀西资源综合开发区的报告》，提出在社会主义市场经济条件下，在攀西建立我国内陆第一个按经济特区体制和政策运行的资源开发区的构想，但并未得到国家批复。[2] 广大的中西部地区在改革开放的前二十年里，从发展速度到发展质量都远远落后于东部沿海。三线建设期间兴建的大量企业开始进入调整改造期，攀西地区作为计划体制下的宠儿尽管仍保持了较快的增速，但与东部沿海比较，则无疑地陷入了相对的沉寂与低潮。

在这个阶段，攀西地区负重前行，在资源综合开发利用上持续加大投入。1968年攀钢建立国内第一座简易雾化提钒装置。1978年建成产能7.45万吨的雾化提钒车间，1980年产量超3万吨，完全满足了国内需求。同时出口欧美发达国家，使中国从钒进口国变成了钒出口国，在全球钒渣市场形成了苏联、南非、中国三足鼎立的局面，奠定了攀枝花打造世界级钒制品基地的产业基础和技术基础。同期，攀枝花开始展开对钛资源的回收利用。1989年攀钢选钛厂建成，形成年产5万吨钛精矿生产能力；1997年产能增至10万吨，成为国内最大的选钛企业。1994年建成钛白粉厂，钛产业链向深加工领域延伸。截至2016年攀枝花已具备年产钛精矿454万吨、高钛渣58.2万吨、钛白粉62万吨、海绵钛1.5万吨、钛锭0.4万吨的生产能力，是国内最大的钛精矿生产基地和钛白粉产量最大的单一产区。

自2000年开始，国内钢铁业产能产量迅速扩大，攀枝花则放缓了规模扩张的步伐，选择向"精""特"方向发展的战略。生铁、粗钢在国内钢铁市场的占比从2000年的3.17%、2.82%，下降至2016年的0.8%、0.64%。同时，加大含钒、钛钢铁新材料的开发力度，先后开发出了百米高速铁路钢轨、高强耐磨钢轨、家电用深冲钢板等高附加值产品，技术处于国际或国内领先水平。

2007年攀枝花第一批海绵钛成功量产，标志着攀枝花打通全流程钛产业链。

---

① 从20世纪80年代开始到20世纪末期，东中西三大地带成为国家经济社会统计的一个区域划分依据，在进入21世纪之后，东北三省作为相对独立的一个区域被强调。相应地在经济社会统计中调整为东部、中部、西部和东北四大"板块"。

② 周振华. 试论国家级生态经济与资源开发试验区 [J]. 国土经济, 1999 (4): 16-18.

此后，四川省第一批钛锭、第一批钛板卷和国内最长最宽钛锭相继在攀面世。攀枝花在海绵钛、钛锭、钛材等领域的生产规模迅速扩大。2017年攀钢氯化法钛白生产线建成投产，产业结构进一步优化。2007年，攀钢选钛厂选出硫钴镍精矿产品，标志着攀枝花资源开发进入"钢铁+钒钛+稀贵金属"综合回收、深度开发阶段。同时，提升二次资源的开发利用水平，以钒钛磁铁矿表外矿、极贫矿、高炉渣、黄磷尾渣、瓦斯泥、烧结烟尘、钛白废酸、绿矾等二次资源开发利用以及钴、铜、镍等稀散金属回收利用为主的循环经济产业已形成一定规模，生产出钛硅合金、工业硫酸、铁系颜料、微细铁粉、氯化钴、阴极铜、碳酸镍、电解锌等产品。

1.2 新时代攀西试验区的建设目标定位

1.2.1 攀西战略资源创新开发试验区的设立

经过改革开放后二十多年的高速发展，在东部优先战略的指引下，邓小平同志"两个大局"之一的"沿海率先发展"目标基本实现。但长期采用非均衡的发展模式也导致东部沿海地区与其余地区发展差距的不断扩大，使得另一个大局——促进内地更快发展，成为国家不得不重视的问题。1999年国家正式出台西部大开发战略，开启了我国在市场经济条件下经略西部的新一轮高潮。"十一五"期间，进一步明确提出以"推进东中西部良性互动"为核心的涵盖西部大开发、东北振兴、中部崛起的区域发展总体战略。

从前述对于中国六十多年来区域发展战略的回溯中可以发现，中国区域发展战略的演变，同时受到国内因素和国际形势两方面的重大影响。在战略目标的设定上，也同时兼顾国内和国际两个重大方向。三线建设的实施，首要的目标是在恶劣的国际形势下，满足国防战备的需求，其次才是平衡国内经济布局，是一个主要基于国际形势作出的被动的战略选择。在改革开放阶段，区域发展的重点转入东部，但基本上仍是顺应国际形势的波动而做出的调整，还是相对被动的战略选择。直到2008年全球金融危机爆发，一方面，全球经济发展陷入低潮，中国长期以出口导向为特征的外向型经济已后继乏力；另一方面，随着中国整体实力的增强，已成长为具有国际影响力的大国并明确了建设制造业强国的目标，中国的发展战略才真正地展现出自主性。

中国共产党第十八次全国代表大会以来,习近平总书记统筹国内国际两个大局,提出"一带一路"倡议,为西部的发展注入新的动能,广大的西部地区,一举从内陆经济腹地而成为全域开放的前沿地带。攀西资源开发在相对沉寂了二十多年之后,再次上升为国家战略,从而创设了其二次创业和跨越发展的良机。

1.2.2 中国区域发展战略的谱系

改革开放以来,我国已陆续划定了近60项"国家战略区域",以进一步细化和落实区域发展总体战略。这些国家战略区域分别被冠以不同的名称,如经济特区、开发区、综合配套改革试验区。虽然都被冠以"国家级",但从全局的视野来看则是一个分层的体系,从而构成了中国当前区域发展战略的完整谱系。以这一图谱为参照,我们便可以将攀西试验区放置其中,从而明确其战略定位,并进一步清晰其发展导向。

从资源导向性配置与权力下放角度分析,迄今为止的特殊区域战略措施可分三个层次:一是经济特区,以深圳为代表。这种区域设立于改革开放初期,一方面享有计划体制下国家对资源进行导向性配置的特殊利益,同时中央政府给予了充分的自主性权力,担负建设国际竞争力区域,探索改革开放路径的任务。二是全面型改革试验区,以浦东新区和滨海新区为代表,享有全方位体制机制创新的权力,并得到国家明确和具体的政策支持,但中央政府基本不进行直接的导向性资源配置。在发展动力上从直接的国家政策倾斜转向地方制度的自主创新。其承担的战略任务亦从单纯的经济发展转向探索全方位的体制创新问题。三是专题型改革试验区,如重庆市和成都市统筹城乡综合配套改革试验区、山西资源型经济转型综合配套改革试验区。这类区域享有在特定改革领域"先行先试"的权力,以探索解决特定领域的经济社会发展问题为目标,中央政府在利益方面基本上没有直接的输送安排。这类区域是目前在全国布局最广泛的一类战略区域,涵盖四大板块和四类主体功能区,覆盖面大、分布广,但区域空间尺度逐步缩小,逐渐向省区内次区域发展延伸,体现出在国家层面的"三圈六核"宏增长极[①]基本确

---

① 宏增长极指对全国范围内的经济增长、社会发展和体制创新具有引领性、示范性的增长极。三大宏增长极主要指环渤海经济圈、长三角经济圈、珠三角经济圈。六核指首都经济圈、环渤海经济圈、东海经济圈、南海经济圈,长江中上游经济带及黄河中游经济带。三圈六核范围存在部分交叉,呈现大圈套小圈的格局。

定之后，力图构建区域增长极和区域内"次增长极"的战略意图，可以更好地结合地方的比较优势并调动其积极性。

1.2.3 攀西试验区在国家层面的建设目标定位

与五十余年前三线建设时期攀枝花特区在整个中国战略版图中的重要性相比，今日的攀西试验区在国家区域发展战略谱系中的层级无疑是下降了。综合评判，攀西试验区在全国的区域发展战略中处于第三层次，即专题型改革试验区。

从国际形势看，全球经济进入战略转型期，发达国家纷纷大力培育新兴产业，抢占未来经济制高点，钒钛、稀土、碲铋等资源战略地位愈加突出。同时，我国钒钛等战略资源综合利用缺乏成熟经验借鉴，在氯化法钛白、钛合金材料、钒功能材料等高端应用领域研发远远落后于发达国家，亟待提升自主创新能力。从国内看，我国经济发展已由高速增长阶段转向高质量增长阶段，正处在转变发展方式、优化经济结构、转换增长动力的攻关期。随着国家推动"一带一路"和长江经济带建设，深入实施西部开发战略，以及"中国制造2025"等重大战略的出台，使得钒钛、稀土、碲铋资源综合开发利用等产业的战略地位再次得以大幅度提升。攀西地区作为我国钒钛稀土资源最富集的地区，将之建成为世界级钒钛产业基地、我国重要的稀土研发制造中心和有色金属深加工基地，打造资源富集地科学开发利用资源的示范区便成为国家在新时期赋予攀西地区的战略重任。

两大基地的建设目标是对试验区建设的攻坚性要求，着眼为国防军工和国民经济重要部门提供战略资源保障。这就要求攀西地区在战略资源的综合开发利用上，加大科技攻关，取得20世纪60年代攻克钒钛磁铁矿冶炼难题这种关键性突破性进展，为国防军工、航空航天、高端制造等战略性产业的发展提供战略保障。示范区建设目标的提出则要求攀西地区通过其"先行先试"的探索，形成合理高效的资源开发体制机制，以对全国200多座资源型城市（镇）转型发展提供引领示范性作用。

从经略西部，构筑全方位对外开放格局的角度进行分析，则攀西试验区的建设意义则更加深远。20世纪90年代，费孝通先生以80岁高龄，亲赴攀西实地考察，提出了其关于大西南开发的"一点一线一面"的初步设想：由凉山州与攀枝花市合作建立攀西开发区（一点）。以这个开发区为中心，重建由成都经攀西至云南出境，通达缅甸、印度、孟加拉国的南方丝绸之路（一线），为大西南的现代化开发奠定基础。进而以攀西为基点，以南方丝绸之路为动脉，辐射云南迪庆、丽江，贵州六盘水（内圈），联系重庆、贵州和昆明三个西部工业重镇，辐射范围扩散至云贵川渝的整个大西南①。费孝通先生同时指出，这个"一点一线一面"的设想是一个比较全面和长期的设想，只能在实践中由点到线、由线到面，循序渐进，逐步实施。②近三十年后，全面推进攀西资源开发的条件更趋成熟。随着"一带一路"建设和"长江经济带"战略的实施，攀西地区依托得天独厚的资源优势、相对雄厚的技术积累和产业基础，充分发挥其地处长江经济带和南方丝绸之路交汇点的区位优势，构筑东联长江经济带，西接南亚东南亚各国的内陆开放高地，既保障国家战略安全又积极参与全球竞争的西部工业重镇当是攀西试验区建设的题中之意。

1.2.4 攀西试验区在地区层面的建设目标定位

从区域层面来看，攀西试验区集中了攀西经济区最优势的资源、产业和人才；从区位条件来看，攀西试验区地处川西南滇西北结合部，对于四川省突出南向开放、构筑四川南向开放桥头堡意义重大。结合上述条件，攀西试验区在地区层面承担以下责任。

（1）构筑攀西经济区新兴增长极，带动区域经济协调发展。自四川省委十一届三次全会提出实施"一干多支、五区协同"的总体部署以来，五区协同发展已成为四川破解成都"一枝独秀"、促进全省协调发展的重大战略举措，并着重从区域布局、开放合作、产业发展、创新驱动、重点改革、风险防范、生态建设等方面进行了统筹安排。作为五区之一的攀西经济区，地处川西南滇西北结合部，资源丰富。区内攀枝花和凉山两市州各自产业特色鲜明，互补性强，但长期以来由于区位条件、地形地貌的限制，加之凉山州是全国集中连片深度贫困区之一，其脱贫攻坚任务艰巨。从经济发展规律来看，要带动较大区域的整体协调发展，没有一个综合实力较强、产业和人才集聚度较高、创新力竞争力优势明显的增长极是难以实现的。攀西试验区恰恰具备成为攀西经济区，乃至全省范围内的新兴增长极的基本条件。攀西试验区在四川省"十三五"规划（纲要）中与天府新区、国际空港经济区一道被明确为区域发展新引擎，成为打造攀西特色经济区最重要的发力点，并带动整个攀西地区的清洁能源、特色立体农业发展。攀西试验

---

① 费孝通. 梁山行（上）[J]. 瞭望周刊，1991（35）：4-6.
② 费孝通. 梁山行（中）[J]. 瞭望周刊，1991（36）：5-6.

区作为四川重点培育的新兴增长极的战略定位日渐清晰。

（2）建设四川南向开放桥头堡，开拓新兴国际市场。四川省既是南方丝绸之路的起点，也是长江经济带腹地，还是丝绸之路经济带的前端。省委十一届三次全会提出要形成"四向拓展、全域开放"立体全面开放新态势，并明确"突出南向、提升东向、深化西向、扩大北向"的战略方针。攀西经济区恰好处在四川连接云南，通往西南沿海口岸和辐射东南亚的最近点和枢纽位置，可便捷地对接南亚、东南亚这个拥有23亿人口的巨大市场，拓展我省开放型经济发展新空间。

第 2 章　攀西试验区发展的现实审视

攀西试验区范围包括：攀枝花市全域 5 区县（东区、西区、仁和区、米易县、盐边县），凉山州 6 市县（西昌市、冕宁县、德昌县、会理县、会东县、宁南县），雅安市 2 县（汉源县、石棉县），总面积 3.1 万平方公里，是攀西经济区的资源富集地和产业聚集区。

2.1　发展基本情况

2.1.1　试验区资源概况

攀西地区资源十分丰富，主要有钒钛磁铁矿及稀土矿，水能资源、煤炭资源、石墨资源、石灰石资源、光热资源和生态资源，同时还共生有金属铬、钴、镓、钪等十分珍贵的战略元素。金属铬的储量约为 900 万吨，相当于全国目前的总储量，镓钪储量也居世界之首。其中，钒、钛、铬、镓、钪等都是重要的战略金属。总体而言，攀西资源具有以下特点。

（1）钒钛资源储量大，伴生资源丰富。资源保有储量约 90 亿吨（目前正在开展的整装勘查工作表明，可新增资源量 147.43 亿吨），其中，二氧化钛资源储量 6.18 亿吨，占全国储量的 95%，五氧化二钒的资源储量 1862 万吨，占全国储量的 52%。矿石中伴生的铬、钴、钪、镍、镓等稀贵金属，储量均达到相应元素的特大型矿山储量。

（2）稀土资源量大质优。资源保有储量 278.18 万吨（Rare Earth Oxides，REO），远景储量约 1000 万吨，资源量居全国第二位。攀西稀土杂质含量少、易采选、易冶炼，是全国最大的单一氟碳铈稀土矿。

（3）资源开发条件好。攀西钒钛磁铁矿资源分布集中，矿山水文、工程地质条件较好，大多宜于露天开采。水能资源丰富，可开发水能资源超过8000万千瓦。资源匹配条件好，综合利用潜力大，组合优势突出。

（4）钒钛磁铁矿选冶难度大。矿石结构复杂，多元素相互共生，仅靠常规选矿手段难以分离，铁精矿中钛含量高，难以用普通工艺冶炼。规模大、品位低，丰而不富，是攀西钒钛磁铁矿的显著特征。

（5）碲铋矿资源独特，铋金属量829.92吨，碲金属量553.16吨，远景储量2000吨以上。

攀西重点矿区钒钛磁铁矿、稀土、碲铋矿资源分布见表2-1。

表2-1　　　　攀西重点矿区钒钛磁铁矿、稀土、碲铋矿资源分布

矿区	保有资源储量	主要元素和平均地质品位
攀枝花矿区	11.91亿吨	TFe30.64%，TiO$_2$11.64%，V$_2$O$_5$0.29%
红格矿区	36亿吨	TFe27.5%，TiO$_2$10.69%，V$_2$O$_5$0.24%，Cr$_2$O$_3$0.34%
白马矿区	17.6亿吨	TFe26.62%，TiO$_2$6.09%，V$_2$O$_5$0.26%
太和矿区	17.18亿吨	TFe30.31%，TiO$_2$11.76%，V$_2$O$_5$0.27%
其他中小型钒钛磁铁矿	14.66亿吨	TFe27.8%，TiO$_2$10.6%，V$_2$O$_5$0.25%
攀西普通铁矿	4.83亿吨	TFe30%~50%
德昌县大陆槽稀土矿	80万吨	镧、铈、钕
冕宁县牦牛坪稀土矿	240万吨	镧、铈、钕
石棉县大水沟碲铋矿	3.29万吨	含碲一般为1%~12%，最高达36.6%；含铋一般为3%~20%，最高达40%

2.1.2　经济社会发展情况

四川攀西地处长江上游川滇黔三省结合部，面积8.2万平方公里。2017年，人口674万，实现地区生产总值2785亿元，占全省经济总量的7.53%。其中，试验区人口390.4万、生产总值2390.68亿元、工业增加值、财政收入分别占攀西经济区的60%、83%、88%、76%，是攀西经济区的资源富集地和产业聚集区。

2.1.3 试验区成立以来的建设成效

早在 2009 年攀枝花就开始向国家提出建立攀枝花钒钛资源创新开发试验区，到 2013 年 3 月 1 日，国家发展改革委正式批准设立攀西国家级战略资源创新开发试验区，是目前我国唯一一个以战略资源综合开发利用为主的试验区。

2013 年以来，按照国家批复要求和省委省政府统一部署，试验区着力创新资源开发体制机制，加强科技攻关和创新体系建设，设立钒钛产业发展基金，推进产业产品结构调整，组织实施重点生态环保工程，加快基础设施规划建设，相关领域取得积极进展。

（1）资源综合利用水平提升。至 2016 年，攀西地区已形成年产钒钛铁精矿 3500 万吨、标准钒渣 39 万吨、钒制品（以 V_2O_5 计）4.13 万吨、钛精矿 548 万吨、钛白粉 66 万吨、海绵钛 1.5 万吨、稀土精矿（REO）3 万吨、稀土冶炼分离产品（REO）1 万吨生产能力。矿山采选技术不断进步，钒钛磁铁矿入选品位逐步降低，剥离矿、表外矿和尾矿得到有效利用，铁、钒、钛资源综合利用率分别从 2012 年的 70%、40%、14%提高到 2016 年的 75%、42%、22%，稀土综合回收率达到 80%以上。

（2）产品结构优化升级。钒钛、稀土应用领域不断扩展，产品向中高端迈进。在坚持严格控制总量的前提下，大力推进钢铁工业结构调整和布局优化。试验区内钢铁总量控制在 1000 万吨以内，品种结构由普钢为主转向重轨、汽车大梁板、管线用钢等专用钢为主。成功研制出十余种钛及钛合金精密铸造产品，开发出高速重载铁路钢轨等高附加值产品。钒产业形成了从钒渣到五氧化二钒、三氧化二钒、钒氮合金、中钒铁（FeV-50）、高钒铁（FeV-80）、硅钒铁等全系列冶金用钒制品产业链，成为全国最大的钒制品基地；钛产业打通了从钛精矿到高钛渣、钛白粉、四氯化钛、海绵钛、钛锭、钛合金铸件的全流程钛产业链，是全国最大的钛原料、钛化工生产基地，也是国内唯一的全流程钛工业基地。钒钛微合金化钢种实现量产，用于汽车、核电、建筑等领域的特种钢产量占比显著提升。钛及钛合金、稀土合金、磁性材料、催化材料、储能材料、高纯碲等精深加工产品快速发展。大力发展含钒钛的特种铸锻件，汽车零部件、挖掘机铲齿等特色产品市场竞争力不断提高。

（3）创新体系不断完善。探索实施重大科技攻关项目公开招标，组织实施油气管线用钛钢复合技术研究、海洋工程用高强高韧耐蚀合金材料研究等 52 个科技攻关和应用示范项目。深化创新主体深度合作，构建政产学研用协同创新生态，组建了国家钒钛制品质量监督检验中心、钒钛产业研究院、稀土产业研究院、碲铋产业研究院、钒钛资源综合利用国家重点实验室等一批重大科技创新平台，累计建成国家重点实验室 2 个、国家企业技术中心 5 家、国家地方联合工程研究中心 1 个，省级重点实验室 2 个、省级工程实验室 1 个、省级工程技术研究中心 5 个、省级企业技术中心 11 家。

（4）生态环境不断改善。坚持绿色发展，生态治理工程、矿山生态修复、重金属污染治理等一批生态环保工程顺利实施，试验区可持续发展能力显著增强。区域林地保有量达 220.8 万公顷、森林蓄积达 1.33 亿立方米、森林覆盖率提升至 48.74%，新建成国家湿地公园 1 个，攀枝花、西昌、雅安等城市空气质量名列全省前列。

（5）体制机制建立完善。强化顶层设计，制定促进攀西国家级战略资源创新开发试验区创新开发科学发展的工作指导意见，建立了科技攻关协同推进、战略资源管理、产业发展引导、生态环保、协调领导五大工作推进机制。地方政府成立专门领导机构，建立了区域合作和重大事项沟通协调机制。省级部门与地方政府统筹联动，合作开展重大活动筹办、跨区域财税利益分配、重大项目布局、区域工业污染防治等工作。

2.2 攀西试验区发展面临的困境

通过 5 年建设发展，试验区在体制创新、科技攻关、产业发展、环境改善等方面成效明显，但仍存在一些问题。

（1）资源综合利用水平有待提升，低品位矿及尾矿利用不够，除铁、钒、钛外的其他共伴生稀有金属未实现规模化回收利用。

（2）自主创新能力有待提高，一些长期制约产业发展的关键技术仍未取得重大突破，制约产业向高端发展。

（3）主导产业竞争力相对较弱，产业集群规模过小，产业集中度不高。

（4）区域内协同发展格局尚未形成，试验区政策创新、试点示范的作用发挥不充分。

2.2.1 资源综合利用水平不高

试验区丰富的钒钛磁铁矿储量是其产业得以产生和壮大的基础性条件，但本地矿石的物化特征也决定了其产业发展的技术路线。

（1）资源储量丰富且分布相对集中，但高品位矿占比不到10%。攀西钒钛磁铁矿，作为铁矿石资源，它是贫铁矿，且含钙、镁和铝等杂质高，冶炼加工困难。作为钛矿石资源，同样因杂质含量高，远不如砂矿资源的品质，在国外基本未作为钛资源考虑。先天的资源禀赋状况，导致在采矿环节中，普遍存在大矿小开、采富弃贫等现象，低品位矿及尾矿利用不够，资源大量浪费，且付出了高昂的生态环境代价。

（2）以伴生矿为主，分离技术难度大，能耗高，污染高。目前攀西地区对铁、钒、钛资源的回收利用率分别为75%、42%、22%。除上述三种主要元素实现了规模化利用之外，其余种类的有价元素或因技术水平限制，或因资源品味过低尚未实现大规模产业化的综合利用。如果改变传统方式进行选别，将铁的回收率提升到80%~90%，钛的回收率提升至45%以上，在资源开采总量不变的情况下，按照现有市场价格，即可使选矿企业收益增加大约30亿元左右。在冶炼环节，占资源总量50%左右的钛，25%~30%左右的钒，80%~90%以上的其他稀贵金属元素进入高炉渣，未能得到有效的回收利用。如果能大幅提升这部分资源的回收率，创造的收益将达数百亿元。

2.2.2 创新驱动发展能力较弱

攀西资源开发历时五十多余年来，先后突破了多项重大关键技术，为地方经济建设和国防安全作出了重大贡献。这些技术多数集中在钢铁—钒钛产业链上游的采选—冶炼—化工环节，产品多为原料级产品和中间产品，附加值较低，主要解决的是"能不能"的问题。但在有效提升资源综合利用效率、提升产业层次等事关攀西资源开发未来发展前景的关键技术上还缺乏实质性突破。这一现状又加剧了本地高层次人才的流出，导致技术创新力量缺口越来越大。据《2015四川省区域创新能力评价报告》显示，2015年攀枝花在川高层次人才仅10人，全省排名第8；成都排名第一，1642人。同时，现有科研人员研究领域偏重采矿和冶炼，中下游应用领域人才储备严重不足。北京大学国家资源经济研究中心于2017

年发布了《中国资源型城市创新指数：各地级市创新能力评价》智库报告。该报告对全国 116 个地级资源型城市创新能力进行了总体评价。

从表 2-2 可见，作为攀西试验区创新人才、创新资源最集中的区域，攀枝花市在全国 116 个资源型城市中创新指数排名 47 位，仅居于中等水平。分类别来看，在创新投入和创新环境上排名相对靠前，高于全国资源型城市平均水平，分别居第 28 位和第 4 位；但与此相对应的则是创新绩效较低。创新产出居第 86 位，创新绩效居第 112 位。创新投入与产出间存在巨大的反差。

表 2-2　　　　　　　2014 年攀枝花市创新指数及排名情况

指数及排名	创新环境	创新投入	创新产出	创新绩效	创新指数
全国指数均值	0.335	0.410	0.338	0.588	0.417
攀枝花指数得分	0.414	0.722	0.238	0.327	0.425
全国指数排名（116 个地级市）	28	4	86	112	47

资料来源：根据《中国资源型城市创新指数：各地级市创新能力评价 2017》有关数据整理。

2.2.3　主导产业竞争力不强

进入 21 世纪以来，攀西地区加大产业结构调整力度。在资源开发领域，从之前的钢铁业一业独大，发展为钢铁—钒钛—稀贵金属产业协同发力，取得了较为显著的成就。但总体而言，其主导产业，如钒钛产业、稀土产业的产业规模、竞争力与其丰富的资源优势并不匹配，且行业波动幅度大。以攀枝花市钒钛产业为例，2016 年全市钒钛产业实现工业总产值 143.79 亿元，钒钛产业产值在全市工业总产值中占比仅 9%，排在矿业、钢铁产业、化工产业和机械制造业之后，支撑能力尚显薄弱。从增加值和增速来看，2016 年较 2015 年增加 60.28 亿元，增长 73%。其中，钒产业产值 66.4 亿元，同比增加 35.1 亿元，增长 111.83%；钛产业 77.34 亿元，同比增加 25.19 亿元，增长 49%。但这一增幅是与 2015 年相对较低的基数比较得来。如与 2014 年的数据比较，则钒钛产业总产值仅增加了 6.48%，平均增速甚至低于区域生产总值的增速，仅仅实现恢复性增长。此外，从整个行业结构看，主要集中于产业链的中上游，产品附加值相对较低，可替代性强，市场竞争力弱。以钛产业为例，2016 年攀枝花钛精矿占国内产量的 61.2%，但钛白粉、海绵钛产量仅占国内产量的 13.7% 和 21.3%。从现有产业规模、行业结构来看，距离打造国内一流的钒钛、稀土资源综合利用基地差距尚远，钒钛、稀土深加工利用仍然没有明显突破。

主导产业集中度低，进一步影响了产业竞争力。同样以钛产业为例，作为一个高度国际化的行业，从全球钛产业结构来看，从钛原料、钛白粉到钛金属，各子产业均呈现出寡头格局，产业集中度高，国际市场被少数大型的跨国企业所控制。在钛白行业，美国杜邦公司、亨斯迈（Huntsman）公司、科斯特（Cristal Global）公司、特诺公司（Kronos Worldwide）四家行业巨头即占据了全球50%的产能，拥有强势的市场话语权和强大的竞争力。近年来，随着钛白粉消费中心，尤其是增量部分逐渐向亚太地区转移，国际巨头也加快在中国的布局。2014年科斯特（Cristal）收购中国江西添光化工有限责任公司钛白粉业务。从全球钛白行业的发展态势看，通过强强之间的兼并重组，已极大地改变了全行业竞争态势。跨国巨头的竞争战略和资源配置方式已超越国家地理边界。通过在全球范围内优化资源配置，实现对关键资源和战略资产的掌控，行业竞争态势正逐渐演变为对企业组织结构、供应链结构到技术研发、产品销售等全产业链和全球价值链的竞争。

同期的国内钛产业，在产能过剩格局初步显现、竞争加剧、环保压力增大等多方面因素的综合作用下，行业兼并重组也渐成趋势。2016年，佰利联收购四川龙蟒集团，钛白粉产能达到52万吨，成为亚洲最大的钛白企业，几乎与攀枝花全市12家钛白企业的总产能相当。但攀枝花本地企业在行业整合上则缺乏实质性动作。作为典型的资源—资本双密集型产业，钛白粉行业具有明显的规模效应，过小的产能将导致平均成本的大幅上升，其直接的后果就是企业竞争力弱。大量中小企业在面对市场价格波动时，只能采取限产停产甚至不得不退出该行业。从近年发展情况看，攀枝花市钛白企业产能平均利用率低于行业水平十多个百分点（2016年，攀枝花钛白行业产能利用率为57.3%，钛白行业产能利用率为70%左右），导致大量产能闲置。

2.2.4 区域协同发展格局尚未形成

2013年国家发展改革委正式批准设立攀西试验区后，攀枝花、凉山州与雅安市加大了在试验区范围内的协作机制建设。通过共同发布科技攻关项目，产业招商等形式强化了试验区内的政策协调。但在区域产业布局、利益分享、协同治理等方面尚缺乏实质性进展，没有形成资源优势互补、产业相互衔接、集群特征明显的区域经济模式。比如，钒钛磁铁矿与电、稀土与钢铁、盐资源与氯化法钛白以及海绵钛产业联动发展的格局尚未形成。跨区域铁路公路运输协调机制等也未能有效发挥作用。

要素配置没有达到优化，要素保障困难。攀西地区水电非常丰富，矿产资源综合开发利用是高载能产业。如能建立电冶联动机制不仅可以提高产品品质，更可以节约大量的不可再生煤炭资源。但由于电力体制障碍尚未形成最适宜的矿电联合体。在交通、通信、信息等领域也存在类似协同度不够的问题。

2.2.5　面临巨大的政策约束

供给侧结构性改革是解决我国供需结构性矛盾的重要抓手，也是攀西试验区推进钒钛等战略资源创新开发利用必须面对的重大课题。我国钢铁钒钛产业的突出特征就是供、需结构性矛盾突出。从2016年我国金属钛的进出口统计可以看出，九个类别全部都有进口。除钛矿砂及其精矿以及厚度≤0.8mm的钛板、片、带、箔出口价格高于进口价格外，其余产品进口价格普遍高于出口价格。这些数据表明，我国钛产业集中在化工等传统、低附加值应用领域，钛产品大多处于产品链中低端，攀西地区更是以原材料和初级产品供应为主。低端过剩，高端不足的突出矛盾使得全行业的结构性调整势在必行。尽管从长期来看，这有利于试验区充分利用国家供给侧结构性改革相关政策，加速淘汰落后产能，丢掉历史包袱，轻装上阵，推进产业结构逐步迈向中高端。但就短中期来看，供给侧结构性改革给试验区带来的挑战远大于所带来的机遇。

首先，产业政策抑制钒钛产业发展。攀西资源大部分均为共生矿。长久以来，炼钒钛必炼钢铁。钢铁产业位列限制目录，钢铁产能大幅削减，使钒钛等资源开发的原料来源成为难题。一是钒钛原料因钢铁冶炼去产能而减少；二是钒钛重要应用领域之一是作为钢铁产品添加剂，改善其性能。钢铁生产被限制，钒钛需求也锐减。钒钛产业本身是小产业，依附钢铁产业是目前阶段其发展壮大的现实途径。随着钢铁列入限制目录，钒钛产业市场空间扩张困难重重。

其次，供给侧结构性改革的深入推进对攀西产业结构施加了巨大的外部压力。随着调结构、去产能深入推进，包括攀钢等国企和龙蟒等民企裁员，其中不乏高技术、高技能型人才外流，极大地削弱了区域创新能力，恶化了创新环境；短期内企业破产、减产、裁员增加，导致居民收入减少，财政收入恶化，保障民生能力降低，社会稳定压力剧增，政府治理能力面临严峻挑战。由于攀西试验区要素禀赋大致相当，区位特征相似，因而区域内部尤其是攀枝花和西昌等以钢铁钒钛为主导产业的市州以及市州内部各县区在产业升级目标、路径、产品及其结构上高度趋同。作为典型的重工业，分散布局加剧了区域内的恶性竞争，也限制了规模效益的发挥，导致单个企业效益低下，市场竞争力低下。

2.3 攀西试验区发展潜力分析

经济发展的主要特征是持续的技术革新和结构变化。静态地看，一个经济体在特定时点上最优的产业结构由该经济体的比较优势决定，而比较优势又主要地由该经济体的要素禀赋结构决定。动态地看，要素禀赋结构本身是不断变化的，由此也导致比较优势的不断变迁，从而为产业结构的动态调整提供了动力。[①] 如果说企业作为市场主体，其决策重心在于充分地识别出特定时段的比较优势，进而建立具有强大自生能力的优势产业，那么政府的作用更多地便在于因势利导地培育新的比较优势，扮演"新兴产业助产士"的角色，为企业演进提供良好的软件和硬件环境。新结构经济学的理论框架有效地调动促进经济发展的两大主体的能动性，并分别赋予各自不同的责任，既考虑到充分利用现有比较优势，将结构调整建立在现有产业基础之上，又赋予要素禀赋结构以动态化特征，强调政府在促进要素禀赋结构升级中的主导性作用，从而兼顾了产业结构调整中的短期与长期目标。

从攀西地区资源开发的历程看，也基本符合新结构经济学的理论预期。尤其是在其最繁荣的钢铁行业景气周期中，通过将资源禀赋优势辅以计划经济背景下的技术研发投入和基建投入，创造了资源型城市发展的辉煌，也使之深陷"资源诅咒"和刚性专业化陷阱。在未来较长一段时期中，企业如何正确地认识因禀赋结构变迁而导致的比较优势变化，从而正确地设定产业结构转型升级路径，政府如何因势利导地进行增长甄别，培育新的比较优势，充分发挥地区潜力，便成为试验区未来高质量发展的根本前提。从资源禀赋、要素结构、产业基础、区位优势等各方面而言，攀西试验区均具有巨大的发展潜力。

---

① 林毅夫. 新结构经济学：反思经济发展与政策的理论框架（增订版）[M]. 苏剑，译. 北京：北京大学出版社，2014：146.

2.3.1 丰富多样的资源储量

正如前述，攀西地区资源储量丰富。攀枝花和西昌的钒钛磁铁矿除伴生大量钒钛外，还有铬、钪、镍等数十种稀贵元素，储量均达到相应元素的特大型矿山储量；凉山州境内冕宁县和德昌县的稀土资源，雅安市境内汉源县和石棉县的碲铋矿资源，均具有重大的战略价值和经济价值。

这一得天独厚的资源禀赋条件，一方面决定了攀西试验区在未来较长时间内得以避免资源枯竭的风险；另一方面也为当地产业结构的转型升级提供了巨大的可能。从攀枝花市的产业结构转型我们已经可以发现其中所蕴含的广阔前景。从资源综合开发利用的深度和广度而言，目前的攀西资源开发已初步完成"以钢为纲"向钢铁钒钛并举的阶段，但对铬、钪、镍、稀土、碲铋矿资源的开发还处于早期阶段。随着中国制造业整体迈向中高端，这一系列稀贵金属元素的市场需求将持续稳步上升。对地方经济而言，在牢牢把握上游资源供给的优势地位，通过垂直一体化的方式向高附加值的中下游环节延伸具有极大的发展潜力。可以预期，只有科技支撑足够，攀西地区必定能建成我国乃至全球战略性新兴材料重要基地。

2.3.2 匹配天成的要素结构

矿产资源开发多属高载能，且要求多种生产原料相配合。从资源配套来看，攀西地区拥有国内难得的资源集成优势。区域内及周边地区丰富的煤炭、石灰石资源是在三线建设时期中央决定将中国西部钢铁基地定位于攀枝花的重要原因。在当前的资源综合开发阶段，攀西及周边地区丰富的水能、风能和太阳能所能提供的能源保障又为高载能产业的发展提供了极为难得的要素支撑和能源保障。

2.3.3 相对雄厚的产业基础

攀西资源历时五十多年的开发，在钢铁、钒钛、能源化工等传统领域的产业基础在四川省内乃至西南地区都位居前列。2017年攀枝花市的工业化率高达61.7%，高出全省均值30个百分点，高出排位第二的泸州市16个百分点；攀枝花地区生产总值在全省范围内仅排名第14位，但工业增加值却排名全省第5位。

3.1 攀西试验区发展的战略导向

在第1章中,我们从历史与现实两个维度,国家和地方两个层面阐述了攀西资源开发在不同时期、不同层面的发展定位。客观而清楚地认识这种定位是在今后一段时期推进攀西试验区建设的根本前提。毫无疑问,与"三线建设"时期攀西地区资源开发在全国建设发展大局中的战略重要性相比,今天的攀西试验区不过是若干个专题改革试验区中的一个,其战略地位已经大大下降。攀西试验区的建设和发展,已不能寄望于获得计划体制下国家主导的资源导向性配置,也难以获得改革开放初期中央政府给予深圳这类特区的权力下放和特殊优惠政策。

因此,攀西试验区建设的根本出路在于试验区内部的体制机制创新,关键在于充分发挥市场资源配置的决定性作用和更好发挥政府作用,解决钒钛等战略资源开发的难题,而不是将政府和市场对立起来,也不应模糊战略资源与资源产品之间的重大分野;更不能拘泥于历史经验而放弃创新。

具体而言,其发展的战略导向应为:以国家利益优先原则整合攀西资源开发,在此前提之下,协调市场机制,激活地方发展动能和创新潜力,着重处理好协调发展、重点突破与系统集成的关系,高质量发展与经济增长,政府、市场与社会,供给侧结构性改革与资源型产业转型升级,战略资源开发与军民融合、改革创新与对外开放,资源开发与生态文明建设七大关系,科学地推进攀西资源开发。这并不意味着采取计划经济体制下由国家包办一切,也不是强制企业按政府指令行事,而是将增进国家利益作为市场经济活动的基本出发点和最终落脚点。

3.2 攀西试验区发展的路径选择

3.2.1 牢固树立发展主体意识

在市场机制条件下,设立攀西试验区的意义已不在于通过特殊的制度供给形成"政策洼地",创造不具有推广意义的政策优势驱动下的超常规发展模式,而是要求试验区以市场逻辑推进体制机制创新来探索可复制的发展新路。因此，在关于攀西试验区建设的顶层设计中，都强调在公平的市场环境下，以合理、可期的市场机制引导资源配置。这一顶层设计既给地方各级政府划了红线，也指明了开拓创新的方向。政府强制配置创新资源的时代一去不复返了，靠政治力量自上而下强力推进攀西钒钛磁铁矿开发的历史难以再现，攀西试验区建设不是"扶贫"工程而是创新工程，不应奢望也很难获得国家突破现行重大政策和关键体制机制的特殊优惠政策支撑。① 如果说国家层面对于试验区还有什么特殊政策倾斜，也就是"先行先试"的探索权了。因此，试验区应牢固树立发展的主体意识、担当意识，依靠自身优势，立足自主创新，探索战略资源创新开发的新篇。

3.2.2 充分调动市场和政府两个积极性

充分调动市场（企业）和政府在产业结构调整和转型升级中的积极性，并分别承担不同的责任。对于竞争比较充分的一般行业，如钛白粉行业，企业应主要专注于自生能力的发展，创造出新的比较优势，通过多元化、规模化和向产业链高附加值区段的攀升实现结构调整。产业按照"禀赋特征—比较优势—竞争优势（自生能力）"的发展路径展开。

政府则承担增长甄别和破除发展障碍，专注于禀赋结构的升级。增长甄别用以确定地区可能具有的潜在比较优势的新产业，它主要以制定产业政策、区域发展规划等方式，从中长期着眼规划战略资源的高效配置、区域生产力布局、产业布局和技术攻关方向。此外，因势利导地消除阻碍产业发展的制度约束，支持、引导甚至直接创造新的比较优势。地区经济发展的动态调整按照"禀赋结构升级—增长甄别—结构转型—持续繁荣"的链条展开。

3.2.3 坚持区域协同联动发展

加强区域合作是加快地方经济发展的重要途径。在经济全球化不断发展的今天，任何一个地区和城市想孤立发展都是不可能的，只有自觉地融入到区域经济中，与其他地区或城市共享资源，广泛开展合作，才能实现更大的发展。积极参与区域经济合作，有利于更好地利用外部资源，发挥比较优势，避免恶性竞争，

---

① 栗素娟，田川，等. 攀西战略资源创新开发试验区建设对策再研究 [R]. 2016.

充分享受区域经济集团化带来的机遇,在更大范围、更广领域和更高层次上参与国际国内经济技术合作与竞争。

在地方经济发展中,由于区域资源禀赋条件的差异,形成了区域之间不同的比较优势,从而导致了区域分工的产生。基于此原则,试验区内各市州、区县也应依据其地理区位、产业基础、资源要素、发展潜力等条件,明确各自的功能定位和发展路径,发挥比较优势,强化区域协同,在错位发展中实现协同发展。同时强化区域协同发展的体制机制建设,实现共融、共建、共享。

首先,构建多元参与的区域治理机制,畅通各类社会集团的利益表达渠道,完善多主体参与的利益分配协商机制。在利益分享机制上有三种途径可供选择,即:契约型分配方式,合作各方按照合作协议,确定各方生产要素的投入方式、责任、权利和收益分配等问题,按照共同商定的分配比例来分配收益、承担成本;股权型分配方式,合作各方按照所投入的生产要素比例,形成相应的股本结构,并根据合作各方股权的大小和比例分割合作收益;分工型分配方式,合作各方通过各自获取由区域分工所带来的"比较利益"而分享区际经济合作的成果和收益。

其次,建立跨行政区划的利益分享与补偿机制。从攀西试验区现有的制度环境和以资源型产业为主的产业生态来看,区域分工尚不合理,市场机制也不够健全。因此,府际层面的契约型分配方式更有助于破除地方保护主义,促进人才、资源等要素的自由流动,促进企业的跨区投资和产业跨区转移,形成合理的区域资源配置结构,避免产业布局的同质化倾向和恶性竞争的出现。区域利益补偿机制通常采取两种方式,即直接补偿和间接补偿。直接补偿是通过财政转移支付或价格补贴方式直接补偿受损方;间接补偿是通过技术资金支持、项目合作、人才交流、信息共享和政策扶持等方式平衡地区发展差距,协助利益受损方或其他合作方创造合作平台、夯实合作基础、增强合作意愿。[①] 攀西试验区的设立主要着眼于战略资源的综合开发利用,资源开发的外部性特征更加明显,尤其有必要建立新型资源开发补偿机制,对受益主体、补偿主体、补偿范围等明确界定;加大资源地生态补偿力度和资源开发利益补偿的资金投入。在稳定直接补偿基础上,在更大范围内采取间接补偿方式,通过转移支付、项目支持等措施,促进资源输出的产业结构向科学化高级化方向演进。

---

① 张旭辉,李博,杨勇攀,史仕新. 攀西战略资源创新开发试验区利益协调模式设计[J]. 开发研究,2015(1):26-29.

最后，建立利益争端的调解机制。在调解机制上，可设立行政仲裁、法律裁决、协同磋商、第三方斡旋等多种形式。同时，要规范利益争端调解的法律制度。

3.2.4 坚持创新驱动发展

攀西试验区建设的核心是综合利用，关键是科技攻关。为突破攀西资源综合开发利用的关键技术瓶颈，试验区成立了多个产业技术联盟和研究机构。但从实际运行情况来看，侧重技术发展趋势和产业发展形势分析，实质性的科技交流则很少。应将重心转移到开发具有战略性、前瞻性、独创性的战略资源综合开发利用核心技术，解决制约产业发展的重大瓶颈技术，提高资源综合利用效率和总体技术水平的目标上来。技术研发重心向产业链中下游转移。积极吸纳下游企业进入产业技术联盟，促进产业链、创新链融合。创新重大科技攻关项目招标方式。将重大科技攻关项目研究需求向全球征集解决方案，提升项目研究的开放性。建设全国一流钒钛材料学科。加大对地方科研院所、高等学校的支持力度，加大相关专业高端人才的引进力度，形成全国资源开发研究高地和人才荟萃地，为攀西战略资源开发就近开展产学研协同创新提供坚实基础。

理论篇

攀西国家战略资源创新开发试验区发展研究

第4章 相关文献综述

4.1 概念界定与研究范围

4.1.1 概念界定

1. "攀西"的含义

"攀西战略资源创新开发试验区"中的"攀西"是指包括攀枝花市全境,凉山州的西昌市、冕宁县、德昌县、会理县、会东县、宁南县,以及雅安市的石棉县和汉源县,总面积达3.1万平方公里的区域。

2. "战略资源"的含义

"攀西战略资源创新开发试验区"中的"战略资源"主要是指钒钛磁铁矿、稀土、碲铋、石墨等不可再生资源,以及钒钛磁铁矿中伴生铬、钴、镍、镓等稀贵元素。其他的矿产资源不作为战略资源。钒钛是稀缺的军工材料。钒90%用于钢铁生产,可以提高钢材的强度、硬度和耐磨度,是发展新型微合金化钢材必不可少的元素之一;也越来越多地被应用于航空、航天、激光防护、核反应堆、超硬材料等高科技领域。钛有强烈的钝化倾向,具有优异的抗腐蚀特性,国际上将钛材占金属材料的比重作为衡量军用飞机性能的重要标志。含钒和钛的材料广泛应用于建筑、汽车、铁路、医疗、国防军工、航空航天等行业。这些资源和稀贵元素是国防军工和现代化建设必不可少的重要资源,战略地位十分突出。

3. "开发试验区"的含义

"开发试验区",没有官方的概念界定。我国目前国家级的开发区或试验区主要有国家综合配套改革试验区、国家可持续发展试验区、国家自主创新示范区、国家级高新技术产业开发区等。上述开发区、试验区在建设和目标上各有侧重。而攀西战略资源创新开发试验区是目前国家批准设立的唯一的资源开发综合利用试验区,具备一定的独特性。在借鉴各开发区含义的基础上,将"攀西战略资源创新开发试验区"界定为:经国家批准,立足于攀西地区战略资源及产业基础,在战略资源创新开发、综合利用及战略资源产业发展方面先行先试、探索经验、作出示范的区域。

界定"开发试验区",应区别"特区"。两者的区别主要表现在:一是特区在其发展初期阶段,主要是借助特殊优惠政策来实现超常规发展,但试验区依靠的不是特殊优惠政策驱动,而是依靠体制机制创新来实现超常规发展;二是特区在初期主要是依靠外资、外商即外部的力量来发展自己,而试验区主要是依靠内部的力量来发展自己。基于试验区与特区的区别,对攀西试验区建设必须要有至少两个方面的清醒认识。首先,攀西战略资源创新开发试验区不具有行政意义,建设的主体是攀西地区而非国家,国家比照攀枝花开发建设初期的特区模式大力推进攀西资源开发的可能性不大。其次,攀西试验区建设不是"扶贫"工程,国家出台一系列特殊优惠政策的可能性不大,试验区建设成败的关键在于,攀西地区能否根据国家的要求,围绕战略资源创新开发利用这一主题,在体制机制方面作出切实可行的创新,有效解决攀西地区资源开发和产业发展所面临的难题。

4. "产业"及"产业集群"的含义

产业是指由利益相互联系的、具有不同分工的、由各个相关行业所组成的业态总称,尽管它们的经营方式、经营形态、企业模式和流通环节有所不同,但是,它们的经营对象和经营范围是围绕着共同产品而展开的,并且可以在构成业态的各个行业内部完成各自的循环。1990年美国经济管理学家波特(Porter)在《国家竞争优势》一书中引入了"集群"的概念,将集群定义为"在某一特定区域下的一个特别领域存在着一群相互关联的公司、供应商、关联产业和专门化的制度和协会"。提出"产业集群"是由与某一产业领域相关的相互之间具有密切联系的企业及其他相应机构组成的有机整体。

试验区的产业主要指依托攀西资源综合利用所形成的产业以及产业集群。经过近半个世纪的开发建设，特别是近年来的快速发展，攀枝花钒钛磁铁矿资源综合利用已进入深度开发阶段，钒钛产业集群入选"中国产业集群50强"，实现了从单一的钢铁经济向钒钛、钢铁经济并进的战略性转变。攀枝花市已成为全国唯一以钒钛资源综合利用为主的国家级新型工业化产业示范基地，被命名为国家钒钛新材料高新技术产业化基地，荣膺"中国钒钛之都"称号，资源优势正加快转化为产业优势、经济优势。目前已有钒钛资源产业群、钒钛材料产业群、钒钛延伸应用产业群三大产业群。钒钛资源产业群是指为钒钛产业发展提供原料的产业集群，主要包括钒钛铁精矿、钛精矿、钒渣、富钛料（钛渣和人造金红石）、钒钛球团矿、直接还原铁等生产企业。钒钛材料产业群主要指生产钒钛冶金材料、钒钛化工材料、钒钛新能源材料、钛金属材料、稀贵金属材料的产业集群。主要包括冶金用钒（钒氧化物、钒铁、钒氮合金）、钛白粉、海绵钛、钛锭等生产企业。钒钛延伸应用产业群主要指含钒钛低微合金钢材、含钒钛合金化机械制造产品生产。

4.1.2 研究范围

攀西试验区与国内其他的经济功能区相比，具有复合型经济功能区的特点，不能沿袭管理单一型经济功能区的传统模式，鉴于现有管理体制在不同程度上制约着试验区的制度创新和开发开放的深化，当前亟待破除试验区内在区域分工协作、要素流动、政策协同、技术创新、产业布局等方面的阻碍，创新试验区发展模式，优化运行机制。要实现对攀西试验区的综合开发，当务之急是从政府职能转变、管理体制创新、运行机制整合等方面先行试验一系列重大改革措施，坚持重点突破与整体创新相结合，经济领域的改革与其他领域的改革相结合，解决实际问题与攻克共性难题相结合，从促进试验区可持续、跨越式发展，从将试验区打造成为我国高水平战略资源开发基地的战略高度出发，从攀西钒钛、稀土等产业健康发展需要的政策保障和科学发展机制的视角开展系统的研究，探索建立统一、协调、精简、高效、廉洁的新型管理体制和机制。研究包括以下内容。

（1）区域经济与产业经济理论研究。从区域经济学和产业经济学视角展开的研究，厘清攀西地区资源开发的理论基础和决策支持，对选择合理的发展模式及设计有效的运作机制提供理论支持和决策依据。

（2）攀西试验区发展现状分析。对试验区现有的组织结构、管理体制、运行机制等进行深入分析和研究,发现可改进之处。对地区内战略资源开发利用现状进行研判,分析存在的主要问题,展望未来的市场需求。

(3) 攀西试验区发展模式研究。在对国内外资源富集区社会经济发展主要模式进行比较分析的基础上,紧密结合攀西试验区的资源和经济社会发展现状,在四川省全力推动新型工业化、新型城镇化的发展背景下,从制度创新、组织创新、产业政策、技术创新、发展路径、集群供应链管理等方面入手,宏微观结合,提出既符合试验区产业发展需要,也符合社会发展趋势的创新模式。

(4) 攀西试验区利益协调机制研究。在明确攀西试验区发展模式的基础上,进一步明确提出在这一模式下试验区的利益协调模式。

(5) 对策措施研究。良好的对策措施能为试验区建设提供有力的政策支持。在明确发展模式和运行机制的基础上,从试验区法律法规体系、组织机构建立、评价总结体系、激励约束体系、推广应用体系等方面探讨相应的对策措施,以保证试验区建设和发展顺利进行。

4.2 国内外研究现状

攀西试验区是目前为止我国设立的唯一一个国家级的资源开发综合利用试验区。除此之外,国内现有的开发区或试验区主要有国家综合配套改革试验区、国家级高新技术产业园区、国家自主创新示范区、自由贸易试验区、国家可持续发展试验区等,而国外能查阅的主要是高新技术产业园区。国内外学者有关的研究也就主要集中于国家综合配套改革试验区及高新技术产业园区建设方面。为了更好地参照与借鉴,现对国内外关于高新技术产业开发区及国家综合配套改革试验区建设的研究进行综述。

4.2.1 关于高新技术产业园区的相关研究

关于高新技术产业开发区的研究,国内外学者主要从产业开发区发展的政策与环境、制度与管理体制、融资体系、发展水平与创新效率评价、产业集聚效应、园区规划与布局等方面展开。

1. 国外关于高新技术产业园区的研究

在高新技术产业园区的发展政策与环境上,库珀(Cooper)[1]指出科技园依赖其良好的创新创业环境和政策环境吸引了高技术企业的入驻,并有效地促进了高技术企业的发展;林克和斯科特(Link & Scott)[2]提出完善的基础设施和良好的创新环境能促进高新园区的发展;戴克(Dijk)[3]通过对印度班加罗尔科技园发展的研究,认为其快速发展的关键因素是政府在该科技园诸多优惠政策的实施,包括土地、基础设施建设、税收、教育培训、科研合作、产业规划等方面;弗朗西斯,温斯顿和费钦(Francis, Winston & Feichin)[4]从技术创新能力、国内外市场整合能力及发展机制三个方面研究了科技园区的发展和演化,指出政府应该在基础设施方面为科技园提供完善高效服务。

高科技园区在产业创新和产业发展辐射等方面发挥重要作用。费尔森施泰因(Felsenstein)[5]通过对以色列科技园区的高技术企业的比较研究指出,科技园区的技术孵化能力受企业家的技术水平以及企业与科研单位的互动联系等方面的影响,在技术创新上科技园区发挥着重要的作用。菲尔莫尔(Phillmore)[6]在对西澳大利亚科技园区进行研究时发现大学与企业间的相互作用及网络关系有利于技术创新和知识的传播速度。帕克桑—丘尔(Park Sang - Chul)[7]在以瑞典 Ideon 科学园为例来研究区域发展战略时,指出大学在科研成果转化、科学家和工程师的培养及吸引高科技公司聚集等方面的影响对地区发展起着至关重要的作用。他还认为小企业的技术创新和应用在推动科学园发展中发挥着关键作用,因此科学园区应该持续积极地吸引小企业的入驻。希尔格伦(Kihlgren)[8]通过对俄罗斯

---

[1] Cooper. The Role of Incubator Organizations in the Founding of Growth-oriented Firms [J]. *Journal of Business Venturing*, 1985, 34 (3): 94 – 116.
[2] Link, Scott. The Growth of Research Triangle Park [J]. *Small Business Economics*, 2003, 20 (2): 167 – 175.
[3] Dijk. Government Policies with Respect to an Information Technology Cluster in Bangalore India [J]. *European Journal of Development Research*, 2003, 12 (2): 93 – 108.
[4] Francis, Winston, Feichin. An Analytical Framework for Science Parks and Technology Districts with an Application to Singapore [J]. *Journal of Business Venturing*, 2005, 20 (2): 217 – 239.
[5] Felsenstein. University-related Science Parks— "Seedbeds" or "Enclaves" of Innovation? [J]. *Technovation*, 1994, 14 (2): 93 – 110.
[6] Phillmore. Beyond the Linear View Science Park Evaluation: An Analysis of Western Australian Technology Park [J]. *Technovation*, 1999, 19 (11): 673 – 680.
[7] Park Sang - Chul. Science Parks in Sweden as Regional Development Strategies: A Case Study on Ideon Science Park [J]. *AI & Society*, 2002, 16 (3): 288 – 298.
[8] Kihlgren. Promotion of Innovation Asctivity in Russia Through the Creation of Science Parks: the Case of St. Petersburg (1992—1998) [J]. *Technovation*, 2003, 23 (1): 65 – 76.

圣彼得堡科技园的研究认为，该科技园在俄罗斯的经济转型发展中具有明显的推动作用，但由于忽视了技术创新的市场需求导致园区运行效益较低。洛夫斯滕和林德洛夫（Lofsten & Lindelof）[1] 提出科技园区有利于降低技术创新风险，从而增加技术创新的成功率，缩短技术创新的时间。

在高新技术园区的产业集聚上，阿思罗耶（Athreye）[2] 通过对美国硅谷和英国剑桥科技园的对比研究发现，英国剑桥科技园中成功的高新技术企业较少，没有形成高效的产业集聚，这是导致英国的科技园区发展不如美国的好的原因。指出科技园区内产业集聚的协同溢出效应能使园区内企业获得良好外部经济效益，园区内部企业的协同创新可以使科技园区从整体上获得范围经济效益。丹尼尔·费尔森斯坦（Daniel Felsenstein）[3] 在研究高技术产业集聚导致的人口聚集对城市空间扩张的影响时，指出与其他产业相比，高技术产业集聚对城市扩张的空间的压力要小得多。汉森，赫斯特德和韦斯特高（Hansson, Husted & Vestergaard）[4] 通过对英国和丹麦两国科技园区的比较研究提出，科技园应该更加重视科技园区间的信息交流与互动、要强化园区内部网络组织之间的交互学习。琼科（JunKoo）[5] 通过构建有关产业集聚和知识溢出的回归分析模型，实证分析了其中存在的作用关系以及相应的影响因素。研究结果表明，产业集聚与知识溢出间存在互相促进的关系，并且知识溢出效应、良好的供应商及劳动力市场能够显著促进产业集聚；知识的溢出效应随产业知识密集程度的提高，聚集区内的小企业的增多，各个企业的专业化程度的增强而变得更为显著。此外，知识溢出效应还受本地竞争和所属产业类别的影响。克劳斯·韦尔兴（Klaus Wersching）[6] 在研究具有异质性知识溢出的创新产业集聚时指出，基于地理临近和技术临近的 R&D 投入和知识溢出能够促进知识积累，认知或技术临近对学习过程非常重要。克利米

---

[1] Lofsten, Lindelof. Science Park Effects in Sweden: Dimensions Critical for Firm Growth [J]. *International Journal of Public Policy*, 2006, 1 (4): 451–475.

[2] Athreye. Agglomeration and Growth: A Study of the Cambridge Hi–Tech Cluster [J]. *SSRN Electronic Journal*, 2001: 1–46.

[3] Felsenstein D. Do High Technology Agglomerations Encourage Urban Sprawl? [J]. *The Annals of Regional Science*, 2002, 36 (4): 663–682.

[4] Hansson, Husted, Vestergaard. Second Generation Science Parks: From Structural Holes Jockeys to Social Capital Catalysts of the Knowledge Society [J]. *Technovation*, 2005, 25 (9): 1039–1049.

[5] JunKoo J. Agglomeration and Spillovers in a Simultaneous Framework [J]. *The Annals of Regional Science*, 2005, 39 (1): 35–47.

[6] Wersching K. Agglomeration in an Innovative and Differentiated Industry with Heterogeneous Knowledge Spillovers [J]. *Journal of Economic Interaction and Coordination*, 2007, 2 (1): 1–25.

斯和西奥多（Klimis & Theodore）①通过对希腊51个县的数据实证分析制造业的行业特点对产业集聚的影响。分析表明，高科技产业和要素密集型产业表现高水平集聚。安德泽和麦迪（Andrzej & Mahdi）②利用欧洲经济区285个高科技行业集聚地区的面板数据，量化分析了高科技行业的产业集聚和市场结构对就业增长的影响，结果发现产业集聚不会对就业的增长产生影响，就业增长与市场竞争是负相关的。

2. 国内关于高新技术产业园区的研究

在高新技术园区的区位选择与规划上，顾朝林、赵令勋③通过指标体系的构建实现对我国高技术园区的区位进行评价，指标体系从空间布局、用地指标及设施与环境等方面进行设置。黄宁燕④通过借鉴国外高科技园区规划先行的做法后提出，我国的高新技术园区应高度重视园区布局的规划，规划时要考虑园区与周边地区的关联与互动，并对园区的未来发展预留空间。牟宝柱⑤在分析了我国高新区选址布局的影响因素和特点后提出建设我国高技术产业带的建议，可将地理区位临近的高新区规划为高技术产业带，实现优势互补。姜彩楼，徐康宁⑥使用数据包络分析方法测算了我国高新区的发展绩效，结果表明区位条件对高新区绩效产生重要影响。

在高新技术产业园区发展政策与环境上，孙丽文、于建朝等⑦分析了高新技术产业发展过程和成长的特性以及影响因素，探讨了社会资本、政府政策对高新技术产业成长和发展的影响；王稳妮、李子成⑧认为，应通过建立完善的创新政策支持体系促进国家级高新区的发展，可实施税收、投资、土地使用的优惠政策和政府资金补贴等措施鼓励高新区内的企业开展技术创新活动。郝静⑨在对美国高新技术产业发展分析的基础上提出我国政府应提高对高新技术企业税收优惠政

---

① Klimis V, Theodore T. Spatial agglomeration of manufacturing in Greece: Sectoral Patterns and Determinants [J]. *European Planning Studies*, 2013 (21): 1853 – 1872.
② Andrzej C, Mahdi G. Agglomeration Externalities, Market Structure and Employment Growth in High-tech Industries: Revisiting the evidence [J]. *Miscellanea Geographica*, 2015 (19): 76 – 81.
③ 顾朝林，赵令勋. 中国高技术产业与园区 [M]. 北京：中信出版社，1998：105 – 117.
④ 黄宁燕. 论发展我国高新技术产业开发区的战略问题 [J]. 科技进步与对策，1998（5）：1 – 2.
⑤ 牟宝柱. 中国高新技术产业开发区理论与实践 [M]. 北京：中国物价出版社，1999：29 – 48.
⑥ 姜彩楼，徐康宁. 区位条件、中央政策与高新区绩效的经验研究 [J]. 世界经济，2009（5）：56 – 64.
⑦ 孙丽文，于建朝，吕静韦. 区域高新技术产业生长模型与实证研究 [M]. 北京：经济科学出版社，2015：10 – 30.
⑧ 王稳妮，李子成. 国家级高新区创新发展探析 [J]. 宏观经济管理，2016（2）：79 – 82.
⑨ 郝静. 美国支持高新技术产业发展的启示 [J]. 中国财政，2017（2）：66 – 67.

策的精准性，并积极推进科技与金融深度融合。高博[①]通过对河南省高新技术产业发展环境分析，提出通过完善法律法规体系及服务体系及加大政府财政扶持来促进其发展。

在高新技术产业园区的产业集聚上，李强[②]对高新区产业集聚的内涵进行了界定，并构建了包括生产要素地理集中度测算、生产要素投入规模收益系数测算以及产业集聚质量测算三个层次的高新区产业集聚效应的实证分析框架。杨莉莉等[③]对产业集群与区域城市协调发展中产业集聚所发挥的作用进行了研究。武巧珍[④]研究了产业集聚中创新环境的作用机制，指出产业集聚能有效促进创新环境的发展。徐维祥、方亮[⑤]实证分析了我国华东地区高新区创新对区域经济增长的影响，研究表明创新要素聚集度对区域经济增长有显著的影响，创新要素聚集度高的高新区创新的作用更大。麻彦春、马海斌[⑥]对高新区产业集聚特征进行了研究，提出高新区产业集聚效应主要体现在劳动生产率和技术创新两个方面，高新区可以通过产业集聚提高劳动生产率和促进技术创新。顾元媛、沈坤荣[⑦]使用我国52家高新区数据对高新区产业集中程度与创新产出之间的关系进行了实证分析。结果表明，产业集中程度与创新产出之间具有显著的正向相关。董慧梅、侯卫真等[⑧]认为，高新技术产业集群内的创新网络具有较为清晰、明显的边界，在创新扩散活动中核心企业扮演着重要角色，与其他企业之间的大量连接让其具有较大影响力，会对创新网络的扩散范围产生进一步影响。童心、陶武杰[⑨]通过对发达国家的高新技术产业集群相关政策分析，提出要通过加强金融优惠政策与企业的研发合作的对接来提升高新技术产业集群孵化器功能，并定期对集群政策实施的效果进行评价。

[①] 高博. 基于SWOT定量分析模型的河南省高新技术产业发展环境分析 [J]. 统计与决策, 2018 (10): 109 – 112.

[②] 李强. 国家高新区产业集聚实证研究——生产要素集中的规模效益分析 [J]. 科学学研究, 2007, 25 (6): 1112 – 1121.

[③] 杨莉莉, 王宏起. 产业集群与区域经济协调发展机制及对策 [J]. 科技与管理, 2008 (2): 7 – 10.

[④] 武巧珍. 高新区创新环境与产业集聚作用的理论探讨 [J]. 科技情报开发与经济, 2013 (24): 129 – 131.

[⑤] 徐维祥, 方亮. 华东地区高新技术园区创新对区域经济增长影响的实证研究 [J]. 经济地理, 2015 (2): 30 – 36.

[⑥] 麻彦春, 马海斌. 高新区产业集聚的经济效应研究 [J]. 中国高校科技, 2014 (10): 85 – 87.

[⑦] 顾元媛, 沈坤荣. 简单堆积还是创新园地？——考察高新区的创新绩效 [J]. 科研管理, 2015 (9): 64 – 71.

[⑧] 董慧梅, 侯卫真, 汪建苇. 复杂网络视角下的高新技术产业集群创新扩散研究——以中关村产业园为例 [J]. 科技管理研究, 2016 (5): 149 – 154.

[⑨] 童心, 陶武杰. 发达国家高新技术产业集群政策及其对我国的启示——以美日法为例 [J]. 改革与战略, 2018 (5): 111 – 117.

在高新技术产业园区发展评价上，窦江涛、綦良群[①]将高新技术产业园区作为一个包括经济、社会、环境、科技创新及资源五个子系统构成的可持续发展系统，每个子系统又包括若干个具体的要素指标，据此构建了一套指标体系对高新区可持续发展水平进行评价。朱斌、王渝[②]在对产业集群持续创新能力评价研究中，构建了一套包括三级指标的评价指标体系，并采用相对客观的方法对各级指标赋予相应的权重。所选择的相关指标主要有：持续创新投入能力、持续创新发展能力、持续创新产出能力、集聚效应支持持续创新能力、科技环境支持持续创新能力以及制度文化支持持续创新能力。朱少鹏等[③]运用层次分析法建立了高新技术产业园区的竞争力评价指标体系，二级指标包括技术创新能力、市场控制力、生产能力、实体资源、人力资源、组织资源以及制度背景。陈家祥[④]应用偏离系数的概念，建立了高新技术产业园区功能偏离系数评价指标体系，评价指标包括孵化培育能力、创新资源投入能力、创新主体能力以及创新效率，将每个指标样本中单项最大值作为各指标的目标值。胡树华等[⑤]建立了一个由四级指标构成的国家高新区竞争力评价的指标体系，二级指标包括：基础支撑、环境支撑、资源支撑、创新产出、创新投入、社会贡献、经济贡献、引资水平以及创汇水平。并运用此指标体系对上海张江、北京中关村等七个国家高新区进行了运用比较研究。石晓梅等[⑥]建立了包括财力投入、环境与设施、人力资源、经济效益以及科技成果五个维度的高新区创新绩效评价指标体系。常玉等[⑦]从基础设施建设、环境与制度建设和创新资源投入三个方面出发，运用因子分析法对高新区技术创新能力的影响因素进行了分析。河南省高新技术产业开发区发展评价研究课题组[⑧]从经济总量、产业结构、自主创新能力及质量和效益四个方面构建了高新技术产业开发区评价指标体系。

---

① 窦江涛，綦良群. 高新技术产业开发区可持续发展评价指标体系的研究 [J]. 科技与管理，2001 (1)：9 – 11.
② 朱斌，王渝. 我国高新区产业集群持续创新能力研究 [J]. 科学学研究，2004 (5)：529 – 537.
③ 朱少鹏，曾刚. 基 AHP 方法的高新区竞争力指标体系分析——以中关村、张江、深圳高新区为例 [J]. 工业技术经济，2008 (6)：101 – 106.
④ 陈家祥. 国家高新区功能异化偏离的测定与评价 [J]. 科技进步与对策，2009 (20)：134 – 138.
⑤ 胡树华，解佳龙，王松，王姣. 基于多级模糊综合评价法的国家高新区竞争力研究 [J]. 软科学，2011 (5)：53 – 56.
⑥ 石晓梅，胡珑瑛. 高新区创新绩效测度指标体系的研究 [J]. 燕山大学学报（哲学社会科学版），2003 (3)：26 – 29.
⑦ 常玉，董秋玲. 科技园区技术创新能力影响因素与绩效的关系研究 [J]. 软科学，2006 (2)：119 – 124.
⑧ 河南省高新技术产业开发区发展评价研究课题组. 高新技术产业开发区评价指标体系研究——以河南省为例 [J]. 调研世界，2017 (11)：60 – 65.

综上所述，国内外对高新技术产业园区发展问题的研究较为充分，在产业园区的规划布局、发展环境、发展动力、政策支撑、发展绩效评价、产业集聚等方面研究较为丰富，这些研究为攀西试验区的建设提供了翔实的借鉴与参考。

4.2.2 关于国家综合配套改革试验区的相关研究

关于国家综合配套改革试验区的相关研究主要以国内学者为主，研究内容涉及设立试验区的背景、意义和作用，发展水平评价，制度创新及发展对策建议等方面。

在试验区建设的背景、意义和作用上，李罗力[①]和陈文玲[②]强调试验区建设的背景是中国改革模式面临重大转型。郝寿义、高进田[③]认为，创建国家综合配套改革试验区是中国顺应经济全球化和区域经济一体化进程加快的时代要求，也是中国社会经济改革进入攻坚阶段后的必然选择。汪玉凯[④]认为，设立浦东综合配套改革试验区的重大意义与设立深圳特区相当。李罗力[⑤]认为建立综合配套改革试验的根本意义在于：在国内改革转向生产力必须适应生产关系发展的历史阶段，需要新的改革动力、改革思路，同时也需要新的改革平台和摇篮。建立改革试验区既要为本地区发展寻找新途径、新方法，又要为全国经济体制改革、社会文化体制改革、政治体制改革提供经验和新思路。肖安民等[⑥]对"两型社会"综合配套改革试验区建设的内涵、重要意义、主要任务及相关工作进行了探讨。

在试验区建设发展水平评价上，余鲁等[⑦]根据综合配套改革的主要内容，运用定量和定性相结合的方法，构建了一套评价统筹城乡综合配套改革绩效的指标体系，并运用该指标体系对国家综合配套改革试验区绩效进行了实证评价。欧阳涛[⑧]通过层次分析法构建了统筹城乡发展水平评价的指标体系，并运用于长株潭统筹城乡发展的评价分析，据此提出了促进长株潭两型社会建设中城乡统筹发展

---

① 李罗力. 对我国综合配套改革试验区的若干思考 [J]. 开放导报, 2006 (10): 8-11.
② 陈文玲. 津沪深综合配套改革的背景与障碍——兼论三地的自由港建设 [J]. 开放导报, 2007 (4): 15-7.
③ 郝寿义, 高进田. 试析国家综合配套改革试验区 [J]. 开放导报, 2006 (4): 25-28.
④ 汪玉凯. 浦东综合改革试验: 开启新一轮摸着石头过河 [N]. 第一财经日报, 2005 (6): 24.
⑤ 李罗力. 对区域经济合作机制的再研究 [J]. 开放导报, 2010 (5): 31-34.
⑥ 肖安民, 赵炜. 扎实推进武汉城市圈"两型社会"试验区建设 [J]. 政策, 2008 (1): 23-26.
⑦ 余鲁, 白志礼. 国家综合配套改革试验区的绩效评价研究 [J]. 重庆工商大学学报 (社会科学版), 2009, 26 (1): 39.
⑧ 欧阳涛. 长株潭试验区统筹城乡发展水平评价 [J]. 统筹城乡土地资源开发与利用高级研讨会, 2011.

的对策建议。耿中华等①在对合芜蚌试验区区域经济效益的实证研究中，运用数据包络分析法建立了一套指标体系，对合芜蚌试验区的区域经济效益进行了评价，提出了提高合芜蚌试验区发展效率的相关建议。李雪松等②构建了两型社会建设绩效评价指标体系，运用层次分析法对武汉城市圈"两型社会"建设成效进行了评价，并结合计量模型分析了经济、社会、资源、技术和环境因素对"两型社会"建设的影响。汪晓梦等③在对合芜蚌自主创新试验区建设的研究中，构建了试验区科技创新绩效评价指标体系，并运用灰色关联和主成分分析法对试验区科技创新绩效存在的差异性和非均衡性进行了分析，认为要在人力资源和科技经费上加大投入来提升科技创新绩效。赵述④构建了泉州金融综合改革试验区建设成效评价指标体系，并运用灰色关联分析法对试验区建设成效进行详细分析，发现泉州在金融产品与服务创新、金融组织体系建设、对外金融合作水平上有明显提高，但也存在金融产业规模较小、不良贷款率上升、资本市场发展不足等问题。谢丽彬等⑤通过层次分析法构建了自贸试验区创新绩效评价指标体系，并运用于对自贸试验区创新绩效进行评价。

在试验区制度及体制创新上，王家庭⑥对国家综合配套改革试验区制度创新的扩散效应及表现形态和过程进行了分析，认为当国家综合配套改革试验区和周边区域的特点较为相似，且扩散环境较好时，制度创新的空间扩散行为就容易发生。林凌⑦认为，当前统筹城乡综合配套改革试验区亟待进行农村土地制度和农村金融制度改革。郝寿义、封旭红⑧认为，综合改革试验区的制度创新对区域的经济增长产生积极的影响，提出要不断优化政府组织体系和运行机制，建立有效的决策权、执行权、监督权，探索建立职能有机统一的大部门体制；要建立有利于试验区资源整合、统筹发展的科学协调机制和高效的人才流动机制。王佳宁、

---

① 耿中华，杨志辉. 基于 DEA 方法的"合芜蚌试验区"经济效益分析 [J]. 中国集体经济，2010 (6S)：81 – 82.
② 李雪松，孙博文，夏怡冰. 两型社会建设绩效评价与影响因素研究——来自两型建设综合配套改革试验区的实证 [J]. 科技管理研究，2014 (15)：50 – 55.
③ 汪晓梦，汪琛. 合芜蚌自主创新试验区科技创新绩效评价研究——基于灰色关联和主成分视角 [J]. 嘉兴学院学报，2016，28 (2)：64 – 69.
④ 赵述. 基于灰色关联分析的泉州金融综合改革试验区建设成效评价 [J]. 金融理论与实践，2016 (12)：22 – 28.
⑤ 谢丽彬，李民. 自贸试验区创新绩效评价指标体系研究 [J]. 广西民族师范学院学报，2016，33 (6)：72 – 75.
⑥ 王家庭. 国家综合配套改革试验区制度创新的空间扩散机理分析 [J]. 经济学研究，2007 (7)：39 – 44.
⑦ 林凌. 统筹城乡发展的重大举措 [J]. 经济体制改革，2007 (9)：5 – 12.
⑧ 郝寿义，封旭红. 综合改革试验区的制度创新与经济增长研究 [J]. 天津师范大学学报（社会科学版），2011 (5)：31 – 35.

罗重谱[①]提出要通过建立常态化的联系机制、部门间的协作机制及舆情搜集分析和报送机制，不断创新综合配套改革试验区的管理体制。程栋等[②]提出要清晰界定"先行先试权"，激发试验区进行制度创新的尝试；要理顺中央对地方的指导协调机制，促进试验区制度创新有效推进，并对试验区的制度创新过程进行科学评估；要对产权制度进行改革，不断完善所有权制度、教育制度和户籍制度，实施以金融体制改革为主体的资源配置制度改革。王厚双[③]认为要加强对全面创新改革试验区建设的顶层设计，在制度上为创新体系建设提供有力保障，要创新支持机制、实现创新体系建设的路径突破，要发挥创新体系中各主体的活力，激发创新主体的创新动力，不断优化创新生态环境，促进创新体系的高效运行。

在试验区发展对策建议上，王家庭[④]、杨建文、胡晓鹏[⑤]、袁易明[⑥]等针对如何开展试验区建设，从先试先行权、上下互动与区域联动、地方政府的制度创新激励、国家层面的组织保障和立法保障等方面提出了相关政策性建议。张晓雯等[⑦]通过借鉴国外在统筹城乡发展过程中的成功经验，提出推进政府职能转变、深化农村土地产权制度改革、完善地方法律法规、统筹城乡环境保护、健全财政支农支出增长机制等建议。彭荣胜等[⑧]通过对河南信阳农村改革发展综合试验区研究发现，降低要素流动制度阻力、提高区域之间可达性、优化资源配置，能缩小经济发展差距、促进区域分工合理化，能有效提升区域经济整体发展效率，从而实现区域协调发展。吴金和等[⑨]对合芜蚌自主创新试验区在总体经济规模、创新环境和创新投入等方面存在的问题进行了分析，提出合芜蚌自主创新试验区建设要充分利用参与泛长三角区域分工与合作的有利条件，在投融资机制和产学研合作机制上要有所创新。王钦敏等[⑩]则通过调研对合芜蚌自主创新综合配套改革

---

① 王佳宁，罗重谱. 我国综合配套改革试验区的现实定位与管理体制创新 [J]. 马克思主义与现实，2012 (6)：128 - 138.
② 程栋，王家庭. 论国家综合配套改革试验区制度创新 [J]. 贵州社会科学，2015 (3)：140 - 146.
③ 王厚双. 沈阳加快建设国家全面创新改革试验区的对策思考 [J]. 沈阳干部学刊，2015 (5)：5 - 7.
④ 王家庭. 国家综合配套改革试验区与区域经济发展研究 [J]. 天津师范大学学报（社会科学版），2006 (8)：12 - 16.
⑤ 杨建文，胡晓鹏. 综合配套改革：基于沪津深的比较研究 [J]. 上海经济研究，2007 (3)：3 - 12.
⑥ 袁易明. 综合配套改革：制度需求、改革重点与推进战略 [J]. 开放导报，2006 (10)：15 - 19.
⑦ 张晓雯，陈伯君. 统筹城乡发展：国外经验借鉴及启示——以成都试验区建设为例 [J]. 财经科学，2010 (3)：118 - 124.
⑧ 彭荣胜. 欠发达地区农村改革发展综合试验区建设与区域协调发展——以河南省为例 [J]. 理论与改革，2010 (1)：135 - 137.
⑨ 吴金和，范人伟. 合芜蚌自主创新试验区建设中的问题与对策 [J]. 合肥学院学报（社会科学版），2010，27 (5)：19 - 22.
⑩ 王钦敏，程津培，谢广祥，等. 加快合芜蚌自主创新综合配套改革试验区建设步伐完善安徽区域创新体系 [J]. 中国发展，2010，10 (5)：1 - 4.

试验区在建设中取得的成效和存在的问题进行了分析,并从加强部际协调和省部会商,充分发挥政府和市场机制的双重作用,探索高效的科技成果转化机制方面,提出了推进试验区建设的对策建议。杨敬宇等[1]基于西北河湟谷地城市密集区发展状况的调研,提出建立兰州—西宁区域经济一体化试验区的构想,并从区域空间与产业整合等方面,提出了推动试验区建设的政策建议。赵蓓文[2]对上海自由贸易试验区在新型开放格局下的发展方向、建设重点及难点进行了研究。王利平[3]则从立法的角度对福建自贸试验区的建设进行了探讨,认为在制度创新上要处理好中央事权与地方事权、改革创新与法治保障、借鉴复制与本土经验、集中规制与分片调适这四个关系。杨爱平[4]在对广东自贸试验区建设的研究中指出,广东自贸试验区的建设将促进粤澳深入合作与融合,因此要对粤澳合作机制进行再创新,通过削减信息不对称和沟通障碍,构建粤澳参与全球竞争与合作的平台与机制。周宏春[5]在对福建生态文明试验区建设的研究中提出,要重点从经济发展、生态保护、人居环境等方面入手,通过政府的积极引导,充分发挥市场作用,不断完善法律法规来促进试验的建设。

4.2.3 关于攀西试验区建设的研究

从以上国内外关于高新技术产业园区及国家综合改革配套试验区相关的研究可以看出,专家学者从试验区的规划布局、发展政策与环境、体制机制、产业集聚及建议对策等方面进行了较充分的研究和深入的探讨。这些研究成果为攀西试验区的建设提供了有力借鉴,但攀西试验区与一般的产业园区及改革创新试验区又有着诸多的差异。其发展的路径选择、政策支撑体系以及相关的体制机制创新不能照搬现成模式,须在结合试验区自身特点的基础上不断加以探索。当前国内有关攀西战略资源创新开发试验区建设相关的研究较少,通过文献检索,现有研究主要从试验区建设的有关财税政策、人才引进、科技体制创新及利益协调机制

---

[1] 杨敬宇,聂华林. 兰州—西宁区域经济一体化试验区建设研究 [J]. 地域研究与开发, 2010, 29 (4): 27-31.
[2] 赵蓓文. 新型开放格局下的上海自由贸易试验区建设 [J]. 上海行政学院学报, 2014, 15 (1): 37-45.
[3] 王利平. 地方制度创新的困境与路径——以福建自贸试验区建设为例 [J]. 中共福建省委党校学报, 2016 (10): 67-72.
[4] 杨爱平. 广东自贸试验区建设与粤澳合作机制再创新 [J]. 华南师范大学学报(社会科学版), 2015 (6): 111-114.
[5] 周宏春. "两山理论"与福建生态文明试验区建设 [J]. 发展研究, 2017 (6): 6-12.

等方面展开。

在试验区利益协调机制上,张旭辉等[①]提出要采取科层制模式为主导,中央政府、地方政府、居民、企业和非政府组织等多主体共同参与,市场与政府双向互动,市场机制、利益分配协商机制、利益分享与补偿机制、利益争端调解机制等相互配合的模式。唐光荣、欧德宇[②]提出,要深化攀西试验区的科技金融体制改革及科技管理体制改革,激发试验区科技创新活力。攀枝花市政协教科文卫体委员会[③]认为,试验区的建设要通过构建强有力的高层协调推动机制,扶持科技创新、改造提升传统资源型产业、完善产业规划等路径进行。罗莲[④]在分析攀西资源开发存在问题的基础上提出,要通过先行先试,打造包括中央政府、地方政府、企业、居民多主体参与的,具有持续研发动力、活力和能力的创新系统;试验区的建设要在已有的资源和产业优势基础上,加强对传统产业的改造和提升,促进高新技术产业、新兴服务业培育和发展的结构升级,试验区相关产业产品的培育要与国家战略意图相吻合,同时试验区发展又要与攀西地区区域经济、社会发展高度契合,处理好开发建设与生态环境的协调关系,通过对试验区发展模式的创新,实现试验区经济、文化、资源与环境上的友好协调发展。石伟[⑤]认为,攀西试验区的建设要在财税政策上敢于创新,提出应将资源税从量计征改为从价计征。王一涵、焦秀君[⑥]在分析超理性创新人才集聚模式的基础上,提出要通过讲好攀西开发故事以激发创新责任意识,建设自由创新俱乐部以涵养自由创新环境,重用、尊重、关爱超理性创新人才,建立适应其特点的人才评价制度,培育弘扬超理性创新文化等途径,促进攀西试验区超理性创新人才的集聚。

---

① 张旭辉,李博,史仕新,杨勇攀.攀西战略资源创新开发试验区利益协调模式设计[J].开发研究,2015(2):26-29.
② 唐光荣,欧德宇.攀西战略资源创新开发试验区科技体制机制创新的对策研究[J].攀枝花学院学报,2015(2):6-10.
③ 攀枝花市政协教科文卫体委员会.攀枝花加快攀西战略资源创新开发试验区开发建设对策研究[J].攀枝花科技与信息,2015(1):12-27.
④ 罗莲.国家级开发区转型背景下的攀西战略资源创新开发试验区发展思考[J].成都行政学院学报,2014(2):80-82.
⑤ 石伟.关于开发试验区财税优惠政策的探讨——以攀西国家级战略资源创新开发试验区为例[J].冶金财会,2014(7):48-50.
⑥ 王一涵,焦秀君.超理性创新动机与攀西试验区创新人才集聚[J].四川理工学院学报(社会科学版),2018(4):56-75.

第 5 章　试验区建设的理论基础

改革开放之后,我国的经济生产空间布局放弃了早期平衡布局的取向,采取非均衡的发展策略。在改革开放初期设立的沿海经济特区,后来的沿江、沿边开发都是这一策略的直接表现。试验区的建设,本质上具有结构主义的非均衡发展特征,试图通过非均衡发展战略,以点带面,实现均衡发展。其中增长极理论、产业集群理论等区域经济理论对于我国的特区建设和试验区建设发挥了重要的指导作用。本章对相关的区域经济理论进行简要的梳理与回顾。

5.1　区域经济协调发展与增长极理论

5.1.1　区域经济协调发展

区域经济是一定区域内的人类经济活动,是一个国家经济的空间系统。在一定区域范围内,区域经济是由各种地域构成要素和经济发展要素有机结合,由多种经济活动相互作用形成,具有特定结构和功能的经济系统。[①] 由于不同的区域存在着地理位置、自然条件、矿产资源、生产能力、技术条件、交通基础设施、劳动力资源、市场条件以及区域发展政策等方面的差异,因而导致不同地区具有不同的竞争优势。根据区域经济协调发展的要求,各地区应根据自身的特有条件,重点发展本地区的优势产业,与其他地区形成合理的地域分工,促进一个国家或地区整体经济效益的提升。

从系统论的角度来看,区域经济协调发展是一个综合性概念,它不应单纯指

---

① 陈秀山. 区域经济理论 [M]. 北京:商务印书馆,2003:3.

一个方面的协调，而是区域间各种协调关系的总和。既包括区域经济发展过程中地区间总量结构的协调，也包括区域间产业结构、生产力布局及区域关系方面的协调，既包括区域内部以及不同区域之间的自然资源、环境与人类对其开发利用的一种平衡，也包括区域生态系统与经济系统之间的动态平衡。① 具体而言，区域经济协调发展就是在各区域对内对外开放的条件下，各区域间或区域内所形成的相互依存、相互适应、相互促进、共同发展的状态和过程，并且形成决定这种状态和过程的内在稳定的运行机制。在市场经济条件下，区域经济协调发展的核心内容是协调地区间的产业分工关系和经济利益关系，在具体操作上则应以市场为导向，以经济利益为纽带，统筹规划，建立和发展与不同区域竞争优势相匹配的分工体系。因此，区域经济协调发展，归根结底是区域利益关系的协调。

根据这一区域经济协调发展的科学内涵和实质，各个区域都应在整个国家或地区的经济系统中，按照自身在区域分工中的合理定位确定各自的区域产业结构、竞争优势和特色。各区域之间实现错位发展，生产要素实现有序流动，国民收入在区域之间实现合理分配，区域之间的发展差距控制在一个合理的范围之内。而伴随着相对发达地区的产业结构升级和高级化，相对落后地区受到相对发达地区产业转移及技术扩散的影响，产业结构也会相应地实现升级。随着区域分工效益的充分实现，资源配置效率在全国范围也会得到显著提升，从而实现区域经济的协调健康发展。

在缩小区域发展差异促进欠发达的落后地区发展以实现区域经济协调发展上，增长极理论具有非常重要的指导和运用价值，不少国家试图运用这一理论消除落后地区的贫困，促进各地区经济的协调发展。其中取得较大成功的国家有巴西和马来西亚。就巴西而言，它在东南部地区经济发展时期，采取种种激励手段来刺激亚马逊河流域等落后地区的经济增长。在东南亚金融风暴之前，马来西亚不仅经济高速增长，而且国内经济稳定、地区间收入分配较公平。马来西亚的经济发展政策就是以增长极理论为基础，采取的政策符合自身国情，既充分发挥增长极的扩散效应，又力求克服其不利的回波效应；既考虑到地区优先发展战略，又兼顾了落后地区的发展，从而较好地解决了地区发展差距和地区收入差距问题。在攀西战略资源创新开发试验区建设过程中，为了更好地发挥试验区集聚的战略资源产业的"增长极"作用和不断扩大其扩散带动效应，以下对增长极理论

---

① 吴强. 政府行为与区域经济协调发展 [M]. 北京：经济科学出版社，2006：24.

进行简要梳理。

5.1.2 增长极理论

1. 增长极理论概述

"增长极"这一概念最早由法国经济学家弗朗索瓦·佩鲁（Francios Perroux）在1950年发表在《经济学季刊》中的《经济空间：理论与应用》一文中提出。在该文中他借鉴物理学原理把抽象的经济结构定义为经济空间，并把经济空间定义为由许多中心点组成的、包含着多种作用力的场，作为各种力的作用场，经济空间中有些中心点具有向心力，有些则具有离心力，经济增长极是各种经济力量的向量核心。他认为不同的地区、行业或部门，经济增长速度是不平衡的，增长不是同时出现在所有的部门，它首先出现和集中在具有创新能力的行业，这些具有创新能力的行业或部门常常集聚在空间的某些点上，于是其发展中存在着极化作用，即经济空间中会形成一些增长中心（或增长极），这些增长中心（或增长极）会产生类似于磁铁的磁极作用的离心力和向心力，也就是极化作用和扩散作用。[1]

"增长极"概念提出以后，得到了学术界的广泛关注，佩鲁的弟子、法国著名经济学家布德维尔（J Boudeville）在他的著作《区域经济规划问题》（1957年）和《国土整治和发展极》（1972年）中对"经济空间"这一术语作了开拓性的系统阐释，将"增长极"概念的内涵从经济空间推广到地理空间，认为经济空间不仅包括与一定地理范围相联系的经济变量之间的结构关系，也包括经济现象的区位关系或地域结构关系；增长极可以是部门的，也可以是区域的，将"极"的概念引入地理空间，并正式提出了"区域增长极"的概念，并将之定义为"区位在城市，并推动其所在区域的经济活动的扩张型产业"。[2] 布德维尔把极化空间进一步延伸为地理上的"极化区域"，并把极化区域定义为只与本区域大城市交换而不其他区域大城市交换的彼此临近的城镇所组成的区域。布德维尔把增长极同极化空间、城镇联系起来，就使增长极有了确定的地理位置，即增长

---

[1] 颜鹏飞. 经济增长极理论述评. 载西方经济学与世界经济的发展 [M]. 北京：中国经济出版社，2003.
[2] J-R. Boudeville. *Problems of Regional Economic Planning* [M]. Edinburgh: Edinburgh University Press, 1966：10-11.

极的"极",位于城镇或其附近的中心区域。这样,增长极包含了两个明确的内涵:一是作为经济空间上的某种"推动型"工业;二是作为地理空间上的产生集聚的城镇,即增长中心。增长极便具有"推动"与"空间集聚"意义上的增长的意思。经济发展并非均匀地发生在地理空间上,而是以不同强度呈点状分析,并以各种途径对整个经济区域产生不同影响。区域在发展初期,投资应当集中于这种增长中心,使增长由中心向周围地区传播;如果一个欠发达的地区缺少增长极,就应该建立一系列推进型产业,使之聚集成为增长极,推动经济增长。

经过拓展后,增长极概念的内涵具有经济空间和地理空间双层意义。就经济空间而言,增长极是指区域内的龙头企业或主导产业,龙头企业是在一定区域产业部门中起领头作用、占统治地位的推进型企业。它可以是由若干核心企业共同组成的联合体,也可以是一个工厂。主导产业是指具有地区比较优势的新兴产业或先进产业,该产业产品需求弹性较大,一般面向全国乃至世界市场,与其相关的部门和企业多,生产单位内部和相互之间联系性强。龙头企业往往是形成区域增长极的核心部分,是推进主导产业乃至整个区域经济发展的动力来源。区域龙头企业不断壮大,会引起相关企业由分散走向集中,造成企业集聚,并促使主导产业迅速增长,吸引其他经济活动向区域增长极靠拢,产生降低交易成本的聚集经济优势。就地理空间而言,增长极是指区域内特定的核心区或中心城市,若干推进型企业在这里集聚,推进型企业能够带动区域内其他企业的生产和销售一起扩大,从而促使区域经济成倍增长。

增长极的概念提出之后,引起广泛的关注,之后有增长点、增长中心、发展中心、生长点等概念相继提出,增长极理论得到极大的丰富和发展,后来的学者对增长极的研究也就沿着部门增长(推进型产业)和空间增长中心(集聚空间)两条主线展开,提出的理论成为区域发展战略和区域政策制定的重要理论依据。

2. 区域增长极的作用与效应

经济增长极作为一个区域的经济发展的新的经济力量,其自身不仅形成强大的规模经济,而且对其他经济也产生多种效应。增长极具有两种作用,即极化和扩散作用。极化作用会导致生产要素向极点积聚,其表现为增长极地区对周边区域产生了吸引力和向心力,使周围区域内的劳动力、资金、技术等要素向增长极地区转移,会对周围区域产生不利影响,剥夺周围区域的发展机会,拉大区域间的经济发展差距。有的经济学家把这种表现也称为回流效应。产生极化作用的主要原因在于规模经济效应和聚集经济效应。所谓规模经济是指随着生产规模的扩大带来经济效益提升的现象。由于推动型产业的快速增长,其生产规模不断扩大,规模经济效应导致生产成本的不断下降,从而使产品价格下降,进而诱导相关产业进一步得到扩张,并且向增长极地区集中,增强了该地区的竞争能力。而聚集经济效应是指生产部门在同一地点的聚集所产生的经济效益。生产部门在同一地点的聚集能促进科技、人才、信息等相互交汇,有利于生产的专业化协作和联合化生产,从而给聚集区内企业带来外在经济。而扩散作用则相反,会使极点生产要素向外围转移。扩散作用是由于增长极地区的快速发展,通过产品、资本、技术、人才、信息等的流动,对周边区域的发展发挥了促进和带动作用,使之拥有更多的就业机会,并增加了周边区域的产出,提高其边际劳动生产率和消费水平,并推动周边区域的技术进步。有的经济学家也把这种作用称为"涓滴效应"或"波及效果",可理解为增长极对周边产生的一种"外溢"效应。

佩鲁的增长极理论思想非常简明,即:增长并非均衡出现在所有的地方,它在不同的地方出现不同强度的增长点,然后通过相关渠道向外扩散,并最终对整个经济产生影响。这种影响通过以下三种效应发挥出来的。

(1) 支配效应。在现实经济发展中,经济单位之间由于相互间的不均衡影响而产生一种不对称关系,一些经济单位处于支配地位,而另一些经济单位则处于被支配地位。一般来说,增长极中的推动型单位都具有不同程度的支配效应,都能通过与其他经济单位间的商品供求关系以及生产要素的相互流动对这些经济单位产生支配影响。

(2) 吸引效应。增长极的吸引效应主要表现为资金、技术、人才等生产要素向极点聚集。在发展的初期,吸引效应是主要的,当增长极发展到一定程度后,吸引效应削弱。

(3) 乘数效应。佩鲁强调,增长极的选择应该考虑产业间的投入产出链。增长极能够与其他产业形成尽可能多的垂直联系和水平联系,这种联系包括前向联系、后向联系和侧向联系。生产规模不等、技术水平不等、生产阶段不同的一大批产业部门就形成了经济联系的通道,没有中间部门形成的联系通道,也不可能产生乘数效应。产业间的这种投入产出链能够使推进型产业把自身的增长效应传递给其他部门或产业,带动一大批产业的发展。这种推进型产业的单位投入而引发的经济系统的产出的成倍增长,就是外部经济的乘数效应。

3. 区域增长极的实际运用

增长极理论在世界各地得到广泛实践:例如,意大利南部区的卡塔尼亚—锡拉库扎、卡利阿里、卡塞塔—那不勒斯、巴里—塔兰托—布林迪西增长极的组建；加拿大安大略省的增长极战略；法国的八大平衡城市和14个振兴极；英国英格兰东北部和苏格兰中部增长区规划；联邦德国提出的"联邦增长极方案"；美国阿巴拉契亚地区增长中心规划；非洲农村增长中心实践；拉丁美洲次级增长中心的建立等。此外，非洲的尼日利亚、坦桑尼亚、尼日尔、肯尼亚，亚洲的新加坡、菲律宾、泰国、印度、马来西亚、印度尼西亚、韩国，欧洲的荷兰、挪威、西班牙、比利时、瑞典，拉丁美洲的巴西、墨西哥、委内瑞拉、秘鲁、玻利维亚、阿根廷、哥伦比亚、智利，东欧剧变前的罗马尼亚、捷克斯洛伐克、波兰等国都实施过增长极战略。在我国自改革开放以来逐渐形成了以长江三角洲、珠江三角洲、环渤海地区和京津冀地区为代表的几个重要区域增长极。它们的形成不仅为加速我国国民经济的发展作出了重要贡献，而且为我国东北老工业基地的振兴和西部大开发提供了宝贵的经验。

实施增长极战略的例子成败参半，因此增长极理论饱受非议。但是不能由此一概否定增长极理论，应该具体分析设立增长极地区成败的原因，进而提高增长极战略的实际有效性。例如，意大利南部增长极失败的主要原因是新建的大型现代化企业和当地传统企业之间出现产业链的断层和连锁效应的中断，无法形成资源要素向外扩散的网络。化工工业、钢铁工业与传统的家具制造业、榨油并不相关，因而未形成产业之间的通道效应。由于增长极大都是资本有机构成较高的大型企业，加上二元结构中产业之间的隔离作用，使得企业之间的连锁作用和扩散作用都未发挥出来。我国中西部地区很多现代化企业与当地传统的产业活动之间也存在着产业链断层现象，最后这些地区只能形成"飞地"式经济。譬如包钢的真正贡献不在内蒙古，而在向沿海地区供应原材料。由政府推进建立的增长极与当地的产业结构表现出极大的分离，很难实现降低单位产品成本的规模经济的要求。在强调增长极发展的同时，要充分注意与其周围地区的协调发展，避免极点发展的负面影响。

4. 区域经济增长极应用思考

实践表明，在区域经济协调发展中运用增长理论时需要特别注意以下几点。

（1）要认真研究增长极的抉择、定位和培育问题。增长极必然存在于一定的地理空间，但是，并不是任何一个地方都能发展成为增长极，增长极的形成要受到诸多主客观条件的制约，不顾条件约束，盲目发展增长极，结果只能事与愿违，适得其反。因此，要认真研究并切实解决好增长极的抉择、定位和培育问题。要使市场机制和政府规划引领有机结合起来，要兼顾经济空间和地理空间、兼顾经济全球化和区域经济一体化、兼顾经济竞争优势和区域比较优势，发展符合区域经济实际的增长极。

（2）经济增长极一旦确定并形成，区域政府就要实行强有力的区域经济政策，推动其加快资本积累和产业结构升级改造。同时核心区域自身也要加快制度创新步伐，完善以资本市场为核心的生产要素市场体系，逐步完成从政府外部推动为主向市场拉动为主的内生性增长转换，通过核心区与边缘区的极化和扩散效应，带动区域系统内经济迅速发展。

（3）要充分发挥增长极的功能。增长极最主要的功能是区域产业中心、创新中心、社会交往和信息集聚中心以及服务中心。因此，增长极建设不仅要大力培育推动型产业，也要大力发展满足区域发展多种社会职能的服务设施。

（4）要注重增长极理论和产业集群理论与园区理论的结合运用。增长极理论、产业集群理论和园区理论是当代区域经济学和发展经济学中支撑区域经济发展的三大理论支柱，这三大理论体系各具特色，分别从不同的角度研究了区域经济发展问题，为区域经济的发展提供理论支持。从经济发展的角度看，这三大理论的目的是完全相同的，都是为了促进区域经济的快速发展，而且，在内容上这三大理论体系也有许多相通的地方。因此，在攀西试验区的建设上，应该将这三大理论体系结合起来运用。

5.2　资源型城市产业集聚理论

在产业集群形成机理的研究中，杜能、马歇尔、克鲁格曼和波特等的研究奠定了基础。杜能（1826）在《孤立国》一书中讨论了导致产业聚集的向心力量，他认为具有规模水平的工业企业只有位于具有众多产业部门聚集的城市中心才能生存下去，劳动分工与工厂的规模水平存在紧密的联系。而且，交通技术的发展有利于加强城区的产业聚集。之后，韦伯于1909年提出"集聚经济"概念，阐明了企业是否相互靠近取决于集聚的好处与成本的对比。克里斯塔勒（1933）提出的中心地理论认为高效的组织物质财富生产和流通的空间结构必然是以城市为中心，具有相应的多个市场区构成的网状结构。这种结构将对产业聚集产生极强的拉动效应。至此，产业集聚的概念在古典经济学分析框架下正式提出，但古典经济学基于静态分析与实际还是有较多的偏离，所以，众多学者在产业集聚方面作出了持续的、深入的贡献。

5.2.1 新古典经济学观点

马歇尔（1920）提出的外部性概念极大地促进了新古典经济学的发展。在他所定义的"产业区"中，集中了大量种类类似的中小企业，规模经济较低，但专业化程度较高，联系十分密切。导致产业聚集的原因不在于区域产业空间的扩大和企业层面的生产规模的扩大，而在于社会层面的规模报酬递增外部经济性，即这种外部经济性是由于组织化的生产而产生。他指出区位集聚有以下三个原因：一是劳动力市场共享，二是中间投入品共享，三是知识溢出。产业聚集还会产生一种区域协同创新的环境，从而促进产业区经济持续增长。

在韦伯、马歇尔研究的基础上，胡佛（1937）将集聚经济分为两类：一是地方化经济，是指源自于某区域中同一产业经济规模的扩张及生产相似产业的相邻厂商所带来的收益；二是城市化经济，是指源自于某区域所有产业规模的扩张，即与某特定区域内主要生产活动的整体水平的收益。这种集聚经济的分类可以说是专业化和多样化特征的理论基础。而新兴古典经济学的创始人杨小凯则指出，不同的制造业产品生产者之间分工的发展是集群形成的必要条件。

总体看，由于中间投入品共享、劳动力共享、知识溢出的外部性效应，促使企业集中布局，形成企业聚集体并且持续扩大规模，这种现象就是产业聚集。

5.2.2 新经济地理学观点

韦伯（1909）在其《工业区位论》中，认为区位因子决定了生产布局，企业必然围绕生产成本和运输费用最低的地点进行布局。集聚经济是独立于地理以外的、可以带来成本节约的影响区位分布的因素。这些因素是由工业品的性质、原材料和消费所在地、距离等因素共同决定的，主要包括运输区位、劳动力区位和集聚分散区位。但该理论的不足也明显：一是工业区位理论不受社会制度、历史和文化等因素的影响，这与实际不符；二是该理论仅讨论了生产过程，忽视了其他影响因素，不具备普遍经济意义。藤田昌久、克鲁格曼和维纳布尔斯（2013）[①] 认为产

[①] ［日］藤田昌久（Masahisa Fujita），［美］保罗·R. 克鲁格曼（Paul R. Krugman），［英］安东尼·J. 维纳布尔斯（Anthony J. Venables）. 空间经济学：城市、区域与国际贸易 [M]. 梁琦，译. 北京：中国人民大学出版社，2013.

业上下游间的纵向关联也会促进产业集聚，不断增加的产品供给和需求也会使某一地区吸引越来越多的厂商而形成聚集态势。

佩鲁（1955）的增长极理论也将产业聚集和区域的发展关联起来。他指出如果把发生支配效应的经济空间看作力场，那么位于这个力场中的推进性单元就可以描述为增长极。增长极是围绕有推进性的主导产业部门而聚集在一起的有活力的一组产业，它不仅能迅速增长，而且能通过集聚效应推动其他部门的增长。增长以不同强度首先出现在一些增长点或增长极上，产业的地区性集中给产业结构和增长带来了特殊效应，它会强化经济活动并相互影响，经济增长是通过生产的聚集及其辐射作用带动的。之后美国经济学家弗里德曼（Friddman）、瑞典经济学家缪尔达尔（Myrdal）、美国经济学家赫希曼（Hischman）进一步丰富和发展了这一理论。

克鲁格曼（1991）[①] 的新经济地理学派则建立了基于规模报酬递增的产业集聚经济模型。他所建立的中心—外围模型的主要思想是，一个经济规模较大的区域，由于前向后向联系，会出现一种自我持续的制造业集中现象，规模越大，集中越明显，运输成本越低，越有利于聚集。区域发展是一个循环累积和自我增强的过程。产业集群的形成与发展主要是由于内生集聚效应的作用，这个效应来源于：城市市场需求，产业关联导致的专业化分工和规模经济，产业地方化。

国内学者王缉慈等（2010）[②] 认为由于产业集聚的两个正效应：一个是获得外部规模经济和范围经济，另一个是促进学习型经济，所以在地理上邻近而且互相联系的企业和机构会形成产业联系而且互相影响，从而形成产业集群。但该理论忽略了空间发展中的非经济化因素，无法在空间—经济模型中表达，其有效性不足。

5.2.3 新制度经济学观点

新制度经济学主要用交易费用理论来解释产业聚集现象，其核心思想是：企业是作为市场的替代物而产生的，并通过形成一个组织来管理资源，从而节约市场运行成本。科斯（Coase，1937）[③] 认为在企业外部靠市场价格机制协调控制生

---

① ［美］保罗·克鲁格曼．发展、地理学与经济理论［M］．蔡荣，译．北京：北京大学出版社，2000．
② 王缉慈，等．超越集群：中国产业集群的理论探索［M］．北京：科学出版社，2010．
③ Ronald Harry Coase. The Nature of the Firm［J］. *Economics*，1937（11）：386 - 405．

产，在企业内部，市场交易则由企业内部的管理者来代替控制生产，交易费用概念被用来分析组织的边界。在科斯的观点中，产业聚集有助于减少环境的不确定性，提高信息的对称性，从而降低交易费用。杨小凯则认为企业是以劳动市场代替中间产品市场，企业和市场的边际替代关系取决于劳动交易效率和中间产品交易效率的比较。产业聚集就是市场和企业之间的一种中间组织形式。

马丁（Martin，1999）①的模型得出了这样的结论：存在聚集经济时，第一次的区位竞争的胜利，将使得一个区域对未来企业的进入更具有吸引力。所以，应以较高的财政激励鼓励第一个企业，进而鼓励后进企业，而对于以后的企业来说，即使获得的财政补贴较少，但却能够从产业聚集的外部经济中获得利益。马丁和森利（Martin & Sunley，2006）②解析了波特产业集群模型，认为在相关政策制定时要慎重。史晋川（2002）③指出，制度是形成区域经济集群的有力保障，通过对制度的安排，使得区域经济主体在一定阶段内能够获得高额的"制度租"，通过制度创新，有利于增进组织的效率，形成和维系区域经济集群内健康的竞争与合作。良好的政策制度还可以大幅度地提高区域基础设施等生产要素的投入。

朱伟东（2003）④的研究指出，正式制度对产业集群的演进产生很大的影响。尤其是在市场经济不是非常发达的国家，由于市场体制的缺失，经济的正常运行就需要政府来弥补"市场的失灵"，区域经济集群不得不面对诸如在政府的引导下的行为，处于政府所提供的利益和自身对区域责任感的行为，与区域有关的公益和福利活动，对区域经济发展趋势的预测与研究，处于政府诱发而进行的企业间、企业与政府、个人与个人的正式和非正式交流等。因此，正式制度不仅能影响区域经济集群的存亡，而且可以左右区域经济集群的发展方向。

新制度经济理论所强调的重点是社会关系的重要性，社会关系一方面可以降低管理费用，另一方面又可以提高企业的创新活力。这种社会关系，是形成产业聚集的出发点之一，也是产业聚集能够带来竞争优势的条件之一。

---

① Martin I. Sequential Location Contests in the Presence of Agglomeration Economics [J]. *Working Paper*, University of Washington, 1999.
② Martin R., Sunley P. Path Dependence and Regional Economic Evolution [J]. *Journal of Economic Geography*, 2006, 6 (4): 395 – 437.
③ 史晋川，谢瑞平. 区域经济发展模式与经济制度变迁 [J]. 学术月刊，2002 (5): 49 – 55.
④ 朱伟东. 区域经济集群研究——论长江三角洲区域经济的演进 [D]. 上海：复旦大学，2003.

5.2.4 竞争优势观点

波特教授在1990年提出了产业群的概念。集群形成的原因是企业之间的竞争，而这种竞争又是充满合作的，即合作竞争促进了创新和发展。产业聚集可以说是外部经济条件下企业区位选择的具体体现。由于产业群不仅包括相互竞争的同行业产业实体，而且还涉及顾客与一些辅助性机构及政府提供的一些基础性设施，这样会导致产业群内企业可以进行较低成本的试验。所以，对于溢出效应起决定性作用的行业来说，企业的区位选择应该趋于地理上的集中，从而聚集现象就必然发生。产业集群主要通过以下几个来源获得竞争优势：第一，在一个产业集群内，企业相互之间容易形成上下游的配套关系，厂商间的密切关联使得整体利益大于内部各个厂商利益之和；第二，集群有利于信息累积、传递与扩散，有利于增强企业的创新能力，促进技术的创新与升级；第三，通过鼓励新企业的形成，扩大并增强产业群本身来影响竞争。此外，波特还研究了政府在集群中的作用，为政府提供了制定政策的理论依据。国内外其他学者则基于以上研究对产业集群的形成机理、演进规律做了大量的研究。

5.2.5 系统学观点

国外一些学者从网络组织的角度刻画了产业集群结构。托雷利（Thorelli H B，1986）[1] 认为企业间的网络结构是一种介于市场交易和层级制之间的组织形式。蒂希（Tichy，1998）[2] 认为网络中主体间关系表现为网络的结构形态，与产业集群风险又密切相关。苗东升（2010）[3] 认为结构是指系统内部各组成要素之间的相互联系、相互作用的方式或秩序，即各要素之间在时间和空间上的排列或组合的具体形式。蔡宁（2006）[4] 认为集群中企业是相互依赖的，而不是独立的，集群就有了结构。集群的结构描述了集群中资源的占有、分布状况，反映了

---

[1] Thorelli H B. Networks: Between Markets and Hierarchies [J]. *Strategic Management Journal*, 1986 (7): 37-51.
[2] Tichy, G. *Clusters, Less Dispensable and More Risky than Ever Clusters and Regional Specialization* [M]. London: Pion Ltd, 1998: 180-191.
[3] 苗东升. 经济研究与复杂性科学 [J]. 首都师范大学学报（社会科学版），2010 (2)：30-36.
[4] 蔡宁，吴结兵. 产业集群企业网络体系：系统建构与结构分析 [J]. 重庆大学学报（社会科学版），2006 (2)：9-14.

资源整合中协同效应的深度。结构影响集群竞争优势的实现途径是通过集群结构影响群内企业的行为，反过来，群内企业的行为也会影响集群的结构，结构与行为的交互作用决定着绩效。集群网络结构反映了集群网络各节点的链接方式，决定各组成部分的相互位置和相互关系，影响着集群资源的分布状况和整合深度，规定集群中各主体的行为方式，进而影响集群整体的行为取向。

关于产业集聚的驱动力，众多学者进行了研究。王锋正（2007）[①]认为，自然资源和运输成本、外部规模经济性、相关组织机构的支持、企业家精神、制度与政府政策是产业集聚的动力。傅允生（2005）[②]认为，产业集聚主要源于地域资源禀赋，包括地方自然资源禀赋、人力资源禀赋和社会资源的禀赋，其中地域自然资源禀赋是地方产业集聚的初始条件。张伟（2008）[③]认为，资源型产业集群就是以自然资源开发和加工产业为主导的，由众多相互联系的企业（或机构）在一定的地理空间范围内聚集而形成的经济群落。赵海东（2006）[④]认为资源优势、政府扶持和市场需求是资源型产业集群形成的三个重要因素。王锋正（2007）认为自然资源和运输成本、外部规模经济性、相关组织机构的支持、企业家精神、制度与政府政策是资源型产业集群发展的动力。国内关于资源型产业集群成因的研究基本点没有突破国外已有的研究成果，只是比较强调制度、文化和地方政府扶持因素。

综上所述，基于资源的产业集群主要有以下特征：首先，资源型产业集群有着明显的地理根植性。在资源型产业集群中，众多围绕资源禀赋利用的企业聚集在一起对自然资源进行生产和加工，自然资源是其产品成本主要部分，因此资源型产业在选择地址时常常充分考虑资源的数量与质量以及交通情况、气候情况等，这些因素都与地域有关，具有明显的地理根植性。其次，资源型产业集群的形成往往离不开政府的帮助与扶持。资源型产业通常是基础性产业，政府对资源型产业都比较重视，他们为此常常出台一些优惠政策，对产业进行规划和培育，招商引资，形成完整的产业链和产业集群。再次，资源型产业集群具有纵向发展的内生动力。资源型产业集群向上可以进行能源开发、资源再生利用，向下可以向新兴高科技产业等方向发展，常常可以形成一个封闭的循环系统。这是源于在

---

① 王锋正. 生态经济视角下西部资源型企业自主创新能力的培育机理研究 [D]. 呼和浩特：内蒙古大学，2007.
② 傅允生. 资源禀赋与专业化产业区生成 [J]. 经济学家，2005（1）：84–90.
③ 张伟. 西部地区资源型产业集群化发展分析 [J]. 统计与决策，2008（10）：107–109.
④ 赵海东. 资源型产业集群：概念与形成机理 [J]. 广播电视大学学报（哲学社会科学版），2006（4）：90–93.

社会分工理念下，各个企业需要形成较强的核心竞争力，从而围绕资源禀赋发挥所长，形成工艺复杂，上下联通的供应链。最后，资源型产业集群具有更强的创新潜力。由于关联性和产业延展性，产业蕴藏着大量的创新机会，拥有较强的创新潜力。

5.2.6 钒钛资源型产业集群形成的机理

钒钛资源型产业集群是围绕钒钛矿产资源进行综合利用而形成的产业集群。资源禀赋、市场需求、社会分工、政府培育、技术突破和动态优化等因素是钒钛资源型产业形成的必要条件，社会分工的现实约束导致了钒钛资源型产业以钒钛资源型产业集群的形式出现。

1. 钒钛资源型产业集群形成的基础：资源禀赋

资源禀赋是钒钛产业集群形成的基础。钒钛磁铁矿的储量、品位、分布、开发利用等都会直接影响钒钛资源型产业集群形成。产业集群沿矿石资源富集带呈现典型分布，以开发区或工业园区为载体逐步形成和发展。对此，马歇尔(2007)[①]在《经济学原理》中阐述："许多不同的原因引起了工业的地区分布，但主要原因是自然条件，如气候和土壤的性质，在附近地方的矿山和石矿，或是水陆交通的便利。因此，金属工业一般是在矿山附近或是在燃料便宜的地方。"正是地区自然禀赋的差异才形成不同的具有地方特色的产业集群。

2. 钒钛资源型产业集群形成的诱因：市场需求

波特钻石模型[②]认为市场需求是影响产业集群形成与发展的第二个重要因素，市场利益的驱动是集群经济发展的内在力量。基于资源稀缺性及投资收益比考虑，以钒钛磁铁矿为基础的钒钛资源型产业集群的价值链一般都较长，从低端的采选到高端的成品制造都会围绕资源富集区建设并进而形成产业集群。因此，在市场有效需求的引导下，企业愿意组织资金、技术和劳动力等生产要素到钒钛资源富集区投资建厂，组织生产，逐步由某一两个"产业核"发展扩张而形成产业集群。更重要的是钒钛既是不可或缺的军品材料，也是高性能的民品用材料。世

---

① [英] 马歇尔. 经济学原理 [M]. 刘生龙, 译. 北京：中国社会科学出版社, 2007.
② Porter M. *The Competitive Advantage of Nations* [M]. New York：Free Press, 1990.

界上85%以上的钒用于钢铁生产的添加剂；钒电池及钒基储氢合金等能源新材料的快速发展给新能源产业提供了新的市场空间；而钛白粉的消费量也是一个国家生活水平的重要标志之一；国防及民用钛合金市场需求旺盛，海绵钛和钛材需求急剧扩大。巨大的市场需求必然促使钒钛资源性产业集群快速形成、发展、壮大。

3. 钒钛资源型产业集群形成的现实要求：社会分工

科斯（1937）[①] 认为，如果通过市场安排协调资源的费用（即交易费用）超过了企业内部管理资源的费用，企业内部管理的资源配置就是十分必要的和合理的。对于"企业组织的边界"问题，科斯认为，企业扩张会带来自身的组织成本，这主要是因为对企业家的管理才能（新古典经济学中的生产要素之一）来说，收益可能是递减的，或者说"企业家也许不能成功地将生产要素用到它们价格最大的地方，即不能导致生产要素的最佳使用。"因此，由于市场交易成本和企业组织成本的双重作用，企业将倾向于扩张到在企业内部组织一笔额外交易的成本等于通过公开市场上完成同一笔交易的成本或在另一企业中组织同样交易的成本为止。

美国经济学家契斯（1998）[②] 认为应该采用一种整体的视角，涵盖与企业能力建立相关的整个过程、整个企业的内部知识和产品的生产过程与外部的交易过程。他将企业动态能力定义为："企业整合、塑造和重组内部与外部竞争力以应对不断变化环境的整体能力。"并以企业动态能力为切入点对企业边界进行研究，认为"企业的边界在于能力的适用边界"。企业能力理论以整合企业内、外部能力为核心，强调在进行企业边界分析时必须按照企业本身的要求和市场经济的内在要求，统一企业的生产功能和交易功能，保证企业在市场中的健康发展。

由于交易成本的影响和企业能力的约束，任何企业都存在企业自身的边界，企业边界内的目标通过整合和运用企业自身有限的资源来实现，企业边界以外的活动通过社会分工来实现，其他企业利用自己的资源优势和自身的特殊能力，在某一具体产业中扮演合适的角色，完成其在产业中扮演角色所应承担的任务，从而实现产业的健康协调发展。就这样，由于社会分工，在资源型产业中各个企业围绕资源禀赋发挥所长，共同实现该产业的目标。这些众多围绕资源禀赋的企业

[①] Ronald Harry Coase. The Nature of the Firm [J]. *Economics*, 1937 (11): 386–405.
[②] G. Dosi, D. J. Teece, J. Chytry. *Technology, Organization and Competiveness: Perspectives on Industrial and Corporate Change* [M]. Oxford: Oxford University Press, 1998: 153–172.

就形成了资源型产业集群。

就钒钛产业而言，其工艺相当复杂，产业链很长，可能没有一家企业能独揽该产业的所有业务，只有从事该产业的各个企业通过并联或者串联的方式形成一个产业集群，才能促进钒钛产业向前发展。

4. 钒钛资源型产业集群形成的路径：政府培育

政府在产业集群形成发展的初期所做的规划、采取的政策、提供的条件往往发挥着决定性的作用。资源型产业集群的形成主要有两种具体形式：一种是通过市场配置机制形成；另一种是有组织的产业集群培养，实际中更多地为综合作用的产物。即使是通过市场资源配置形成的产业集群，如果没有政府在土地规划、产业政策、市场管理以及必要的基础设施投入等方面的扶持，产业的发展会非常缓慢，集群也很难形成。有组织的产业集群培养在我国更多地表现为政府对产业的大力推动。政府会从资源的供给控制、产业壁垒设立、技术创新水平、金融市场等方面影响产业集群的发展。同时，地方政府在引进外部资源中，在谈判、组织、信誉、承诺、合作网络的扩展等方面也具有较强的优势，并从而影响着供需双方，使产业的需求供给结构发生巨大变化，促进产业集群的形成与发展。

5. 钒钛资源型产业集群发展的动力：技术突破

在资源禀赋、市场引导和政府推动下，钒钛资源型产业集群的发展瓶颈和所面临的最重要的问题就是技术突破。技术突破必须依靠核心企业，因为核心企业占据产业链战略关键环节，控制着集群主要物流、资金流和信息流的流动，它们的决策与行动对整个产业网络具有决定性的作用。因此，集群网络的技术突破和创新将是在核心企业主导下的整个产业集群网络的技术创新，而相关企业的认同和参与成为整体创新的关键。

6. 钒钛资源型产业集群成长的过程：动态优化

钒钛资源型产业集群围绕区域内钒钛磁铁矿资源，集合了技术、生产要素、政策等因素而发展起来，属于内源型产业集群。产业集群早期的成长依靠的是钒钛磁铁矿的天然禀赋，依靠的是政府的区域经济政策和产业政策的推动与扶持等来获得产业群的竞争优势。随着集群的发展，如果没有新的产业增长方式和政策，自然资源、政策扶持优势会被集群内企业分摊、消耗，竞争优势不断削弱，区位优势逐步消失，集群很快进入成熟期和衰退期，重蹈传统资源型产业之路，陷入"自然资源的诅咒"。为避免这种状况发生，在发展到一定阶段后，产业集群必须通过纵向产业链的延伸来保持其动态优势和提高产业链价值，突破技术瓶颈，提高创新能力，以产业集群为基础组成技术和创新网络，促进知识在集群内部创造、储存、转移、应用和扩散，凸显产业集群内企业的知识溢出效应，从资源优势过渡到区域技术和创新优势。

5.3 资源型城市产业转型的新结构经济学分析框架

攀西国家战略资源创新试验区地区是我国重要的战略资源富集区，也是典型的资源型城市所在地，促进经济结构调整和产业转型是实现资源型城市可持续发展的根本途径，这在学术界和实践层早已形成共识。但从现实表现上看，资源型城市的产业转型效果并不乐观。2013年，在国家出台的《全国资源型城市可持续发展规划（2013—2020年）》中，再次对各类资源型城市进行了梳理，其中衰退型城市就达67个，已占各类资源型城市的26%。而从三次产业构成和工业品产量两个角度衡量，资源型城市产业转型形势仍然十分严峻。数据比较发现[①]，近5年资源富集区的产业结构依然未体现出明显的转型趋势，资源依赖的特征还十分明显。资源富集区的产品主要集中在初级产品，特别是自然资源类的相关产品占了绝对优势。而在高级产品领域，毫无优势可言。甚至一些产品如洗衣机、集成电路和计算机等，其构成趋近为零。

针对资源型城市产业转型这一多少有些令人沮丧的现实表现，本节将引入"新结构经济学"的新视角，通过建构一个系统的、可操作性强的资源型城市产业转型框架，尝试回答资源型城市产业转型中政府可在哪些方面发挥作用，以及哪些事情又可交由市场完成等问题，以此避免既有研究的政策建议与实际操作的若即若离。

5.3.1 文献综述及评价：坐观其变还是探索前进

随着人类工业化进程的加速，相伴随的资源耗竭、生态环境恶化、经济增长停滞、社会结构功能失序等众多难题摆在资源型城市面前，也吸引了大量学者的

---

① 根据《中国统计年鉴（1999—2012年）》数据计算得出。

关注。众多学者①~⑧通过大量经验研究证实，资源给予人类的不是福音而是诅咒。同时，学者围绕该现象对资源型区域为什么要进行产业转型，以及制约其可持续发展的一些因素和机理进行了深入的揭示。关于诅咒产生的机理，研究成果颇丰，其中"挤出效应"是一个重要的关注点。研究发现资源型区域在专注资源开发的同时会挤出制造业、服务业等非资源型产业⑨和人力资本投入、科技投入、教育投入等⑩，而这些正是决定经济发展水平的重要因素。另外，还有一些研究发现⑪~⑭，制度是影响资源型区域发展困局的又一个重要原因，正是因为资源丰裕地区不合理的政治安排、松散的产权和法律结构导致这些地区的政策制订与执行背离科学与合理，政府部门常常也蜕化、变质，从而影响了地区经济社会的正常发展。除以上一些主流解释外，资源型区域的自然地理条件、人口集聚规模、基础设施建设差异以及金融环境等⑮⑯，也被纳入研究的视野。比如胡援成等实证揭示金融支持对于有效地解决资源的硬约束，促进经济的可持续增长有重

---

① Auty R. M. *Resource Abundance and Economic Development* [M]. Oxford：Oxford University Press，2001.
② Sachs J. D, Warner M. Natural Resources and Economic Development：The Curse of Natural Resources [J]. *European Economic Review*，2001（45）：827-838.
③ Gylfason T, Herbertsson T. T, Zoega G. A Mixed Blessing：Natural Resources and Economic Growth [J]. *Macroeconomic Dynamics*，1999，3（2）：204-225.
④ Gylfason T. Natural Resources, Education, and Economic Development [J]. *European Economic Review*，2001，45（4-6）：847-859.
⑤ Papyrakis E, Gerlagh R. The Resource Curse Hypothesis and Its Transmission Channels [J]. *Journal of Comparative Economics*，2004，32（1）：181-193.
⑥ 徐康宁，王剑. 自然资源丰裕程度与经济发展水平关系的研究 [J]. 经济研究，2006，46（1）：78-89.
⑦ 胡援成，肖德勇. 经济发展门槛与自然资源诅咒——基于我国省际层面的面板数据实证研究 [J]. 管理世界，2007（4）：15-24.
⑧ 邵帅. 煤炭资源开发对中国煤炭城市经济增长的影响——基于资源诅咒学说的经验研究 [J]. 财经研究，2010，36（3）：90-101.
⑨ Corden W. M, Neary J. P. Booming Sector and De-Industrialization in a Small Open Economy [J]. *Economic Journal*，1982，92（368）：825-848.
⑩ Hall R. E, Jones C. I. Why Do Some Countries Produce So Much More Output Per Worker Than Others? [J]. *Quarterly Journal of Economics*，1999，114（1）：83-116.
⑪ Knack S, Keefer P. Institutions and Economic Performance：Cross-country Tests Using Alternative Institutional Measures [J]. *Economics and Politics*，1995，7（3）：207-227.
⑫ Engerman, Stanley L, Kenneth L Sokoloff. The Evolution of Suffrage Institutions in the New World [J]. *Journal of Economic History*，2005，65（12）：891-921.
⑬ Sonin K. Why the Rich May Favor Poor Protection of Property Rights [J]. *The Journal of Comparative Economics*，2003，31（4）：715-731.
⑭ Mehlum H, Moene K, Torvik R. Institutions and The Resource Curse [J]. *The Economic Journal*，2006，116（1）：1-20.
⑮ 张亮亮，张晖明. 比较优势和"资源诅咒"悖论与资源富集地区经济增长路径选择——基于对中国地区间经济增长差异原因的扩展分析 [J]. 当代财经，2009（1）：81-87.
⑯ King R. G, R. Levine. Finance and Growth：Schumpeter Might Be Right [J]. *Quarterly Journal of Economics*，1993，108（8）：717-737.

要影响。在揭示资源型城市陷入发展难题的同时,大量研究也给出了破解困局的相关政策建议,如最近的研究中,杜辉①从可持续发展保障出发建立了包括资源开发补偿、产业衰退援助救济、资源性产品价格形成、发展规划、责任追究,以及激励手段等诸多制度在内的长效机制。郭存芝等②在实证分析资源型城市可持续发展影响因素的基础上,提出大力发展第三产业,优化第二产业内部结构;处理好科技进步与资源持续利用、环境保护的关系;完善制度建设等对策。

概括地讲,既有研究已较为充分地回答了资源型城市要实现可持续发展为什么需要产业转型(摆脱资源依赖),以及转型的方向(注重人力资本、教科、基础设施建设以及制度建设等)等问题,而现在是时候将这些好的政策建议与经济发展中最重要的"两只手"——政府与市场进行对接了。因为现实而言,只有做好这种对接才能让这些好的建议"落地",从而产生实实在在的效果。

林毅夫教授新近发展的新结构经济学为这种对接提供了理论支持。新结构经济学深入分析了经济发展史和经济发展学说史,根据现代经济发展的本质,总结了结构主义和新自由主义前两波理论对市场和政府看法的正反经验,并通过整合"要素禀赋及结构、总预算及价格、比较优势、企业自生能力、产业发展战略及政策"等概念,提出了一个逻辑严密、思路清晰、可实际操作的经济发展理论和政策体系,为发展中国家的政府提供了一个很有价值的行动指南。③

新结构经济学一经推出就获得了大量赞誉,比如斯蒂格利茨称其为"重新思考发展问题的一座里程碑"④。斯宾赛则认为新结构经济学成功描述了经济增长、产业多样化和发展极其复杂的微观动态结构,他成功说明了作为投资者、监管者、经济活动和预期的协调者及指导者的政府在经济发展中所扮演的重要补充性角色,是"一部真正的富有雄心的作品"。但如同所有其他社会科学理论那样,新结构经济学的推广也注定不会一帆风顺,实际上它里面的诸多观点已激起了大量讨论和争辩。这些争论中政府与市场这对从未厘清的纠结关系再一次成为关注的重点。国内许多学者对于新结构经济学中强化政府在产业转型中积极作用的观点更是表现出了强烈的担心和质疑。比如:"如果没有必要的制度环境,产业政

---

① 杜辉. 资源型城市可持续发展保障的策略转换与制度构造 [J]. 2013, 23 (2), 88 – 93.
② 郭存芝, 罗琳琳, 叶明. 资源型城市可持续发展影响因素的实证分析 [J]. 中国人口·资源与环境, 2014, 24 (8): 81 – 89.
③ 苏剑. 经济发展的内在逻辑和正确路径 [J]. 经济研究, 2012 (11): 157 – 159.
④ 林毅夫. 新结构经济学——反思经济发展与政策的理论框架 [M]. 北京: 北京大学出版社, 2012.

策大概只能加大市场扭曲、加重腐败。"① "在发展中国家，政府的过分强势和过分积极是一个普遍的问题，如果明确主张政府主导，也就没有办法约束过分强势和过分积极的政府。"②

应该说，人们对政府作用的警醒对新结构经济学理论自身的完善是有好处的，而且对我们相关政策方案的提出也大有裨益。但现在也衍生出一个问题：是否只有在一个完备的制度建立起来后政府才能有所作为？如果要这样，至少，就资源型城市转型而言，这样做可能充满了风险。因为，产业转型的问题，对于资源型城市和非资源型城市而言，一定程度上，其意义是不同的。后者，更多的是一个如何确保经济长期增长的问题；而前者，则直接关乎生存还是衰亡。就今天看来，一个理想的、完善的市场制度是不存在的，总是或多或少地存在这样或那样的问题。同时，规范政府行为的相关制度架构从设计到实施肯定非一日之功，需要一个漫长的过程。在这种情况下，如果因噎废食，"自废武功"，就需要考虑下述问题：面对资源不可逆转日渐枯竭的事实，我们是否有充足的时间等待种种担心的政府行为得以规范后才有所作为？资源型城市产业转型由市场自发决定是否就肯定能成功？如果可以成功，同样的问题是这种成功需要多长的时间以及能否在资源枯竭之前（或者至少不滞后太久）完成？最后如果不能，经济增长还只是一方面，因此而产生的社会稳定问题我们是否能够承受？

经济增长、社会稳定是人民大众的希冀，也是官员政绩的重要衡量指标。所以，在现实层面上可以看到，虽然理论准备并不充分，现实条件也非完全具备，但近年来资源型城市都多多少少地开始实施积极的产业转型战略，但成功的不多。个中原因当然如学者已提到的可能还与政府部门缺乏一个推动产业转型的决策和行动框架有关。所以，我们不能忽视新结构经济学的巨大实践价值，政府不能等到理论完全准备充足，现实完全满足条件时才有所作为。在理想制度建立之前，政府先行摸索着前进无疑是现实环境下的一个次优选择。同时在这一过程中，现实和理论都不可能是静态不变的，所担心的以及其他一些现在未曾预料到的新问题肯定会以各种具体的形式表现出来，那时再针对性地设法解决，这不也正是我国改革开放取得巨大成就的一个关键经验吗？

---

① 余永定. 发展经济学的重构——评林毅夫《新结构经济学》[J]. 经济学（季刊），2013，12（3）：1075–1078.
② 张曙光. 市场主导与政府诱导——评林毅夫的《新结构经济学》[J]. 经济学（季刊），2013，12（3）：1079–1084.

5.3.2 资源型城市产业转型的新结构经济学分析框架：I–EIC

1. I–EIC 分析框架图

新结构经济学以要素禀赋及其结构为分析起点，通过市场决定的比较优势，配合"政府""市场"两只手，架构起了如何促进产业转型从而实现经济可持续增长的框架。本节基于新结构经济学基本原理归纳整理出了政府市场有机统一的新结构经济学 I–EIC 分析框架图，如图 5.1 所示，试图说明，政府与市场如何充分协调，以产业甄别（Identification）结果为依据，通过优化禀赋结构（Endowments）、完善基础设施（Infrastructure）、降低引路成本（Cost）三个途径，促成可实现经济持续增长的结构的形成。

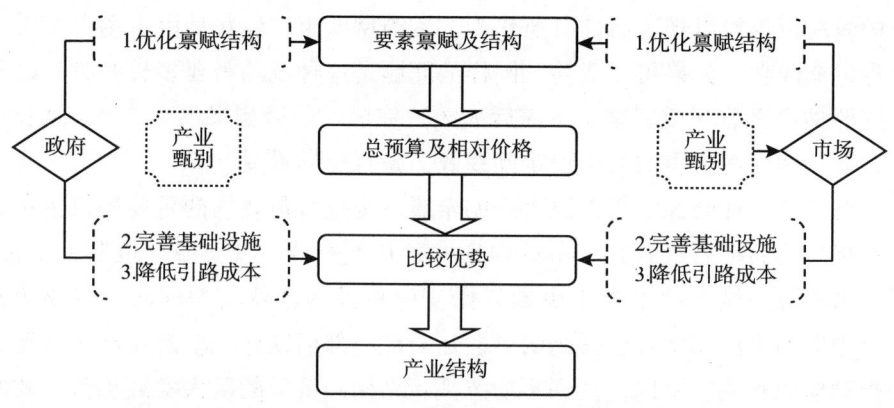

图 5.1 资源型城市产业转型的新结构经济学 I–EIC 分析

2. I–EIC 框架的应然过程

在新结构经济学中，经济发展本质上是一个产业结构不断升级换代的过程，而这一过程的原初出发点则是要素禀赋及结构。要素禀赋及其结构推动产业结构的变迁和提升大体将经历以下过程：首先，自然资源、资本和劳动力这些要素禀赋的总量决定了一个地区的预算总量，同时各种要素的相对丰裕程度（这也表现了这些要素的相对稀缺程度）决定了各禀赋的相对价格；其次，生产要素的价格决定着企业的生产成本，尽可能使用价格相对便宜的替代价格更高的要素，企业就可从这种生产组合中获得更大的竞争优势；再次，以利润最大化为出发点的企业，会基于比较优势进行算计，自发地进入和选择符合比较优势的，或者说符合要素禀赋结构的产业和技术，这种产业和技术由于遵行了比较优势，就会成为该地区的优势产业并从而影响地区产业结构；最后，上述的"要素禀赋及结构→总预算及价格→比较优势→产业结构"的过程是一个不断循环的过程。随着生产的继续，自然资源总体上会越来越少，资本会越积越多，劳动力结构也会进一步优化，因此要素禀赋及结构的这种变化和提升又会催生出新的优势产业，产业转型就又有了新的动力和可能。

3. I–EIC 框架的实然支撑

实际上，一种可持续增长结构的产生，仅上述市场的自发作用是不够的，还必须密切配合政府行动。即政府与市场需要在产业甄别基础上，一方面，优化地区要素禀赋及结构，使比较优势向有利于产业转型升级的方向演化；另一方面，由于要素禀赋及结构决定的比较优势仅是潜在比较优势，这种比较优势是否能推动产业转型升级，还受到现实中基础设施建设情况和引路成本的制约，所以进一步地，需要破除这些制约，促进潜在比较优势向实际比较优势转化。

（1）产业甄别。无论是政府，还是企业，他们的能力以及所掌控的资源都是有限的。因此，当他们为了实现自己的目标以及利益而展开优化禀赋结构、完善基础设施和降低引路成本的行动时，就需要对地区拟发展的或者企业拟进入的产业进行甄别，并结合所甄别出的产业的需要及相关瓶颈进行有针对性的改造行动，从而避免盲目行动导致的时间、精力和财力的浪费。政府和企业，他们的目标及利益追求是不一样的，前者应以公共利益的最大化为其决策出发点，而后者则是以个体利益最大化为决策出发点。政府与企业这一行动依据的不同，可能使得他们对某一产业"价值"的判断得出不同的甚至迥异的结论。一般地，由于政府不是从自身角度出发算计，加之他与企业比在禀赋结构优化、基础设施完善和引路成本降低中具有更强的执行力，所以当企业发现当前某种产业存在种种发展困难、相应改造行动难度较大并认为不值得展开相关行动时，政府却可能会以公共利益为基点的价值判断展开行动，并在促进地区经济结构变迁这种长期战略中发挥起更大作用。

（2）优化禀赋结构。要素禀赋及结构作为整个经济转型的引擎，需要率先向更适宜产业结构转型的方向优化，同时这种优化升级不是纯粹的市场自发过程，而是在政府协同下共同完成的。首先，虽然客观上说自然资源禀赋及结构是外生给定的，各类自然资源是富裕还是贫乏也不由人们的主观意志决定。但现实性上，某类自然资源之所以能进入生产和消费领域，并不因其客观上是否存在，而是源于其某种价值被人类"发现"并认可。这意味着现实中哪些自然资源是可使用的（或者不可使用的）会受到政府、企业、消费者这些"发现"者的主观影响，换言之就是在特定的时点上这些发现者可以通过主观能动作用影响自然资源的禀赋结构；其次，既定的时点看，经济剩余总量及其分配结构（政府、企业和家庭户间的分配结构以及各级政府间的分配结构）也会对资本再生产效率产生影响，前者取决于之前的生产过程是否按比较优势原则布局产业，后者则由政府和市场（具体是企业和家庭户），以及各级政府间共同博弈决定。而且不可忽视的是，政府、企业和家庭户间的分配中政府具有更大的分配权，各级政府间的分配中，越是上一级的政府越具有更强的权力；最后，市场对劳动力的数量和质量发挥着基础影响，而政府在吸引人才和人力资本投资方面同样发挥着非常重要的引导作用。

（3）完善基础设施。企业在生产组合中使用相对价格更便宜的替代价格更高的要素，这仅仅是使企业所生产出的产品具有了潜在比较优势，而最终产品是否具有竞争力或者说实际比较优势，还必须考虑交易成本。基础设施的建设情况是决定交易成本的关键，而积极完善交通、通信、信息高速公路、电网、环境生态等硬性基础设施和司法体系、教育体系、金融体系、文化价值体系以及其他一些经济和社会安排等软性基础设施则是降低交易成本的根本途径。基础设施是为生产和生活提供基础性公共服务的，绝大多数硬性基础设施和几乎所有的软性基础设施都是外生供给的，它们在建设时难以被单个企业自身决策完全内化，因此在这种情况下，就需要基础设施服务的各个提供者之间展开协调行动，这一过程中，政府要么自己完善基础设施，要么积极协调各方的行动。

（4）降低引路成本。潜在比较优势向实际比较优势转化的另一个重要约束则源于引路成本。从市场的角度看，企业是否进入某产业，它会基于禀赋结构特征以及基础设施建设情况，即生产成本和交易成本综合权衡后作出决策，但企业对生产成本和交易成本的识别本身局限于个体的知识度，而知识的有限性则使得这些识别的正确度充满不确定性。比如，在市场制度不完善的情况下，各种价格信息可能未充分地反映各种生产要素的相对稀缺性，这会使得先驱企业难以对潜在比较优势作出正确的判断。另外，基础设施的完善不可能一步到位，其存在的方方面面的问题，需要随着先行者进入相关产业后才会更具体地表现出来并被人们发现，所以关于基础设施的改善，经常会有一个滞后期。因此在上述两种情况下，先驱企业进入某一新兴产业的行动，其失败的概率可能很大，这就成为先驱企业涉足新兴产业必须面临的一个方面的风险。而另一方面，先驱企业在付出高昂的引路成本后也可能成功，而一旦成功常常就会吸引其他企业模仿跟进，这又会压低先驱企业的利润。因此，理性的企业常常就会搭便车——让其他企业付出先行成本，当然，如果这样，就难以推动产业结构的变迁。所以，针对上述的引路风险，政府有必要对先驱企业给予一定形式的补偿，以保护他们进入新兴产业的倾向。

4. I–EIC 框架中政府与市场的结合原则

产业转型的过程中，政府与市场均不可或缺。市场作为基础性的资源配置机制，发挥决定性的作用，而政府则充当"助产士"的角色，发挥"因势利导"的作用。政府与市场的关系不是对立的，而是有机统一的，是"两只手"的相互补充、相互协调、相互促进。具体地，在优化禀赋结构、完善基础设施和降低引路成本中，政府与市场都可以做，但到底谁做或者谁多做一些，谁又少做一些，应依据当时的情势而定，决断的基本原则应是这样：如果市场能做且能做好，政府就可以不做；如果市场做得不够好，政府就可以作为补充性力量介入，但同时应千方百计地发挥一切力量调动市场的积极性，而不要想方设法地考虑自己做，或者甚至设置各种门槛排除市场力量。另外还要注意，产业结构本身是一个动态的变迁过程，这一过程中，市场体系、制度环境、社会结构等方方面面均会相伴变化，这也意味着政府与市场在促进产业转型中的行动边界不会一成不变，同样需要依情势作出相应的动态调整，但不管如何调整，上述的基本原则应该坚持。

5. I–EIC 框架在资源型城市产业转型中的应用优势

资源型城市可持续发展困境的解决，归根结底要求地区产业能够摆脱资源依赖，走向结构调整或结构升级道路，在这一过程中，I–EIC 分析框架具有优势。首先，该框架在资源型城市产业转型困境的成因分析中，其思路和逻辑组织会更加系统。它不仅可以有效地将人力资本投入、教科投入、金融环境、产权保护、生态环境等这些业有研究已证明的影响资源型城市产业转型的因素分别纳入到要素禀赋、基础设施和引路成本这三方面制约中。而且，还可以将这三方面和政府与市场作用、比较优势相结合，进一步基于资源型城市地方特色，寻找其他一些影响因素。另外，框架的系统性还表现在它不局限于影响因素本身，而是可以通过产业甄别、政府与市场、比较优势的串联后，将各种影响因素有机整合起来进行分析,这也有利于解释多种因素综合交错的影响。其次,资源型城市产业转型的新结构经济学分析框架还特别注重政策建议的可实施性和可操作性,具体表现在:一方面,经济研究的政策建议最终的实施总是绕不开政府与市场,而该框架中政府与市场本身就是必不可少的一部分;另一方面,在不同的地区、不同的阶段,资源型城市产业转型面临的问题及其解决可能并不一样,但总体而言,禀赋结构、基础设施和引路成本制约是经济可持续增长结构实现的关键,这也是政府部门需要入手解决的三个主要方面。

5.3.3 产业甄别:I-EIC框架有效实施的基础

产业甄别作为优化禀赋结构、完善基础设施和降低引路成本的行动引导,方向正确至关重要。下面从有利于资源型城市产业转型的角度整理出了三条产业甄别的基本原则。

1. 要紧密结合城市生命周期

不可再生资源一经开采就逐渐减少直至耗尽这一基本事实,决定了不进行产业转型的资源型城市就无法避免"由盛到衰"的特殊生命周期。所以,为打破这种宿命论,资源型城市在产业甄别上应与城市的生命周期紧密联系。一是在成长期和成熟期,要以延伸资源主导产业链条为主,重点在中下游深加工产业中寻找合适产业,以充分的促进资源优势向经济优势的转化,最大化地积累资本。二是在成熟期向衰退期转化的过程中,要以摆脱资源束缚为主,重点找寻那些与原依赖资源无联系的产业,以再造新的产业结构。

2. 要符合潜在比较优势

要务实地选择产业,要与地区的自然资源、资本和劳动力相适配,而不是那些看上去光鲜的产业。因为不符合比较优势的产业,只会成为本地经济发展的拖累[①]。首先,要特别重视原依赖资源之外的其他禀赋优势;其次,资本与新兴产业的适配度,要重点关注新兴产业促进过程中,政府相关行动的展开是否在自身资本的承受范围内;再次,劳动力与产业的适配度,不仅要考虑地区现在的劳动

---

① 孙丽文,于建朝,吕静韦. 区域高新技术产业生产模型与实证研究 [M]. 北京:经济科学出版社,2015:10-30.

力存量对新兴产业的支持力度，更要以新兴产业对人力资本质量及数量的要求，考虑自身是否能承受起相应的改造行动；最后，尝试在地区寻找未经政府扶持已自发存在的一些"新兴产业"。因为这些产业的存在，常常已是适配比较优势的结果，且表明它们已具有一定自生能力，而政府要做的则主要是协助解决其壮大的相关瓶颈制约。

3. 要充分利用后发优势

产业的选择不求最新，但求适用。前沿、先进的产业总是充满风险，对于经济发展较落后的资源型城市而言，要谨慎选择。应尽可能选择相对成熟的、其他地区特别是发达地区历史上已成功实践的产业，这有利于资源型城市学习相关经验，低成本地模仿。而且在中国今天区域经济发展不平衡的现实下，发达地区的经济发展史中其实为资源型城市的这种产业选择提供了大量的机会和素材。

5.3.4 优化禀赋结构：I-EIC 框架有效实施的前提

1. 拓宽资源视野

人们没有发现某种自然资源的存在，原因有很多，除了运气之外还比如开发该类资源的技术储备不够、人类对该种自然资源的需求不大等均会影响该类资源的开发价值。但除此之外，对资源型城市而言，"选择性无视"也常常是一个重要的原因。

现实中，许多资源型城市地方政府将注意力更多集中于矿产、原油、森林等自然资源，主要有两个方面的原因：一是这些资源的需求较大；二是这些资源转化为资金较为容易——初级产品即可售卖，不需要较长的生产链条（相应地对技术的要求就低）。当然对于初级产品的附加值低导致资本积累速度慢的问题，地方也可很容易解决，即扩大生产规模。因此，在这种情况下，地方政府实际上会有意无意地忽视其他诸如生物资源、气候资源、水资源、土地资源以及能量循环体系、生态体系、自然环境体系等。具体表现为：一方面是再生产资金不注重对这些资源的配套开发设施等条件改善的投入，使得这些资源的开发成本过高，规模效应难以发挥，禀赋优势难以体现；另一方面甚至会为了开发矿产等资源，"或明或暗"地允许对这些资源的肆意破坏，这其中对自然生态环境的破坏就是最为典型的例证。

重矿产类资源的开发短期看似乎是合理的,但长期看,当这些不可再生资源枯竭的时候,如果这些地区产业转型又未成功,那到头来地区经济发展还是得依赖那些曾经被摒弃的资源。所以,与其如此,更可取的办法不如资源型城市的地方政府尽早有规划地,逐步利用、开发好各类资源。为此可尝试建立各类自然资源开发清单,清单至少应该包括以下要素:①各类资源储量(水平)、可再生否等基本信息;②相关资源开发的技术需求、基础设施等条件限制,这可从其他地区已开发情况中获得;③对于所依赖的不可再生资源,要根据储量、开采规模及水平、市场需求等因素测算相应的可开发时间;④相关资源可生产的产品或服务目录;⑤条件具备时,相关资源可能的开发价值。

2. 促进区域资本合理流动

充分利用禀赋结构所决定的比较优势布局产业,就可以最大化地创造更多的经济剩余和积累。进一步地,资本的快速积累又会推动要素禀赋及结构的提升,从而使得新的优势产业涌现。应该说,现实里资源型城市的产业布局大都是遵循了比较优势原则的"资源依赖"就是最好的体现,但由于受以区域资本外流为主的多方面因素影响,资源型城市的资本积累实际上难以有效进行,因此禀赋结构也无法向更有利于产业转型的方向演化。

区域资本外流主要表现在三个方面:①经济剩余在初次分配中因政策性原因引致的外流。李国平等[1]在对榆林市的研究中对此就有具体揭示,比如增值税、企业所得税等经中央、省、市、县间分配后,大量资源收益被中央和省一级财政集中,而市县两级占比极低,如增值税仅占17.5%。2009年,中央来自榆林的增值税、消费税为105.6亿元,是1994年1.4亿元的75倍多,比1994—2005年12年间榆林"两税"集中于中央的总额75.37亿元,还要多出30.23亿元。同时,除此之外,资源开采收益如矿产资源补偿费,资源税计征方式不合理,资源型城市的众多中央和省属企业异地纳税等均导致资源所在地的大量资本外流。②当然,如果初次分配导致的外流资本能通过转移支付的再分配回流,一定程度上就可以减轻资源型城市的资本外流。但各种研究显示,多年来我国的转移支付资金更多流向了要重点打造的一些发达地区[2]。而对于欠发达的资源型城市,近年来,

---

[1] 李国平,郭江. 能源资源富集区生态环境治理问题研究[J]. 中国人口·资源与环境,2013,23(7):42-48.

[2] 黄解宇,常云昆. 对西部地区转移支付的均等化模型分析[J]. 财经研究,2005,31(8):111-123.

除了重点支持资源枯竭城市外,成长型和成熟型资源型城市更多还得依赖自身。③受上述两方面的综合影响,资源型城市资金短缺窘境下,落后的基础设施难以改善,也无法向新的比较优势产业升级。这种情况下,资源型城市所积累的本就不多的资本还会进入市场性外流的恶性循环:一方面由于各种产业设施配套条件落后,投资可能面临边际回报递减困境,资本也因此会流向回报更高的地区;另一方面由于地区产品结构目录集中于矿类及相关产品,同时服务业又落后,这又导致了资本从消费渠道流向其他能满足需求的地区。

政府间分配不合理是横亘在资源型城市资本积累中的最大难题,也是解决资源型城市资本外流的基础。对此,结合新结构经济学的建议,本节认为国家可考虑从资源商品收入中拿出适当比例专用于资源型城市(包括成长型和成熟型资源型城市)的人力资本投资、基础设施投资、社会资本投资,并对非资源部门的先行者进行补偿以促进结构转型。同时,为达到最大效果,用这些资源性收入进行的投资项目应该有助于消除产业多样化和产业升级的紧约束,尤其是在基础设施和教育部门。

3. 活化劳动力知识技能及结构

劳动力作为地区禀赋的重要组成部分,他们所拥有的知识和技能决定着技术、管理和创新的水平,决定着产业调整升级的可能。当前我国资源型城市劳动力的知识技能结构普遍僵化,其根源在于市场的内生推动,而政府未发挥好作用,甚至推波助澜则是重要的外部原因。

从市场的角度看,一方面由于资源型城市的产业大多围绕具有禀赋优势的自然资源展开,同时加之资金和技术等方面的限制,使得这些产业又多以初加工为主,结果整个地区形成了一种对知识技能要求不高、且与资源开发高度相关的人才为主的需求结构;另一方面,受需求的引导,劳动力供给方会作出相适应的行动——主要表现为劳动力的流动和劳动者知识技能的改造。最后,劳动力供求市场共同决定下,形成了地区这种知识技能单一(以资源开发相关专业为主)且水平较低的劳动力结构。进一步地,这种结构一旦形成,就会对那些要求更高知识和技能的新产业的进入构成障碍,同时弃新择旧则会成为地区新增加产业的主流,这又进一步硬化了地区的劳动力知识和技能结构。上述过程中,政府应该是能有所作为,并打破这种地区劳动力知识和技能僵化循环的。但现实中,资源型城市的地方政府在进行人力资本投资时,更多地以资源型产业的人才需求为出发点的培育和吸引战略却进一步固化了这种不适应产业转型的劳动力知识技能结构。

一个动态增长的经济体中，在经济因新产业新技术而要求新的劳动技能以前，提前做好规划进行人力资本投资是十分重要的，其中政府应充分发挥其能动作用。首先，政府的人才战略要注重人才多样化的打造，特别是人力资本投资要符合地区未来产业的发展方向，而不是资源性部门的现时需要；其次，一个地区如果能预先准备好新兴产业需求的人才当然是好事，但要注意"预先"的把握要适度。因为在新产业还未诞生时，过早的储备新兴产业所需的人才是不经济的，这一方面会导致这些人才因"无业可就"而产生人力资本的浪费，另一方面会由于这些人才迟迟无法为地方创造价值而导致人力资本投资的浪费，这特别对于资源型城市这类资本短缺的地区而言，更需要注意；最后，要注重对本地大中专院校、研究院所等部门的人力资本投资，而且投资要与这些部门的研发活动紧密结合，使投资发挥出人才培养和知识创新的双重作用。

5.3.5 完善基础设施：I-EIC框架有效实施的支撑

1. 灵活选择建设方式

基础设施是产业发展的重要支撑。基础设施特别是硬性基础设施的建设，需要庞大的资金支持，但资源型城市由于受相对较低的生产力发展水平以及区域资本外流等引致的脆弱的财政能力的双重影响，使得地区对产业转型支撑体系关键领域的构筑相对落后于其他财力更好的地区。如胡春生等①基于一个"发展序"的分析框架，数据比较揭示出资金约束下，资源型城市在交通运输、教育、科学技术、医疗卫生、公共安全等方面的建设力度低于非资源型城市，而且其中特别是交通运输等方面的差距还非常明显。

就现在国家的发展战略规划来看，资源型城市的资金紧约束问题短期难有大的突破。② 这种情况下，资源型城市在基础设施的建设中应有策略性的选择，应有所为有所不为。首先，由于不同的产业及结构，不同的产业转型升级方向，他们对基础设施的建设内容要求是不一样的。所以，资源型城市在完善基础设施的时候，要集中而不是全面的关注，要以所甄别出的产业发展方向对基

---

① 胡春生，蒋永穆. 资源富集区产业转型困境：基于发展序的比较 [J]. 资源科学，2011, 33 (4)：743-750.
② 比如在《全国资源型城市可持续发展规划（2013—2020年）》中可以看到，国家的资金和政策支持，主要还集中于资源枯竭城市。

础设施的需求为依据，使其有限的财力发挥出最大的优势。其次，对于大多数软性基础设施的建设而言，需要的不是庞大的资金，而是魄力、勇气和清醒的发展思路。所以资源型城市要更加重视软性基础设施的建设。要营造良好的政治环境，规范政府的决策、行政和服务行为。要维护好市场秩序，加强市场监管，保障公平竞争。最后，要重视基础设施建设方式方法的创新，通过 BOT （Build – Operate – Transfer，建设 – 经营 – 转让）等模式积极调动和发挥市场力量。

2. 科学定位城市品牌

城市品牌是软性基础设施的重要组成部分，它让人们了解和知道一个城市，并引导城市内部公众和外部公众对该城市的内在综合实力、外显活力和未来发展前景形成一定的看法和评估。

显然，一个合适的城市品牌有助于资源型城市的产业转型，但从目前的许多资源型城市的实践来看，他们紧紧围绕所依赖的自然资源进行的诸如"镍都""煤都""钒钛之都"等品牌定位是不可取的。这一类品牌定位在资源型城市发展初期对于城市知名度的提升可能有所帮助，但随着资源日趋耗竭、产业转型压力的加大，这类品牌定位终将成为转型的桎梏。因为人们对该类城市的综合评价和总体印象将局限在品牌所树立的资源上，又由于品牌走入人心非一日之功，而品牌效应一旦形成更是根深蒂固，要消除影响非常困难。这种情况下，当人们对一个城市形成了"镍""煤""钒钛"之类的印象后，势必产生一系列影响产业转型的不利后果，如其他非城市品牌所定位之资源的相关产品的营销，非资源型人才的培育和引进，新兴产业对外地资本的吸引等都会变得更加困难。

其实对于具有自然垄断特性的天赋矿产资源，没有必要再将其捆缚于城市品牌。资源型城市的品牌定位一定要具有可持续性，不要动辄与不可再生的、终将会耗尽的资源相关联。而是要考虑到未来产业转型的需要，特别是要与未来产业转型的方向紧密结合。如此，架构起一个具有前瞻性、科学性的，有利于城市持续发展的认知和识别基础。

5.3.6 降低引路成本：I – EIC 框架有效实施的保障

先驱企业进入某一新兴产业面临种种风险，这些也常常使得先驱企业望而却步。同样地，为降低先驱企业引路成本的产业政策本身也会面临一些风险，当然这未必会使政府退出行动，但是相关政策却会饱受质疑。

首先，是许多学者已多次强调的寻租风险，在此不再赘述。其次，由于知识的有限性，要正确地遴选出未来产业的发展方向本身存在不小的难度，所推出的产业扶持政策也不可能完美无瑕。因此，当产业政策发挥的不是正面而是负面影响时，该如何处理？对此，苏雷什·坦杜尔卡尖锐地指出，让人们承认这个错误不难，但要想在政策明显无效或不成功的情况下及时取消相关政策却很难。确实，这种情况下政府选择退出就会面临两个难以避及的担心：一是担心人民大众的看法，二是担心上级政府（领导）的看法。最后，如果出台了确实对资源型城市产业转型有帮助的政策，我们又如何确保这些政策不会因为这样或者那样的原因半途而废？特别是由于不同领导者的知识和偏好不一样，如何确保地方领导人换届后政策的平稳、持续？如何确保领导人不会因为地区经济增长压力①而走回头路——放弃产业转型这种对长期有益但短期收益较小的正确方向？

当然，上述风险也并非完全无法应对。如林毅夫指出，为避免寻租和政治捕获风险，扶持政策应有时间限制和成本限制，需要注意方式方法，如不要以垄断租金、高关税或者其他扭曲的形式出现，而是通过企业所得税减免等方式进行。但除此之外，我们也确实必须清醒认识到，为了降低产业扶持政策的种种副作用，更为重要的是还必须不断完善政府的治理结构。如果这样，意味着产业扶持行动不会是单纯的一个或几个政策就行了，它需要一个庞大的政策集的支持，而这可能需要一个漫长的过程才能实现。但正如前文所述，这个过程中，我们不应该坐观并寄希望于一个理想的政策集自发生成，它应该是随实践探索不断完善的结果。

---

① 这种压力是多方面的，但主要来自于对官员的绩效考核。现在来看，地区生产总值及增长率依然是地方官员政绩考核的一个重要指标。比如在中共中央组织部2013年12月出台的《关于改进地方党政领导班子和领导干部政绩考核工作的通知》中，虽然完善了地方官员的考核评价体系，但考核中明确解禁地区生产总值及增长率还主要是限制开发的农产品主产区、重点生态功能区和生态脆弱地区等。

第6章 国内外试验区建设的经验与启示

攀西战略资源创新开发试验区是我国目前唯一一个国家级的资源开发综合利用试验区。设置该开发试验区是促进攀西战略资源有效利用,形成辐射作用以实现区域经济快速发展的一种重要方式。国内外对于战略资源创新开发试验区的建设无现成类似案例可以参照。正如前面所述,目前国内建设的开发区或试验区主要有国家综合配套改革试验区、国家可持续发展试验区、国家自主创新示范区、国家级高新技术产业开发区等;而国外建设的主要是高新技术产业区。不同的开发区或试验区具有不同的发展模式,市场和政府在开发区中的作用也因为区域经济发展的不同阶段、市场经济的成熟程度而有所差异。通过比较研究国内外一些典型开发区或试验区的发展模式,总结其建设经验,可以为攀西战略资源创新开发试验区建设提供有益启示。

6.1 国外经验与启示

6.1.1 美国硅谷高新技术产业区

硅谷地处美国加利福尼亚州(以下简称加州)北部旧金山湾以南,早期以硅芯片的设计与制造著称,因而得名。硅谷是美国重要的电子工业基地,也是世界最为知名的电子工业集中地。随着电脑工业的发展与网络技术的兴起,硅谷不但已成为加州乃至美国经济发展的重要动力源,而且也成为全球高科技产业发展的典型代表。其支柱产业包括计算机工业、软件工业和生物医学工业等。

硅谷是一个充满合作与竞争的混合体,而硅谷创造奇迹的关键在于这种混合体在硅谷地区的有效配置：以企业、大学和科研机构、中介服务机构外加政府为使用、储备、创新和转让知识、技能、新产品等因素都是高技术产业集聚区域建立在高技术产业服务体系基础上的相互作用的网络系统。

（1）在产业创新服务体系建设方面，硅谷大力扶持和培育一批骨干中介咨询服务机构，在职能建设、制度规范和网络化协作等方面发挥了示范带动作用。不同类型的中介咨询机构形成了一个多层次、多功能、专业化、网络化、社会化的中介咨询服务体系，实现了组织网络化、功能社会化、服务产业化。大量而完善的中介机构为硅谷企业技术创新提供完善到位的服务，让技术研发人员可以更加便利地得到各方面的帮助，使他们可以更大精力投入到技术创新活动中。

（2）在法律法规政策方面，为了保护高技术产业的专利权，美国制定了全世界最为全面和有力的知识产权保护制度。知识产权的保护既可以让后来的研究人员避开重复开发，也可以为其提供创新思路，让研究人员在前人的基础上进行创新，形成良性的循环创新机制。美国政府为硅谷制定的政府政策主要包括两个方面：一是对小企业的风险投资方面，1958年美国国会通过了《小企业投资法案》（Small Business Investment Act，SBIA）鼓励风险投资公司对具有发展前景的小企业进行投资，让许多高技术小企业在创业初期能够获得资金进行技术创新。二是税收政策方面，美国下调资本收益税率以促进风险投资；同时《股票期权激励法》允许创新企业和风险投资基金重新采用以股票期权作为酬金的做法，并且这部分酬金（股票）收入可以直至股票出售后再收税，让风险投资重新发展起来。美国政府还制定了许多其他方面诸如信息服务、二级市场、政府采购、政府监管等促进高技术产业园区发展的法律。

（3）在园区规划方面，政府根据高科技公司的用地和发展情况，制定土地规划，确定不同地区的用途，着重开发基础设施建设，并建立公共交通运输系统和商业服务设施，为高科技公司的发展创造了良好的条件。健全的教育培训与人力资本增值机制：不断集聚的企业群落中建立起了基于产业生态文化网络框架和联结机制，使知识溢出、协同、追赶、拉拔等集群效应充分发挥，建立了集群内企业信息网络联结机制和企业契约网络联结机制，使网络内企业在集群创新过程中，信息充分共享、资源充分流动，进而形成了一种开放、学习、合作的文化氛围。

（4）在区域创新方面，硅谷文化以"崇尚创新、勇于冒险、善待失败、开放平等"为核心内涵，吸引了全球各地的高技术人才。技术创新能力是高技术产业园区持续发展的发动机。在硅谷，高技术企业与大学和科研机构互相依存，企业为大学提供就业机会，为科研机构提供研发经费，大学与研究机构不仅为企业提供合作创新的项目和人才资源，还衍生了许多创新产业建设，同时也创造出了众多有待商业化的技术，不断为硅谷注入活力。大学与科研机构成为硅谷技术创新的基础和源泉。硅谷内的企业与大学、科研机构已形成互利共生的关系，它们之间的合作让硅谷的创新氛围更加浓厚。

（5）在获取资金方面，风险投资是硅谷技术创新的生命线，是硅谷发展成为当今世界高技术产业园区典型代表的催化剂。风险投资解决了传统的融资方式内在规定与商业投资、产业高风险之间的矛盾，成为产业研究与开发的资金来源，使产业有更多的资金用于科技开发，加速了创新速度，同时风险投资大大缩短了从技术到商品的时间。

同时，美国政府部门对硅谷的作用也很重要。因为政府是技术创新制度设计的主要力量，并且在特殊时期以订单的方式对具有科研能力的大学和科研机构投入了大量的资金进行订单采购。美国政府对硅谷进行大量政府采购的行为，在让硅谷创新的频率不断加快的同时，也使硅谷内的创新气氛愈加浓厚。

总之，硅谷高新技术产业发展服务体系的运行机制就是：以完善的园区规划和中介机构吸引与鼓励企业落户，以适宜的法律法规政策环境帮助高技术企业获得成功，以硅谷文化为动力激励和引导企业发展，最后辅以正确的宏观园区发展规划来驾驭区域集群企业和产业的总体走向，获取园区的竞争优势。

6.1.2 新加坡裕廊工业园开发区

新加坡裕廊工业园开发区，是亚洲最早成立的开发区之一。1961年政府在裕廊划定6480公顷土地发展工业园区，当时岛上只有两家炼油厂。1991年新加坡政府开始对裕廊岛进行全面规划，至今新加坡政府大力投资岛上基础和服务设施建设，建成了完善的配套基础设施体系，形成了完整的石油和化学工业体系，是全球重要的石油炼制中心和乙烯生产中心。

裕廊化工岛是新加坡经济发展局（Economic Development Board，EDB）和裕廊镇管理局（Jurong Town Corporation，JTC）的联合发展项目。从新加坡整个石化产业发展的过程来看，政府作为市场运作的助动器所起的作用主要体现在以下几个方面。

（1）合理规划。项目成立之初就由政府统一规划开发，因此在整个开发过程中土地的运用、资金的筹集、招商引资等专业化分工都在政府的引导下开展。

JTC负责为投资商提供全程的办证以及政策法律上的咨询服务,发展局负责招商引资,政府提供前期开发建设资金。随着竞争环境变化,开发区抓住转换升级时期的各种有利机遇,对管理体制相应作出调整,使其更具有灵活性。解决开发区基础设施建设回收成本周期长问题,裕廊成功经验是政府适时的干预和恰当的引导。即先由政府通过贷款或提供税收补贴支付,满足先期基础设施项目所需资金,而后再实施资金投入主体多元化政策,包括银行贷款、发放债券、处理资产收益和国家补贴等多种形式,妥善解决了公共产品外部性问题。

(2)完善基础设施。经过填岛工程,新加坡政府在裕廊岛上建成了完善的配套基础设施体系。新加坡缺乏原料和自然资源,裕廊本土公司同印度尼西亚公司签订天然气输送协议,供裕廊岛的化工公司联合发电,向生产企业供热、送电,这些气体供应也被用作石化工厂的原料。裕廊岛上有完善的海底输油管道和储油设备,完善的基础设施和后勤服务吸引了全球化的化学工业巨头。

(3)优惠的税收和融资政策吸引跨国投资者。新加坡吸引投资的优惠政策主要依据为1967年颁布的《经济扩展奖励法案》,相关的经济科技、信息、交通运输、金融等部门根据该法案制定出本行业的投资优惠政策,主要体现在税赋的减免、科技研发费用的补贴、融资支持等方面。

(4)在政府服务方面,早期JTC作为开发区的权力机关为它的客户提供了广泛的服务,包括住房、教育、安全、公共事业和建设开发等。它们甚至开发娱乐园区和高尔夫球场,来创造一个更好的投资环境。它们的服务逐步集中到制度领域以及与经营有关的服务。其他服务则逐步推向社会或者由政府其他机构完成。通过缩小服务范围,JTC能够提供更高质量的专业化园区用地服务。如在波那维斯达科学中心内,它们不仅提供最新的房地产,也提供如法律咨询、网站设计、人力资源、商务咨询等服务,甚至提供了创造性服务,如"加速计划"(NetImpaq Acclerator Programme)。

在政府积极努力下,新加坡长期保持对跨国资本持续的吸引力,促成了石油化工产业集聚的形成和发展,使新加坡成为世界级石油化工基地,提高了国家在国际贸易中的地位和份额,实现了产业结构优化和升级。石油化工产业已成为新加坡经济快速、稳定发展的中坚力量。

6.1.3 慕尼黑高科技工业园区概况

慕尼黑高科技工业园区始创于1984年,是由慕尼黑市政府和慕尼黑商会共同投资成立，是德国最为突出的鼓励高科技创业发展的科技园区。当时园区面积为两平方公里，由于符合支助高科技企业的发展形势，受到企业界普遍欢迎。到1990年，园区面积扩展两倍。1992年投资建设高新技术企业孵化大楼。园区建设主要集中于工业产业、激光技术、纳米技术、生物技术等。作为全国高科技产业的孵化中心，在这里能以最快的速度反映当前的信息技术。一般情况下，在德国一个新的企业、新的领域开始时，首先是在这里进行试验，成功后，移植到其他地区，再创一个工业园区。如慕尼黑生态科技园、绿色食品科技园、信息产业科技园，以及宝马汽车公司、西门子电器产业等，都与慕尼黑高科技工业园区有密切关系。

慕尼黑市高科技工业园区除了重视现代科技开发之外，还十分重视提升传统产业和扶持传统产业的发展。制定鼓励传统产业发展的政策与园区建立几乎是在同一时期。由于慕尼黑市地价不断上涨，城市建设也在不断扩展，导致一些传统工业为保其生存而不得不搬出市区。政府意识到这个问题，在举办科技工业园区的同时，采取降低地价来扶持传统产业发展。并由政府出资，对传统产业搬迁提供服务和人员技术培训，把传统产业在调整过程中的风险降到最低限度。

慕尼黑市为促进高新技术工业园区发展，专门成立了慕尼黑高科技工业园区管理招商中心，隶属慕尼黑市政府和慕尼黑商会，代表政府对进区企业提供全程服务。整个招商中心仅有主任、副主任等5个管理人员，其余员工根据园区发展需要实行聘用。管理中心按现代企业制度实行企业化管理，每年保证有10个新的公司进区，并保证科技孵化楼的入住率在80%以上。该中心运作状况每两年向监管会作一次汇报，所有重大战略、支出、发展等都由监管会决定。

在高技术开发方面，政府主要是放手让企业开发，也就是以民间和社会力量及其投入开发为中心，实行市场化运作。园区采取降低房屋租金和科技孵化中心的条件，鼓励高科技企业进区开发，凡交得起半年租金者均可进区注册成立公司。因高科技企业的发展、成熟与时间有密切关系，因此，中心规定凡进入孵化大楼的企业，在科技成果得到有效转化之后，必须搬出孵化大楼，创办新的科技工业园。

6.2 国内经验与启示

6.2.1 天津滨海新区国家综合配套改革试验区

天津滨海新区，是天津市下辖的副省级区、国家级新区和国家综合配套改革试验区，是中国北方对外开放的门户、高水平的现代制造业和研发转化基地、北方国际航运中心和国际物流中心、宜居生态型新城区，被誉为"中国经济的第三增长极"。2006年5月26日，国务院批准天津滨海新区为国家综合配套改革试验区。

天津滨海新区在发展中有以下经验值得借鉴。

（1）在金融体制改革创新方面，滨海新区建立股权投资引导基金，健全股权投资基金与企业信息对接机制，引导股权投资基金扩大在津项目投资。建立滨海新区柜台交易市场，完善创新型交易市场制度，支持创新型交易市场增加交易品种，逐步形成创新型市场体系。加强区域金融合作，推进设立东北亚银行。推动保险改革试验区建设，推进保险资产管理产品在津交易实施进程，吸引和支持设立保险法人机构。对新迁入天津市的金融企业总部核心业务部给予一次性资金补助。其中，全国性及以上规模的企业补助500万元；区域性规模的企业补助200万元。

（2）在财税政策方面，财政部、国家税务总局支持天津滨海新区开发开放，给予高新技术企业所得税优惠政策。包括对在滨海新区设立并经天津市科技主管部门按照国家有关规定认定的内、外资高新技术企业，按15%的税率征收企业所得税。企业研究开发新产品、新技术、新工艺所发生的技术开发费，除可据实在成本费用中列支外，还可以再按技术开发费实际发生额的50%在企业所得税税前加计扣除；对滨海新区内企业的机器设备等固定资产实行加速折旧的优惠，加速企业资金回收；对注册在东疆保税港区内的航运企业、仓储、物流等服务企业、保险企业从事特定业务取得的收入免征营业税。

（3）在土地管理体制改革方面，滨海新区建立土地利用指标考核体系，完善节约集约用地的体制机制，提高单位土地面积投资强度和产出效率。探索耕地占补平衡新模式。探索委托整理、发行土地债券等方式引入社会资金，多渠道筹集土地储备收购资金。完善集体建设用地使用权流转制度，建成新区统一规范的城乡建设用地市场，实现公开交易。建立耕地保护基金，出台耕地保护基金配套办法。

（4）在科技体制改革方面，滨海新区完善部市会商制度，推动国家生物医药国际创新园、中科院工业生物技术研究所、国家863计划产业化伙伴城市试点等重大平台建设。建立滨海新区海外人才引进平台，创新海外领军人才定向招聘机制。推进央企人才基地建设。实施科技人才"领航工程"、技能人才"蓝海工程"和服务人才"港湾工程"。

此外，国家外国专家局给予滨海新区政策支持，发挥引进国外智力对滨海新区开发开放的促进作用：①支持滨海新区开展引智政策的探索和创新，在滨海新区进行引智行政许可申请办理试点，营造良好的海外人才引进环境。②国家外专局设立"天津滨海新区引智专项"，每年专项列支引智经费，定向支持滨海新区实施与经济和社会发展密切相关的引智项目。③支持建立中国国际人才市场天津滨海市场，鼓励其全面承接和开展中国国际人才市场的各项业务。④发动国际人才交流协会驻外办事机构为滨海新区引智工作积极开辟渠道，推荐符合滨海新区发展需求的引智项目。⑤根据滨海新区开发建设的实际需要，办好"滨海新区国际人才高层论坛"，大力推进滨海新区的人才队伍建设。

6.2.2 宁夏内陆开放型经济试验区

2012年9月12日，国务院批复在宁夏建立内陆开放型经济试验区、设立银川综合保税区。宁夏资源富集，是国家重要的煤电化基地和新能源开发示范区。在发展规划中，宁夏将试验区分为开发开放核心区、开发开放辐射区、特色农业示范区和生态屏障区以优化区域发展布局，并针对各特色优势产业建立了开放合作机制。

（1）在财税政策方面，加大对试验区的均衡性转移支付力度，逐步缩小地方标准财政收支缺口。中央财政继续对试验区贫困地区扶贫贷款进行贴息，继续对符合条件的清真食品和穆斯林用品产业贷款给予贴息。

（2）在金融政策方面，引导各类金融机构按照有关政策法规、针对区域金融特点推动产品和服务方式创新。积极引进国内外各类银行、证券、保险等金融机构落户试验区，鼓励宁夏企业参与国家金融创新试点业务。在试验区探索构建防沙治沙和退耕还林草土地贷款抵押方式。鼓励县域法人金融机构吸收的存款主要用于当地发放贷款。

（3）在土地政策方面，支持试验区规范开展土地管理综合改革试点，提高土地资源对经济社会发展的保障能力。适当增加试验区建设用地指标。完善土地交易制度，开展建设用地审批改革试点，提高土地利用效率。有序推进旧城、旧村改造。支持开展低丘缓坡荒滩等未利用地开发利用试点，鼓励建设项目充分利用未利用地。

此外，国家对试验区重点基础设施建设给予支持，加大对铁路、公路、民航和水利等项目中央投资力度。支持宁夏组建股份制航空公司。将银川列为第五航权试点区域。积极研究便利试验区各类人员出入境措施。

6.2.3 包头国家稀土高新技术产业开发区

包头国家稀土高新技术产业开发区于1992年经国务院批准为国家级高新区，是全国83个国家级高新区中唯一以资源命名的高新区，也是内蒙古自治区唯一的国家级高新区。"十一五"期间，稀土高新区被命名为自治区首家科技创新服务平台、包头装备制造业科技创新服务平台。

包头国家稀土高新技术产业开发区积极应对国际金融危机等不利因素的影响，紧紧围绕"保增长、促发展"的主线，针对稀土、铝、镁等产业出台了一系列政策扶持企业发展，帮助企业脱困，确保了相关产业又好又快发展。

制定了《促进铝铜深加工发展优惠政策》和《关于进一步加快稀土产业发展的若干政策意见》，对铝镁深加工和稀土发展给予土地、用电、原料、资金、服务等多方面政策支持，并设立每年1000万元的稀土产业发展专项资金。在用电、土地等相关优惠政策的基础上，高新区从原料供给方面，向稀土、铝、镁深加工项目提供稳定的原料供应，给予部分原料优惠及技术改造资金支持，以促进产业做大做强。

对新引进的稀土、铝、镁深加工项目，高新区积极协助企业尽快认定为高新技术企业或申报列入西部大开发扶持范围，享受所得税优惠政策，并将比照享受相关的高新区财政扶持政策、个人所得税优惠政策，优先推荐申报国家、自治区等上级部门的产业转移扶持、中小企业贴息等资金扶持。对新入驻的稀土、铝镁深加工企业，全额返还行政规费，技术含量高、有重要带动作用的项目还将破格享受绿色通道服务。

为鼓励企业技术创新，加大技术服务支持，高新区管委会还与有关机构合作，设立铝镁深加工技术转移中心。企业建立研发中心和产学研基地、申请专利、针对专利侵权诉讼胜诉、开展知识产权战略研究、企业发展战略和营销策划研究等活动，将给予优先补贴支持。同时，稀土企业建立研发中心经过认定后，将一次性给予5万~20万元的借款支持。从事技术转让、技术开发及与之相关的技术咨询、技术服务所得收入不超过500万元的免征所得税，超过500万元的减半征收。包头国家稀土高新区还设立专项资金，重点支持科研公共服务平台建设、产学研合作、自主知识产权的关键技术研发、重大技术成果产业化等。高新区各部门对稀土、铝、镁项目提供全方位的服务，在信贷方面提供积极支持和担保。对稀土、铝、镁企业引进的高层次人才，将优先享受人才补贴政策和免费的人事代理服务。

在企业产品市场培育上，包头国家稀土高新区还建立了政府首购和订购制度，规定凡是由高新区稀土、铝、镁企业研发生产、首次投向市场的产品，符合高新区经济建设和发展的需要，高新区管委会将参照政府采购的相关规定首购，帮助企业开拓市场。

高新区出台《招商引资奖励办法》规定，凡为包头稀土高新区引进国内外资金，按资金实际到位额度，对引资中介人给予奖励。出台《鼓励技术创新办法》支持科研开发项目借款、研发机构建设借款、高新技术产业化贡献突出项目借款，并设立科研贡献奖。对批准立项的科研开发项目，给予每项3万~10万元且不高于项目总投资10%的借款支持。认定为包头稀土高新区级研发中心、新建立的产学研合作基地和博士后工作站，给予每家5万~10万元且不高于研发机构建设投资5%的借款支持。高新技术产业化贡献突出项目，给予每项5万元借款支持。

第 7 章　攀西试验区运行模式及机制设计

加快攀西战略资源创新开发试验区的建设，对攀西地区经济社会发展、四川构建"一干多支、五区协同"区域发展新格局、国家国防建设和经济安全进一步增强将产生重大意义。攀西战略资源创新开发试验区与国内其他的经济功能区相比，具有复合型经济功能区的特点，不能沿袭管理单一型经济功能区的传统模式，必须积极尝试体制机制、运行模式、利益分享等创新，以实现攀西战略资源创新开发试验区的可持续、跨越式发展。

7.1　攀西试验区创新体系的构成要素

着力推进体制机制创新，对于持续推进攀西战略资源创新开发试验区创新开发、科学发展，构建现代化经济体系，带动攀西民族地区、贫困地区跨越发展具有深远影响。创新体系的构成要素主要包括主体要素、环境要素和功能要素三个部分。

7.1.1　强化主体要素

主体要素指的是创新过程中参与创新活动，支持和保障创新活动的各创新主体，主要包括区域内的地方政府、企业、大学、科研机构和中介服务机构等，在创新过程中，每一类创新主体充分发挥自己的优势推动创新活动的开展。

1. 政府

政府搭建攀西试验区统筹管理机制。政府虽然并不直接参与具体的创新活动，但是却在攀西试验区区域创新体系的运行过程中起着重要的作用。政府通过制定相关政策法律和规章制度的形式引导其他创新主体的创新活动，为其他创新主体的创新活动塑造良好的环境，提供完善的服务，引导创新资源的配置和流向。目前，攀西试验区领导机构主要是四川省政府成立的攀西试验区建设工作领导小组和攀西战略资源创新开发试验区建设部省联席会议，全面协调组织领导试验区工作。今后，首先应进一步明确国家各部委、四川省、攀枝花市、凉山州、雅安市的各自职责，加强部省市州联动，相互配合，确保创新开发试验工作有序进行。其次，应定期召开联席会议，共同商讨推进试验区建设事项。最后，应制定实施目标责任制度和绩效考评制度，加强日常督促检查，对工作成效进行跟踪评价，确保各项创新试验任务的顺利完成。

2. 企业

企业全面提高自主创新能力。企业既是创新活动的主要投入和实施主体，又是创新活动成果的主要需求者，通过其创新活动和生产经营活动实现新成果的生产力转化并因此获得经济、生态和社会效益。企业发展和竞争能力的核心是创新能力的强弱，企业通过对自身所拥有的各项生产要素和生产条件的优化配置和重新组合推动整个攀西试验区创新活动的开展。

提高企业自主创新能力和机制创新，首先是要巩固企业创新主体地位。一是钒钛资源综合开发利用是世界性难题，需要国家加大对钒钛重大技术、新产品研发、科技创新平台建设的支持力度，将钒钛新材料纳入国家新材料专项，支持企业开展钒钛关键技术攻关和科技创新平台建设。二是要加快试验区内企业技术中心等研发机构的建设，提高企业自主研究能力。可以通过政策的引导以及资金协助，促使企业建立健全各具特色的创新机构。三是鼓励有一定科研开发实力和发展规模的企业要建立以自主研究开发为主的自主研究型技术中心；四是支持技术力量与总体实力相对较弱的中小企业建立起消化、吸收型的开发机构或产品开发部，注重对技术的引进、消化和吸收，建立有效的运行机制和激励机制；五是搭建平台，强调大、中、小企业之间的协调创新和协调成长，不仅要对试验区的龙头骨干企业扶强扶优，而且要对中小企业实施足够的支持，努力为不同企业之间的交流与合作创造条件。另外，密切高校、科研机构与企业的联系，加快科研成果转化，促进科研成果转化为现实生产力。

3. 高等院校和研究机构

高等院校承担着科研和教学的双重任务，应积极引导试验区内各高等院校以试验区战略资源产业创新发展为引领，有针对性地开设相关专业和开展科学研究，既要为攀西试验区区域创新体系的顺畅运行培养和输送各种类型的人才，又要履行创新技术、产品研发等职能；研究机构则主要根据企业对创新技术和产品的需求开展相应的研发活动，在履行研发职能同时承担部分高端人才培养职能。

4. 科技中介服务机构

构建完善的社会化服务体系。科技中介服务机构作为为科技创新主体提供技术市场体系社会化、专业化服务，以支撑和促进创新活动的机构，如工程技术研究中心、生产力促进中心、创新咨询公司、高科技园区等，它们是攀西试验区区域创新体系其他创新主体沟通的媒介和桥梁，有利于创新资源的有效流通和整合，提高其他创新主体的运行效率，对有效配置科技创新资源，加速创新成果的研发以及创新成果的商业化进程和速度，提高试验区整体创新能力和创新效率都具有重要意义。所以要遵循市场规律，按照独立、中立、公正的执业原则，逐步建立起与市场经济相适应的科技中介服务运行机制。

攀西试验区区域创新体系的各创新主体在既定的创新环境的约束下，通过创新系统的系统竞争实现区域创新体系不断进化和发展。

7.1.2 环境要素

环境要素包括体制、机制、政府或法制调控、基础设施建设和保障条件等。攀西战略创新试验区创新活动不仅在于系统内创新主体之间的相互分工和协作，更在于系统的主体与环境之间的物质循环和能量交换，因此应建设适宜的环境使之能与系统的创新主体之间进行良好的互动和协调，从而保障攀西试验区创新体系的稳定运行。本节界定试验区创新体系的环境因子主要包括人才和资源环境。

1. 建立试验区创新资源共享体系

（1）改革创新资源形成机制和使用机制。建立网络平台建设投资与研究开发项目经费相分离的管理体制，彻底改革创新资源形成机制。引入多元投资机制，对新建平台本着谁投资，谁拥有，谁受益的原则，收取租用费。市场机遇和经济效益是驱动区域创新体系资源配置效率提高的根本动力，应当充分发挥市场对区域创新体系资源的优化配置作用，通过价格机制、竞争机制和供求机制实现区域创新体系资源配置机制顺利运行,实现区域创新体系资源的高效利用。

(2) 促进信息共享。公开而透明的科技信息是保持市场竞争机制、价格机制与供求机制有效发挥的前提,鼓励试验区内企业、高校与科研院所主动挖掘与充分利用相关信息,基于优势互补原则,选择合适的区域创新体系资源配置机制伙伴,以实现各方资源的有效整合与优化配置。

(3) 建立和完善区域创新体系的内部管理制度。为了有效发挥市场机制的配置作用,应建立和完善区域创新体系资源配置机制内部有关管理制度,包括制定和完善规章制度和实行规范管理、建立区域创新体系诚信、激励和资源共享机制,以提高区域创新体系创新资源的利用效率。

2. 加大区域创新体系人力投入

健全科技人才培育机制是技术创新的根本所在。著名经济学家约瑟夫·斯蒂格利茨认为"高技术发展离不开巨额的人力资本的投资"。对于攀西试验区创新系统而言,尽快加强对区域创新体系人力资源的投入,改善人才流失严重的现状,尽快遏制由于创新人才资源投入下降对区域创新体系资源配置效率造成的不良传导影响,显得更加迫在眉睫。

(1) 建立有利于人才流动的开放式用人机制。对于人才集中的高科技企业要建立流动的、开放式的选人用人机制,这是适应企业自身特点和市场变化的必然要求,也是企业人才机制创新的前提条件。第一,要建立有效的人才流动机制。人才流动是优化人才资源配置不可缺少的环节。要根据高科技企业的实际,采取多种形式,加快企业内部人才市场化方式配置进程,以企业内部人力资源市场为载体,推动人才的合理流动。同时,要进一步与企业外部市场接轨,积极引进企业急需、紧缺的各类人才,满足企业发展需要。第二,要建立开放式的人才引进机制。坚持"不求所有,但求我用"的原则,把引进人才与重大课题项目攻关相结合,把引才与引智相结合,不断拓宽高素质人才的吸纳渠道。采取合作培养、交换使用、技术咨询和兼职招聘等开放式形式,以岗位、项目、任务和"长租短借"等灵活方式,聘请专家、教授到企业兼职、咨询、讲学或联合攻关,鼓励人才以多种形式为我所用,不断增强人才引进的灵活性和实用性。

(2) 建立以全面素质教育为基础和以创新意识为核心的人才培养机制。经济技术的竞争就是创新人才的竞争,而人才的培养需要教育体系的不断完善,需要政府制定以全面素质教育为基础和以创新意识为核心的人才培养机制,加大教育投入。只有这样，拥有强大的人才储备，区域创新体系的资源配置效率才能不断持续的提高。

7.1.3 功能要素

功能要素主要是指创新主体之间的联系与运行机制，包括制度创新、技术创新、管理创新和服务创新的机制与能力。本节主要是试验区创新体系内创新主体之间的运行机制，主要包括动力机制、创新主体协同竞争机制、创新系统的演化发展机制、营养供给和保障机制四个方面的内容。

1. 加快试验区创新体系制度创新

（1）加大科技创新的投资力度，拓宽融资渠道。首先是要有选择、有重点地开展科技投入。稳定增加对区域内钒钛、稀土等产业基础性技术和产业共性技术攻关的投入力度，引导产业的技术升级，根据区域产业发展的特点，对于符合试验区经济发展的产业，尤其是高新技术领域，充分给予支持；稳定增加对科技基础性工作和科技基础设施建设方面的投入，灵活运用投资补助、贴息、价格、税收、利率等多种手段引导社会投资，优化投资的产业结构和地区结构。其次是引导企业成为科技投入的主体，引导金融风险机构加大科技投入。可以采取政府资助和企业研发相结合的机制，强化企业对产业技术选择的参与和市场导向的自主决策，充分发挥企业对产业技术的识别能力，加强产业技术选择和创新的市场决策程度，使企业成为产业技术创新的决策和投资主体、研发主体。

（2）调整产业政策，消除区域创新障碍。首先，积极争取差别化的产业政策。现行产业政策制约着攀西战略资源尤其是钒钛资源的开发利用。试验区应争取国家对钒钛新技术、新工艺、新产品实施差别化的产业政策，一是争取国家区别对待钒钛资源综合利用及深加工项目与普通钢铁项目，对纳入试验区建设规划的项目，可作为开展前期工作的依据。二是争取国家下放试验区规划内项目的立项审批（备案、核准）和环评审批权限（包括钒钛磁铁矿矿山开发、直接还原综合利用钒钛磁铁矿产业化、含钒钛低微合金铸锻造等项目），将原由国家投资主管部门、环保主管部门进行立项、环评审批的权限下放至省级主管部门，将原由省级投资主管部门、环保主管部门进行立项、环评审批的权限下放至市级主管部门。其次，产业政策以促进区域创新体系、提高市场竞争力和可持续发展能力为目标，以区域创新体系内的企业为对象，同时要组织和协调好创新资源各要素间的相互关系，努力消除区域产业区域创新体系的制度壁垒，整合区域经济资源，打破本地创新主体之间的联系阻隔，加强彼此之间的交流与合作。

（3）培育区域创新环境，创造良好的创新空间。环境建设是区域创新体系构建的要件。政府不仅要提供必要的基础设施等物质环境，更应创造一个适宜创新的区域文化和制度环境。比如诚信是市场经济必不可少的基本要求，一个以信任为基础，拥有浓厚的创新氛围的区域，必将促进企业、企业与大学、研究机构、中介机构之间的网络合作关系，建立起共同学习的机制，加快知识创造与扩散的速度，促进要素的耦合与生长，从而使区域经济发展建立在强大的创新能力基础之上。

2. 创新资源开发保护模式

资源的合理配置是资源开发利用的基础和前提。首先，应积极探索构建重要矿产资源开发新模式，把资源开发与环境保护结合起来，对钒钛磁铁矿、稀土等战略资源进行有序适度开发，注重开发与保护同步，最大限度地提升试验区战略资源的创新开发利用效能，实现试验区经济社会可持续发展。其次，试验区资源开发应坚持"谁开发、谁保护，谁破坏、谁治理"的原则，要求企业切实加强矿山生态环境保护，坚决制止乱采滥挖、乱砍滥伐等严重破坏矿山环境的行为；严格执行矿山地质环境恢复治理保证金制度和水土保持"三同时"制度，矿产资源开发项目必须依法开展环境影响评价、安全评价和地质影响评价。最后，多渠道筹措资金，并将污染治理与生态恢复费用纳入试验区各级财政预算，积极探索已废弃矿山地质环境恢复治理的新机制，按照"谁投资、谁受益"的原则，采取多渠道融资方式，吸引社会资金增加环境治理投入。

3. 创新开展财税金融改革

试验区积极开展财税金融改革试点，化解战略资源创新开发所需巨大成本。一是积极争取将试验区主要城市作为全国和全省的资源型城市可持续发展准备金制度试点地区，规范矿产资源开发基金的收费管理。二是争取将钒钛磁铁矿纳入资源税改革范畴，改从量计征为从价计征，并在税收分配上向资源产地倾斜。三是争取将钒钛产业纳入《西部地区鼓励类产业目录》（以下简称《目录》），使《目录》规定的产业项目为主营业务，且其当年度主营业务收入占企业收入总额70%以上的企业，减按15%的税率征收企业所得税。四是争取将钒钛磁铁矿共、伴生的钒、钛、铬、钴等资源综合利用企业纳入《资源综合利用企业所得税优惠目录》，享受财税〔2008〕117号文件规定的所得税优惠政策，并将"钒产品、钛产品、精矿粉、纳米铁粉、草酸钴、电解铜、饲料添加剂"等产品增加到该目录对利用废水（液）、废气、废渣生产的产品名录中，以提高企业综合利用钒钛资源的积极性。五是争取对钒钛产品恢复增值税先征后返的优惠政策，并在"十二五""十三五"期间对中央涉及攀钢的财政分成部分继续执行先征后返，用于支持企业研发钒钛产品和扩大再生产。六是争取将综合利用低品位钒钛磁铁矿（铁品位18%以下）、开发利用钛白粉生产企业产生的废弃物、综合利用冶炼废渣、利用煤基直接还原生产的富钛渣等纳入资源综合利用范围，给予增值税即征即退50%的优惠政策，引导所得优惠全部用于企业研发钒钛产品和扩大再生产。七是争取对钒氮合金和高钒铁产品以及部分钛产品恢复出口退税政策。八是争取对科研人员奖励免征个人所得税，提高科研人员开展科技攻关和新产品新技术研发的积极性。九是争取逐步提高中央、省级财政对试验区社会保障、基础教育、公共卫生等民生项目的转移支付水平。十是支持试验区试点发行地方政府债券、企业债券。

4. 创新要素保障机制

（1）争取供地用地新机制。现有用地指标与试验区建设需求相比严重不足，试验区应积极探索供地用地新机制。一是国家给予试验区相关战略资源产业灵活变通性的供地用地机制，把试验区钒钛、稀土产业发展所需的特殊用地政策统一纳入区域规划之中，解决用地供地的长远问题。二是尝试为试验区配套安排土地利用年度计划和规划指标，深化工矿废弃地复垦利用试点，将所有工矿废弃地纳入工矿废弃地复垦利用试点范围，允许复垦挂钩指标试验区统筹使用；三是下放建设用地征（转）用审批权，扩大临时用地范围并延长用地时间，积极争取纳入低丘缓坡改革试点等。

（2）争取创新用电机制。钒钛、稀土产业是典型的高载能产业，电价是决定其综合利用成本的主要因素。目前，用电成本过高，是试验区钒钛、稀土产业发展需要解决的最直接、最紧迫的问题，允许试验区先行先试，积极促进在直供电、消纳丰水期富余电量、安排地方留存电量以及水电企业与钒钛稀土企业联营等方面取得实质性突破，用活用够试验区境内丰富的水电资源，探索钒钛稀土企业与水电企业联营的新路子。

综上所述，鉴于现有管理体制在不同程度上制约着攀西战略资源创新开发试验区的制度创新和开发开放的深化，当务之急是从政府职能转变、管理体制创新、运行机制整合等方面先行试验一些重大改革措施，坚持重点突破与整体创新相结合、经济领域的改革与其他领域的改革相结合、解决实际问题与攻克面上共性难题相结合,从促进攀西战略资源创新开发试验区可持续、跨越式发展,把攀西战略资源创新开发试验区打造成为我国高水平战略资源开发基地和四川建设西部经济发展高地中极富特色的重要一极的战略高度出发,从攀西钒钛、稀土等产业健康发展需要的政策保障和科学发展机制的视角开展系统的研究,摸索出一套高效、可行的发展机制以指导试验区产业发展,基于国家产业导向的跨区域经济创新发展合作机制。

7.2 攀西试验区建设的运行模式

作为我国目前唯一一个国家级的资源开发综合利用试验区,攀西战略资源创新开发试验区是我国重要的战略资源富集地区之一,蕴藏着丰富的钒、钛、铬、钴、镍、镓、铜等十余种金属和稀土氧化物,战略地位突出,资源匹配条件好,综合利用潜力大,资源组合优势突出。历经几十年的开发,区内经济社会发展、产业集群和技术积累方面已有相当基础。试验区建设的正式启动,对于提升我国战略资源的综合利用水平、促进战略性资源产业集群的技术创新、探索资源型城市(区域)的转型发展模式等都具有全局性的示范意义;试验区建设的有序展开,必将对四川省区域协同发展战略和试验区内各地市州的结构调整和发展方式转变形成有力的支撑。

有鉴于此,四川省政府于 2013 年 9 月 6 日公开发布了《攀西国家级战略资源创新开发试验区建设规划(2013—2017 年)》(以下简称《规划》)。《规划》明确了试验区在结构调整、科技攻关和自主创新、综合利用、节能减排和生态建设四个方面的主要目标,提出要把试验区建设成为世界级钒钛产业基地、我国重要的稀土研发制造中心,打造国内资源富集地科学开发利用资源的示范区。

然而,受制于现有的行政区划分割,试验区建设尚处于启动阶段,虽然在省际层面已经制定建设规划,但受制于固有的行政区划分割和僵化的管理体制,仍存在较为严重的体制机制制约。由于试验区建设涉及多个市、州、县,在区域分工协作、要素流动、政策协同、技术创新、产业布局优化等方面尚存在诸多问题。必须建立起高效的区域协调合作机制,创新试验区发展模式和运行机制,才能够整合区域资源,发挥积聚优势,进而在实现试验区整体利益最大化的同时,更好地达成区内各地市州自身发展目标。如果说国家层面的战略决策和省级层面的规划出台奠定了攀西试验区的顶层制度设计，那么在试验区建设正式启动的过程中，作为规划实施和试验区建设及运行的责任主体和工作主体，如何在地方层面，尤其是县域经济中，建立良好的发展模式就成为达成试验区"创新开发，先行先试"的战略目标的首要问题。研究试验区内县域经济社会发展的运行模式的理论意义、现实意义和示范价值都凸显出来。

从国内外的研究现状而言，与试验区运行模式相关的研究主要在发展经济学的视野下展开，涉及区域经济学、产业经济学、经济地理学等学科的跨学科应用。随着理论研究的进展和因应经济现实情况的变化，论述的深度和广度都在不断拓展。

从已有研究成果看，发达国家与试验区运行模式的相关研究主要从新古典经济学和新制度经济学的视野展开，重点关注产业成长和经济增长问题，强调市场机制和制度安排在促进区域经济发展中的核心地位，可归结为市场型运行模式；而发展中国家则更多地从结构主义视角出发，以调整产业结构、转变经济增长方式为中心，更加重视政府在促进试验区规划、建设和运行中的主导作用，政府干预色彩浓厚，与此相关的试验区发展模式可称之为强干预型模式。而作为对此的一个折中，林毅夫等近年来大力倡导"新结构经济学"，它"旨在将结构转变重新带回经济发展研究的核心，并强调市场和国家在促进经济发展过程中所扮演的重要角色"，一方面"认同市场应该作为资源配置的基本机制"，但另一方面认为"政府也必须发挥积极的作用，以促进产业升级和多样化的投资行为进行协调，并对动态增长过程中先行者的外部性予以补偿"。[①] 我们将之归纳为试验区运行的弱干预模式。在本节的前三部分，将对相关研究进行一个简要的综述，以体现上述研究历程的转变，在对各种试验区建设基本模式进行介绍的基础上提出试验区建设应以弱干预模式为主；在第四部分，则更加具体地分析了试验区弱干预模式的实现形式。

7.2.1　旧结构主义视野下的强干预模式

强干预型模式深受发展经济学"结构主义"[②]思想的影响，具有计划经济性

[①] 林毅夫. 新结构经济学：反思经济发展与政策的理论框架 [M]. 苏剑，译. 北京：北京大学出版社，2012：4.

[②] 为与林毅夫等人的"新结构经济学"相区分，在后文中，发展经济学早期发展阶段的结构主义思想用"旧结构主义"一词作为代表。

质，多采用大推进策略，由政府设定转型目标和需要重点发展的产业，政府直接调配资源，在较短时间内建立起新产业。该理论认为，市场有着难以克服的缺陷，在加速经济发展和结构调整方面，政府应该发挥强有力的作用。倡导强制性的结构转型、重视物质资本积累的作用和对统制性政府的偏爱成为结构主义的典型特征，并指导着结构主义对发展中国家经济发展的政策设计——以"进口替代"为导向的赶超战略。

"进口替代"战略广泛地影响着拉美地区、亚洲、中东以及之后的非洲经济发展。但是，除了极个别的例外，在多数国家，用心良苦的政府干预失败了。尽管发展经济学所开出的政策药方在多数国家未能实现其预期目标，但其有关政府在经济结构转型中应积极作为的政府干预思想在区域经济学中却保留下来，这一点尤其体现在区域非均衡发展理论中。作为这些理论的典型代表，大推进理论、梯度推移理论和点轴开发理论都将政府作用放在了相当重要的位置。我国在改革开放前的"一五""二五"和"三线建设"期间建立的多数工业基地都是在这一模式的指导下得以建立的。改革开放之后，随着渐进式改革路径的确立，从最初设立的经济特区，到后来的各种开发区建设都或多或少地受到旧结构主义思想的影响，并形成了具有中国特色的试验区发展模式。其中，大推进理论的主导思想与早期发展经济学的思想可谓一脉相承，都强调政府对经济结构的直接干预，而在梯度推移理论和点轴开发理论中，政府的作用则被设计为引导性和支持性的，主要被定位于制定区域发展政策、产业政策、改善基础设施和提供公共品方面。

归纳起来看，以上三种具有强干预特征的试验区发展模式在中国都有所体现。其中的点轴发展模式和梯度推移模式成为在我国应用最为广泛、影响最为深远，也是最富学术创新性的区域经济不平衡增长理论。

1. 点轴开发模式

从理论渊源上看，点轴开发理论具有多重的理论来源。其中对克里斯塔勒的中心地理论、佩鲁的增长极理论和松巴特的生长轴理论的继承关系最为直接。中心地理论的核心是阐述如何在一定区域内构建空间结构合理的城市等级体系。该理论中有关空间聚集和空间扩散的思想成为点—轴开发理论的基石之一。此外，增长极理论成为点轴开发理论中"点"的思想渊源，而松巴特的生长轴理论则成为点—轴开发理论中"轴"的理论来源。[1] 在点—轴开发理论中，其"点"和

---

[1] 周茂权. 点轴开发理论的渊源与发展 [J]. 经济地理，1992（2）：49-52.

"轴"的概念基本延续了增长极理论和生长轴理论中的内涵。在该理论被引入我国之后，由于内在地切合了我国地区发展不平衡的现实国情和区域发展的战略导向，点轴开发理论尤其是在应用层面的研究上，在我国获得了快速的发展。以点轴开发理论为指导的 T 型空间开发模式对我国的国土开发和经济布局产生了广泛而深远的影响。[①]

经过 20 世纪 80 年代国内激烈的理论争论，诸多学者对我国国民经济发展的战略和国土开发的实际进行理论总结，点轴开发理论开始呈现为较完备的理论形态。虽然点轴开发理论仍旧采取的是非均衡发展的战略，但由于它契合了我国的地理基础和经济发展实情，也考虑了区域差异扩大带来的地区利益冲突和减少这种冲突的可能，因而成为我国在空间开发实践过程影响重大的一种理论。

点轴开发理论高度重视试验区的区位条件，将点状开发和轴线开发结合起来形成点—线—面相结合的地带开发。其对地区经济发展的推动作用，要大过单纯的增长极开发和发展轴开发。

2. 梯度推移模式

狭义的梯度推移模式指在区域内部通过发展高梯度地区逐渐推动和影响低梯度地区的发展模式。该理论认为，各工业部门及其产品与生物学意义上的个体类似，都要经历创新阶段（Introduction）、扩展阶段（Expansion）、成熟阶段（Maturity）和成熟后阶段（Demise）4 个生命循环阶段。通常而言，如果一个地区的产业部门主要由处于创新阶段至扩展阶段的新兴部门构成，那么，这一地区将被定义为高梯度地区。随着产品生命周期的变化，高梯度地区的创新活动会逐步向由处于成熟与成熟后期阶段之间的衰退部门组成的低梯度地区推移。在这里，"梯度"这一自然地理学中用于反映地理系统在时空上的非均衡性的概念在内涵上得以延伸。自 20 世纪 80 年代以来，梯度概念被我国学者应用于区域经济分析中。在短短的 30 多年，梯度推移理论经历了狭义梯度推移理论、反梯度推移理论和广义梯度推移理论三个发展阶段。

（1）狭义梯度推移理论。

狭义梯度推移理论主要包括以下基本内容：①将区域之间的不平衡发展视为客观存在，并以之为研究的出发点。这种不平衡发展根源于区域间在资源禀赋、

---

① 吴传清，孙智君，许军. 点轴系统理论及其拓展与应用：一个文献述评［J］. 贵州财经学院学报，2007（2）：7.

地理条件以及历史基础等方面的差异,并形成区域的经济技术梯度。②产业结构的优劣是划分区域经济梯度水平的关键变量,而产业结构的优劣又主要由在区域经济主导的产业部门所处的发展阶段所决定。如果某个区域的主导产业部门主要处于其生命周期的扩展阶段和成熟阶段,则该区域经济富有活力,增长快速,那么该区域即成为高梯度区域;反之,如果区域主导产业多数已处于衰退期,发展动力不足,经济增速减缓甚至出现衰退,则该区域就处于低梯度区域。③经济技术将沿着梯度差异顺次推移,从而有助于减少区域发展的不平衡性。这种推移之所以能进行,一是作为扩散源的高梯度区有进行推移的内在动力和外在的市场压力;二是作为接受地的边缘区存在着吸收扩散的需要,因为推移有助于促进边缘区经济技术的发展。④梯度推移主要是依托多层次城镇系统展开。经济要素由中心城市向中小城镇、进一步向农村推移,由发达区域向次发达区域推移,是区域经济梯度推移的一般形式。梯度推移往往是按"梯度最小律"推移。一般而言,只有处于第二梯度上的城市,才具备较强的能力接受并消化第一梯度的先进产业,随着产业的成熟与老化,逐渐向处于第三梯度、第四梯度的城镇推移,直至乡镇、农村。⑤各区域所处的梯度是相对的和动态变化的。狭义梯度推移理论后来和缪尔达尔(Gunnar Myrdal)提出的循环累积因果理论相结合,将梯度理论从静态发展为动态梯度理论。动态梯度理论认为,各区域所处的梯度是不断发展变化的。高梯度区域若不注重创新,导致产业结构老化,就会成为低梯度区域;反之,处于低梯度的区域若能有效组织技术创新并大量引入新技术和人才,则可促进产业的高级化,就会以更快的速度发展,成为高梯度区域。[①] 在此过程中,政府的积极作为是实现这种结构演进的一个重要因素。

(2) 反梯度推移理论。

尽管在吸收了循环累积因果理论之后,狭义梯度推移理论实现了从静态向动态的发展,但其对产业和技术推移僵化的假设仍然遭遇了学者们的广泛质疑。[②]按照狭义梯度推移理论,产业或技术扩散主要按从高梯度区到中梯度区再到低梯度区的次序依次推移。在此种理论预设之下,中低梯度区要实现跨越式的发展几无可能;而在实证上,技术转移沿梯度转移这一结论也缺乏有力的经验支持。在工业化的初中期阶段,极化效应的作用通常大于扩散效应,在自由市场条件下,

---

[①] 周起业,刘再兴,祝诚,张可云. 区域经济学 [M]. 北京:中国人民大学出版社,1989:127 - 134,151 - 152.

[②] 郭凡生. 评国内技术的梯度推移规律——与何钟秀、夏禹龙老师商榷 [J]. 科学学与科学技术管理,1984 (12):19 - 22.

要素的流动方向往往和狭义梯度推移理论的结论相反,在一定时期内和一定程度上将进一步锁定高梯度地区和低梯度地区的既有格局,使梯度转移难以实现。①在对狭义梯度推移理论中僵化的推移模式进行批判的基础,反梯度推移理论得以形成。

反梯度推移理论从经验的角度指出了技术推移存在多向度。该理论认为,现代科学技术有三个基本走向。即:一是向贸易比较发达区域转移;二是向智力资源比较发达、技术水平比较高的区域转移;三是向自然资源比较丰富的区域转移。② 反梯度推移理论指出,只要经济发展需要,而又具有条件,就可以引进先进技术,进行大规模开发,而不管该区域处于哪个梯度;落后的低梯度区域也可以直接引进采用世界最新技术,发展自己的高技术,实行超越发展,然后向二级梯度、一级梯度区域进行反推移。③

尽管在核心概念和论域上反梯度推移理论和狭义梯度推移理论保持了高度的一致,但前者突破了后者中僵化的技术推移路径,从而为反向的技术推移和落后地区实现跨越式发展提供了理论上的可能性,是对狭义梯度推移理论的重大修正和完善,大大提高了其适用性和应用价值。

(3) 广义梯度推移理论。

广义梯度推移理论同样是与狭义梯度推移理论相对应的一个范畴。前者以区域空间中的技术梯度为核心概念来展开其分析,后者则拓宽了对梯度的理解,将地区间和地区内部基于不同的资源禀赋、生态环境、发展历程、制度背景和文化传统而造成的差异都纳入到梯度的分析范畴之中,从而使之成为一个涵盖自然、经济、社会、技术和制度等子系统的复杂系统。

广义梯度推移理论强调区域间梯度分布的多样性,认为梯度分布包含三方面的内容:一是自然界中的物质能量等客观事物的梯度分布;二是经济、文化、社会发展水平的梯度分布;三是生态环境优劣程度的梯度分布。三种梯度分布互相区别,又互相联系。物质和能量的梯度分布是人类一切活动的基础与前提;经济、社会、文化发展水平在各区域间的梯度分布,是人类在此基础与条件下自主活动的人文结果;生态环境状况的梯度分布是自然和人类活动的自然结果。三种意义上的梯度分布在同一区域可能存在很大差异。一个资源富集区可能是也可能

---

① 李国平,许扬. 梯度理论的发展及其意义 [J]. 经济学家,2002 (4):69 – 75.
② 郭凡生,王伟. 贫困与发展 [M]. 杭州:浙江人民出版社,1988;121 – 128.
③ 周起业,刘再兴,祝诚,张可云. 区域经济学 [M]. 北京:中国人民大学出版社,1989;127 – 134,151 – 152.

不是经济社会发达区域，一个经济发达区域不一定是生态环境良好的区域，只有资源、环境、经济、社会协调发展的区域才可能成为完整意义上的高梯度区域。[①]

广义梯度推移理论对狭义梯度理论所做的拓展，其贡献主要在两方面。从理论上看，这种拓展丰富了区域经济学视域中"梯度"概念的内涵，为区域开发过程中的代际公平、代内公平和区际公平的实现提供了理论基础；而从实践上看，广义梯度推移理论主张区域开发应在可持续发展的前提下采取分阶段、有重点、非均衡的梯级推进战略。在广义梯度推移理论框架内，梯度推移、反梯度推移实际上可视为广义梯度推移理论中各种梯度单向和双向推移的范例，并能更好地与增长极理论、点—轴扩散理论、网络开发理论、中心辐射理论等区域开发理论相融合。

狭义梯度理论强调产业结构的自然演进，是微观主体，尤其是企业基于微观角度作出决策而产生的宏观现象，但反梯度推移理论和广义梯度理论通过将政府这一角色纳入其分析中，从而为资源型地区更快地摆脱资源依赖，实现发展方式转变和经济结构调整提供了可能。

3. 大推进发展模式

大推进发展模式是指通过大量资本对某些产业部门的集中投资从而产生外部效应来推动该地区经济的发展，这种发展模式强调巨额的资金投入。该理论认为，区域经济要快速实现现代化，经济结构的升级是一个必然的选择。这就要达到一定的投资强度，投资必须有一个最低的数量。如果一点一点地投入，很难获得成功。该理论对试验区建设的启发在于，在试验区建设的早期阶段，持续高强度的投资对于试验区建设的重要性。通过这种大规模的投资实现某一行业，某一领域的跨越式发展，进而带动整体经济的增长。大推进理论的代表人物罗丹进一步地提出两种办法来实施大推进战略。第一，通过增加税收和利润留成的方式及赤字财政政策来获得资金，并想方设法吸引国外贷款、FDI；第二，国家制订全面的政府计划，甚至设想让政府成为一个工业的一个大托拉斯，从而实现对资源的集中动员与配置。

4. 对强干预模式的简单述评

旧结构主义思想支配下的强干预模式试图对"市场失灵"作出修正，而修正

[①] 李国平，许扬. 梯度理论的发展及其意义 [J]. 经济学家，2002 (4): 69–75.

的手段就在于政府的积极干预。在这一思路的指导下而出台的发展战略在拉美地区遭遇了普遍的失败。自 20 世纪 80 年代之后,早期发展经济学的影响在新的时空背景下日渐式微。但在这一思潮指导下的中国大量试验区(经济特区和各种类型的开发区)则获得了巨大的成功。因此,我们想指出的是,旧结构主义之所以失败,不在于其对"市场失灵"的分析,也不在于它对政府干预的强调和重视,而在于其开出的政策药方背离了当地的比较优势,将社会资源过多地投向缺乏自身能力的新兴产业,尤其是资本密集的重工业,从而引发一系列的不良后果。

在区域经济发展方面,积极但审慎的政府干预在其中发挥着关键性的影响。对于攀西地区这类资源丰富,但经济发展水平相对较低,创新能力较弱的内陆地区而言,一定程度的政府干预在试验区建设的启动阶段是必要甚至必需的。

7.2.2 市场型发展模式

市场型调整模式建立在成熟的市场机制之上,将企业作为产业结构调整的主体,主要通过自身积累,在要素禀赋结构的动态变化中,通过企业和产业的自身演进,在一段较长期的过程中,实现产业结构向多元化、规模化和产业结构高级化的攀升。在这种模式下,政府在产业结构调整中的作用局限于通过改变市场参数,如利率、税收、货币政策和政府采购等方面,其指导思想主要来源于新古典和新制度经济学。

新古典主义的复兴改变了早期发展经济学家对市场机制的负面认识,开始重新看待市场机制在经济增长中的作用,看法也更加客观:一方面既强调市场机制在资源配置方面的基础性作用;另一方面又承认"市场失灵"的存在,承认对"市场失灵"采取矫正措施的必要性。

强调市场机制在资源配置方面起基础性作用,对于资源富集区的发展和转型的意义在于,市场机制的"价格发现"功能,有助于让资源型区域正确地识别出自身的比较优势,从而正确地甄别出具有竞争优势的主导产业和具有发展潜力的接续产业。第一,市场机制具有内生的激励机制,能为企业追求利润最大化提供持续动力;第二,以市场机制为核心的经济制度,能够有效地配置社会资源,并通过"看不见的手"把个人利益"加总"为社会利益,实现社会福利的最大化;第三,通过市场机制的自发作用,市场主体能够更便捷地发现交易对象,形成价格,传递信息,从而节约交易费用,大大提高制度运行的效率。其中最为关键的一点是,完善的市场经济机制可以保证产权的完整性,而产权的完整性又会导致资源从低效率的用途向高效率的用途流动，进而使资源得到更有效的配置。①

新古典经济学尽管强调发挥市场机制在资源配置方面的基础性作用，并对有关市场机制失灵的批评作出了否定性的评论，但已经不再坚持完全的自由放任政策，也并不认为市场机制可以完全代替政府集中规划去促进经济增长和经济发展。因而，在人力资本投资、促进技术进步和鼓励创新方面，新古典经济学都为政府干预留下了相应的空间。新古典的内生增长理论对人力资本、技术进步和创新的内生化解释大大推进了我们对于经济增长的认识，对于肩负"创新开发，先行先试"重任的攀西战略资源创新开发试验区而言，上述认识至为重要。

内生增长理论重新确立了政府政策在经济发展中的重要作用，并明确了政府干预的主要方向。该理论及其实证研究总结出一套维持并促进长期增长的经济政策，如对教育和卫生的投资以促进人力资本的成长；对研究和开发的资助以促进创新；制定指导性的产业政策和区域发展政策，以引导物质资本的投向；对知识产权进行严格的保护，使技术创新的私人成本和社会成本一致，形成对创新的激励。

从以凡勃伦、康芒斯等人为代表的老制度学派开始，制度因素就被认为在经济生活中具有决定性的作用。新制度学派则将这一命题发挥至极致。诺思在其经典著作《经济史中的结构和变迁》中，将制度定义为"一系列被制定出来的规则、守法程序和道德伦理规范，它旨在约束主体追求福利或效用最大化的个人行为"。② 舒尔茨则将之定义为"一种行为规则，这些规则涉及经济、政治及经济行为。"执行经济功能的制度大致可分为四类：①用于降低交易费用的制度；②用于影响生产要素所有者之间配置风险的制度；③用于提供职能组织与个人收入之间联系的制度；④用于确立公共品和服务的生产与分配框架的制度。这些制度安排都是针对完全竞争市场模型中所忽略的因素而展开。制度安排并非像资本、劳动一样具有实体要素的性质，但这些制度却影响着经济增长的动态变化。制度决定论的代表人物戴维斯和诺斯则力图用制度变迁来解释长期经济增长，并构建了一个以产权安排为基础，以制度变迁为核心的经济增长模型。该模型的基本命题是，一种能提供适当激励的有效的产权安排是促进经济增长的决定性因素。③

这一论断对于试验区建设的启示在于，政府作为最重要的制度供给者，应加大制度创新力度，切实转变政府职能，在市场机制建设、财税政策、分配制度、土地制

---

① 徐传谌，庄慧彬. 加快市场化进程是振兴东北老工业基地的根本出路 [J]. 社会科学战线，2003 (6)：78 - 85.
② 龚六堂. 经济增长理论 [M]. 武汉：武汉大学出版社，2000.
③ 许广义. 东北老工业基地改造模式研究 [D]. 哈尔滨：哈尔滨工程大学，2006：91.

度、矿产资源确权等方面发挥积极作用，有效降低行政成本，营造良好的市场环境。

7.2.3 新结构主义视野下的弱干预模式

作为林毅夫及其所领导的研究团队长期以来关于经济发展和转型研究成果的一个总结，林毅夫在2012年出版《新结构经济学》，对旧结构主义与新古典和新制度的理论进展、争论和挫折进行反思，提出新结构经济学，它"旨在将结构转变重新带回经济发展研究的核心，并强调市场和国家在促进经济发展过程中所扮演的重要角色"，"认同市场应该作为资源配置的基本机制，但政府也必须发挥积极的作用，以促进产业升级和多样化的投资行为进行协调，并对动态增长过程中先行者的外部性予以补偿"。① 尽管林毅夫的新结构经济学主要是在发展经济学的范畴内展开，以发展中国家的国民经济为主要的研究对象，但我们发现将之作为试验区运行的一种模式也是可行的。在某种程度上，新结构经济学是旧结构主义与新古典和新制度经济学折中的产物，一方面强调市场机制的基础性作用；另一方面又重视政府干预。因而，我们将之发展为试验区建设的弱干预模式。

基于新结构经济学的理论框架，我们提出试验区建设的弱干预型模式。它同时重视市场（企业）和政府在产业结构调整中的主体地位。鼓励企业在竞争性的市场机制的引导下，基于自身比较优势确定主导产业，在发展中实现要素禀赋结构的升级，创造出新的比较优势，通过多元化、规模化和向产业链高附加值区段的攀升实现结构调整。同时，赋予政府"新兴产业助产士"的角色，承担其增长甄别和因势利导的责任。增长甄别用以确定地区可能具有的潜在比较优势的新产业，它主要以制定产业政策的方式，充分利用政府信息集成的优势；此外，因势利导地是消除那些可能阻止这些产业兴起的约束，并创造条件使企业能够利用这些潜在的比较优势（专注于禀赋结构的升级）。至于在此之后的新兴产业的成长，则再次交由市场机制来完成。具体而言，政府在经济结构变动中的因势利导作用体现在"为新产业提供信息、为同一产业中不同企业的相互关联投资提供协调、为先驱企业补偿信息外部性、改善软硬基础设施以及通过鼓励外商直接投资来培育新产业等方面。"②

---

① 林毅夫. 新结构经济学：反思经济发展与政策的理论框架 [M]. 苏剑，译. 北京：北京大学出版社，2012：4.
② 林毅夫. 新结构经济学：反思经济发展与政策的理论框架 [M]. 苏剑，译. 北京：北京大学出版社，2012：135-138.

该模式将有效地调动试验区建设的两大主体——企业和政府,并分别赋予各自不同的责任。既考虑到充分利用现有比较优势,将结构调整建立在现有产业基础之上,又赋予要素禀赋结构以动态化特征,强调政府在促进要素禀赋结构升级中的主导性作用,从而兼顾了产业结构调整中的短期与长期目标。

弱干预模式实际上将试验区经济社会发展放置在了一个两层次结构中予以考察。其中,市场机制构成了基础性结构。在一个竞争性的市场上,价格机制的"价格发现"功能能够有效识别经济系统中各要素的相对稀缺性,从而引导各要素按照比较优势的原则进行配置。由此决定的产业结构将是最富有竞争力的,从而实现了静态条件下的经济结构最优化。地区主导产业的选择按照"禀赋特征—比较优势—竞争优势(自生能力)"的路径展开,强调市场机制的基础性作用。

从动态的角度而言,经济系统中的要素禀赋结构会因为产业和企业的发展出现调整,原有的、现实的比较优势可能会趋于消失,但潜在的比较优势也可能正在出现。将潜在的比较优势转化为现实的比较优势,对软件、硬件基础设施提出更高的要求。这类要求很难通过单一企业或产业自身投资得以实现,政府的直接支持或发挥协调作用促进集体行动就显得必要,从而为政府干预提供了合法性;此外,即使新的比较优势已经形成,但由于现有企业或因为信息不足,或因为对转型风险的考量而缺乏转型意愿,因此政府尚需要对先驱企业产生的信息外部性进行补偿。故而,在市场机制发挥作用的基础性结构之上,尚存在促进经济增长和结构转型的社会结构。在这一结构中,政府发挥着主导性作用,以支持、引导甚至是直接创造新的比较优势,并对先行者进行补偿。由此,弱干预模式能实现对地区经济发展的动态调整,其逻辑按照"禀赋结构升级—增长甄别——结构转型和长期经济发展"的链条展开。在这个动态化的过程中,政府的主导作用被放置在了突出的位置,反映出该学派对旧结构主义的吸收。

因此,在我们看来,在试验区建设模式基本模式的选择上,就不是在完美的政府(强干预型模式)和完美的市场(市场型模式)之间作出非此即彼的选择,它们本应被看做是互补的而非相互替代的。真正的问题是在二者间取得某种平衡,清晰地界定二者的行动边界。

在弱干预型模式中,通过将区域经济发展放置在两层次的结构框架中,能够对市场和政府的行动边界作出初步的界定。在由市场机制所主导的基础性结构中,企业按照"经济人"的原则行事,依据价格机制提供的信号,配置资源、组织生产、实现利润,实现静态条件下的最优产业结构和经济结构。在此过程中要素禀赋结构按照自身逻辑演进,从而产生潜在的比较优势。政府的主要作用,就不是如旧结构主义强调的那样，直接地干预结构、技术升级，而是将重点放在促进禀赋结构的升级上，如加大对人力资本（通过加大在教育、卫生和劳动者技能培训的投资，制定更有吸引力的人才引进政策）、技术引进和创新、大型的基础设施（如交通和通信设施）的投入，因势利导地发挥协调作用、对外部性进行补偿或创造有利的制度环境等方面。

总体而言，弱干预模式提供了一个更好地协调市场机制和政府干预的理论框架，能够更好地调动试验区建设各类主体，尤其是政府和企业的积极性。试验区建设的基本模式应以弱干预型模式为主导，但在不同阶段，也应作相应的调整。在试验区建设的早期阶段，一定程度的强干预模式是有其必要性的。当经济结构调整目标初步建立，产业发展的自生能力得到增强时，政府就需要减少对经济发展的直接干预力度，让位于市场机制，逐步向弱干预模式和市场型模式过渡。

7.2.4 攀西试验区弱干预模式的实现形式

对应于上述三种基本的试验区运行模式，在国内各种开发区（试验区）的建设和运行中，基本形成三种具体的实现形式：对应弱干预的管委会管理体制、对应市场型的公司管理体制和对应强干预的试验区与行政区合一型体制。

1. 管委会型管理体制

管委会型管理体制是指试验区（工业园区、开发区）管委会作为园区所在地方政府的派出机构，作为开发区主要管理主体，对开发区实施建设管理，并在业务上受上级政府和有关部门的指导，管委会本身具有准政府的性质。在我国的各类园区中，实行开发区管委会型管理体制的占绝大多数。

管委会由地方人民代表大会立法或政府授权组建，负责区内建设规划的制定、基础设施建设、土地开发、招商引资和产业发展等事务。在形式上，管委会是地方政府的派出机关，主要行使政府的经济管理职能，并具有不同程度的独立性。管委会体制具有某种集权特征，行政手段是其进行园区管理的主要手段，在园区建设的启动和早期发展阶段往往能起到巨大的推动作用。管委会体制是一种高度授权、特事特办、专心发展经济的管理体制，管理机构精简、成本低、效率高，优点显而易见，主要表现在：一是具有相对的独立性。管委会内设部门设置灵活，具有较大的弹性、较小的制约因素。由于管理委员会下属的职能部门受管委会的统一领导，同时管委会下属的职能部门能够相互沟通，协调一致，避免了部门之间相互扯皮的现象,提高了工作效率。二是在机构设置上往往强调"少而精"。在管理委员会内部,相关职能的部门合署办公,职能部门的设立不与上级政府的职能部门一一对应。将部分可以通过市场机制解决的政府职能市场化,提高市场化程度。三是大系统建设模式。一般将相应的和相近职能归并到一个大部门中,如将民政、教育、文化、广播、电视、卫生、体育等职能归并到社会事业部门中。大系统建设模式充分体现了"小政府,大社会"的改革目标和"精简、统一、效能"的原则,能够优化行政管理结构,精简机构和人员,减少部门间的职能交叉,理顺各种关系,促进政府职能的转变,提高行政效率。

这种体制也有不足之处,如管委会职能定位不够规范,外部管理层次多,管理机构缺乏权威性,管理手段不充分,条块关系不清晰,块块工作力度不够等诸多问题。另外,管委会作为准政府,突出管理经济事务的职能,管理社会事务的职能往往缺位。

2. 公司管理型建设模式

这种体制是用经济组织方法管理园区的一种模式,其特点是通过设立一个企业来规划、开发、管理园区,开发公司实际上承担了一定的政府职能,进行公共事业开发。有时又采取管委会加开发公司模式,或管理与开发功能合一。这种管理体制的组织结构是:政府划出一片区域设立园区,并授权成立一个带有部分行政职能的政府领导下的公司制,由开发公司负责园区的基础设施建设、项目招商、企业管理、土地使用权出让、环保管理等事务。

政府领导下的公司管理体制是在借鉴国外经验的基础上发展起来的,用经济组织方法管理开发区的一种尝试。公司管理体制是以经济效益最大化为管理目标,其职能也集中在土地开发、项目招商和审批、行业和企业管理等经济事务方面,劳动人事、财政税务、工商行政、公共安全仍依赖所在地政府负责。

这种模式的好处在于:一是机构精简,管理成本低,运作效率高。二是完全彻底的企业行为,按现代企业制度进行经营运作,直接面对市场,完全承担风险,尽管与政府关系密切,但基本摆脱了政企不分、经营风险转嫁的可能性,不会留下二次改革的后遗症。三是可以通过国内资本市场和海外资本市场上市融资进行资本运作,以壮大公司实力。四是企业获得利润后,积累起来,由地产商发展成多领域的投资商,可以逐步超出原开发范围,依靠娴熟的开发经验,扩大经营规模及领域。

这种建设模式的主要缺陷在于,在开发建设中会遇到一些难以回避的问题:

一是无法对辖区内的企业进行有效管理；二是发展社会公共事业和基础设施建设中的难题。就企业与政府的行为准则和运行目标来看，由于公司完全以利益最大化为行动取向，因而对于外部性强的公共事业和基础设施建设都会出现投入不足的情况下，要协调园区内众多企业的集体行动，其成本也太过高昂。从行政管理职能来看，这类开发区名义上有行政管理权，实际上行使的是不完全意义上的行政管理。在国内采取这种类型的管理体制的园区规模普遍较小，如上海闵行开发区有6平方公里，虹桥开发区则仅有0.6平方公里，漕河泾开发区也仅6平方公里。一旦园区规模扩大或发展进入中后期，管理体制势必要进行大的调整，带来二次改革的阵痛。

3. 试验区与行政区合一型管理体制

这种运行模式的集权特点更加明显，我们将之归结为强干预型模式的具体实现形式。在这一模式之下，试验区和行政区的管理合一，或者是两块牌子一套人马，这使得开发区政府管理部门的体制保持行政区管理机构的编制和职能，进而让管委会拥有了开发区区域内的经济管理权和部分社会事务管辖权，管委会因而能够独立地从开发区的区域特点和长远发展来安排经济发展和社会发展的各项具体活动，并及时处理开发区发展中出现的各类问题，有利于提高开发速度和开发进度。同时，管委会相对独立的地位和管理权限，使管委会能够合理安排各种有关经济体制和社会管理体制方面的新的运行体制、机制的试验。这种模式主要适用于整个城区作为开发区，或者开发区是原城区建制的一部分。在国内采用这一体制的主要试点是青岛开发区。青岛开发区1984年设立时位于黄岛区内，1992年山东省和青岛市政府为了尽快发挥开发区的带动作用，进一步扩大对外开放，将青岛开发区的范围扩大到整个行政区，管委会与黄岛区政府合署办公，两块牌子一套人马，按照精简高效的原则设置机构，开创了全国沿海城市经济区与行政区融为一体的先河。

这种体制的缺陷在于，在外部环境的压力下，往往出现体制回归，导致机构庞大，人浮于事，效率低下。此外，由于试验区同时拥有行政区的权力和职责，倘若处理不好园区与老城区之间的关系，一方面有可能会造成在开发区发展过程中，历史包袱较重，出现财力不足的窘境；另一方面有可能会造成开发区与原城市争夺资源和人才，导致开发区扩张而旧城区衰落的状况。

4. 试验区弱干预型模式的实现形式

试验区应加大对现有辖区内工业园区的整合力度，加快产业发展平台建设，依托攀西试验区内三大基地、六大园区建设的启动，力争将现有安宁工业园区、新九工矿区纳入攀枝花钒钛产业园区。在园区管理体制上，采取管委会型管理体制。在这一管理体制之下，政府或管委会不应该按照"统制主义教条"行事，大包大揽地推动强制性的产业结构调整，或利用手中掌控的资源直接参与经济活动，而成为一个能帮助企业利用比较优势的"因势利导型"机构。管委会所扮演的角色，不是"永久性的保姆"而是"新兴产业的助产士"。

在这一体制之下，管委会和地方政府的主要作用就主要集中在增长甄别（用以确定当地可能具有的现实的和潜在比较优势的主导产业）和因势利导地破除制约产业成长的软硬件约束。更进一步地，在弱干预型的管委会体制之下，政府在促进地方经济发展和产业成长方面的作用主要体现在以下几方面：①由管委会提供一份符合当地要素禀赋结构的产业发展清单；②制定相应的产业发展政策和配套政策，鼓励外来资本的进入，扶持现有企业向产业链高附加值领域攀升，完善园区发展的软环境，在土地供给、人才引进、技术开放等方面予以扶持；③为区内企业的兼并重组、淘汰落后产能提供资金支持，为新兴产业扩大规模提供帮助；④重点推进有助于产业发展的基础设施和商业环境的建设，尤其重视对交通、能源、信息等基础设施的投入，完善园区发展的硬环境。在弱干预模式下，政府对发展经济的干预作用，主要通过园区管委会来实现，其作用主要体现在提供信息、协调改善软硬件设施以及补偿外部性，以激发企业实现技术创新、产业升级的内生动力，以达至整个经济体的"有活力的可持续增长"。[①]

7.3 攀西战略资源创新开发试验区利益协调模式设计

作为我国目前唯一一个国家级的资源开发综合利用试验区，攀西战略资源创新开发试验区是我国重要的战略资源富集地区之一。历经几十年的开发，区内经济社会发展、产业集群和技术积累方面已有相当基础。试验区建设的正式启动，

---

① 林毅夫. 新结构经济学：反思经济发展与政策的理论框架 [M]. 苏剑, 译. 北京：北京大学出版社，2012：135 – 138.

对于提升我国战略资源的综合利用水平、促进战略性资源产业集群的技术创新、探索资源型城市（区域）的转型发展模式等都具有全局性的示范意义。然而，受制于现有的行政区划分割和相对僵化的管理体制，试验区内"行政区经济"现象依然突出，试验区内范围内的各市、州、县在区域分工协作、要素流动、政策协同、技术创新、产业布局优化等方面尚存在诸多问题。要实现试验区的一体化发展，并以之带动攀西雅地区整体的跨越式发展，必须建立起高效行政区域间利益协调模式。因为，消除区域利益冲突，实现区域合作和区域一体化发展的过程，实际上就是区域利益主体在各自追求其利益过程中不断冲突、妥协、博弈和协调的过程。区域协调发展的推进，都蕴含着区域利益主体利益不断地调整和再分配。① 为顺利推进攀西战略资源创新开发试验区建设，迫切需要深入研究行政区域间利益协调模式、协调机制及其实现途径。

7.3.1 区域利益协调研究综述

自 2005 年，中共中央在《关于制定国民经济和社会发展第十一个五年规划的建议》中明确提出要实施区域协调发展的总体战略以来，理论界对区域协调发展过程中的利益协调问题的关注逐渐增多。李新安（2003）以博弈论为主要方法，分析了区域利益冲突背景下的利益主体行为，提出了化解区域利益冲突实现区域协调发展的一般规律。② 吕康银（2004）以区域经济利益为逻辑起点，以区域分工和区域利益冲突机制为核心，强调建立市场机制与政府干预相互配合的区域利益协调机制。③ 覃成林（2011）④ 则通过构建一个简单的区域协调发展机制体系的金字塔模型来说明由市场机制、空间组织形式、合作机制、援助机制和治理机制所构成的区域协调发展机制体系。汪伟全（2012）⑤ 通过总结国内外区域治理的理论与实践，将地方利益冲突的协调模式归结为科层制、市场机制、社群治理和网络治理四种类型，认为中国目前的区域合作中的利益协调模式具有典型的科层制特征（政府主导），但又容许市场和社会的广泛参与。从现有研究来看，

---

① 汪伟全. 区域合作中地方利益冲突的治理模式：比较与启示 [J]. 政治学研究，2012 (4)：98 - 107.
② 李新安. 中国区域利益冲突及经济协调发展问题研究 [D]. 南京：河海大学，2003.
③ 吕康银. 区域开放动力机制与区域经济协调发展研究 [D]. 大连：东北师范大学，2004.
④ 覃成林，张华，毛超. 区域经济协调发展：概念辨析、判断标准与评价方法 [J]. 经济体制改革，2011 (4)：34 - 38.
⑤ 汪伟全. 区域合作中地方利益冲突的治理模式：比较与启示 [J]. 政治学研究，2012 (2)：98 - 107.

多数学者皆认为市场机制和府际协调提供了区域利益协调的两种机制。在经验研究方面，结合中国的现实国情，又主要是从政府的角度出发展开论述。①②③ 如果说市场机制和府际协调在区域利益协调方面共同发挥作用已经成为一种"观念范式"而被普遍接受，那么在如何界定二者的行动边界（规则范式）和行为方式（操作范式）问题上，理论界和政策层面都还缺乏深入的研究。而这恰恰是制定和落实区域利益协调具体政策和措施的关键点。

我们认为，在有关区域间利益分配机制的研究中，以下问题亟须深入探讨：第一，市场模式和府际协调模式在协调区域利益中的作用机制究竟如何？二者的作用是相互替代的还是相互补充的？如果是相互补充的，那么如何界定各自的行动边界，使之相互配合形成合力？第二，在区域利益主体日趋多元的情况下，是否存在其他机制与市场机制和府际协调相配合？第三，在科学地回答了前两个问题的前提下，如何制定和落实区域利益协调的具体政策和措施？本节将在充分借鉴现有研究成果的基础上，结合国家级攀西战略资源创新开发试验区的实际，对上述三个问题进行探讨。

7.3.2 行政区域间利益协调模式的构架

我们将行政区域间利益协调机制定义为：行政区域利益主体在特定的环境下，通过一定的规则、程序和手段，对区域利益及其引发的利益冲突的相关因素作出的特定的制度性安排，以实现区域发展的一体化和区域整体利益的最大化。在对区域间利益协调机制进行设计时，主要解决利益主体、利益客体和利益协调模式及协调机制四方面的问题。

1. 区域利益主体

在市场经济条件下，区域利益主体日趋多元，大致可将之划分为五类，即个人、企业（企业集团）、社会集团、地方政府与中央（或上级）政府五类。④ 各

---

① 王丽．"泛珠三角"区域合作中的利益冲突与政府协调 [J]．特区经济，2006（7）．
② 程永林．区域合作、利益冲突与制度分析——以泛珠三角区域经济合作为例 [J]．改革与战略，2008（10）．
③ 汪伟全．长三角经济圈地方利益冲突协调机制研究：基于政府间关系的分析 [J]．求实，2008（9）．
④ 个人构成了是最基本的利益主体，并有多向度的利益取向，但通常而言，在区域利益冲突和协调的过程中，个人总是作为各类组织中成员采取集体行动。因此，在本节未将个人视为区域利益协调机制中的独立主体。

类主体均有各自不同的目标函数，可能存在潜在的利益冲突，因而产生对于利益协调机制的需求。此外，在区域内又存在共同利益。区域共同利益的存在，是使得区域能作为一个整体超越行政区划边界而组成相对独立的空间单元的关键纽带。区域共同利益的存在使得协调区域利益成为可能。

2. 区域利益客体

与区域利益主体的多元化相对应的则是区域利益客体的复杂性。这种复杂性使得区域利益客体成为一个利益场，具有利益构成的多向度和多层级两个主要特征。利益的多向度决定了不能通过简单地将各利益主体的目标函数相加来形成区域整体的利益函数。即便是对经济属性最明显的企业而言，也体现出利益构成的多向度性。

具体而言，企业所追求的主要利益是经济利润，但企业在追求利润最大化的过程中，必然会产生对于完善的市场机制、清晰的产权安排等方面的需求，体现其利益追求的多向度。对社会集团而言，利益取向更加多元，包含经济、政治、社会、生态和文化等多方面。

在向市场经济转轨的过程中，地方政府被赋予了相对独立的经济社会管理职能，成为区域内行动能力最强的主体，既是自身利益的追求者，同时还被赋予了跨行政区利益冲突协调者的角色，同时还是许多利益获取规则的制定者。在现实世界中，区际关系的调整往往与地方政府的决策和行为有直接的联系。[①] 地方政府所追求的利益可从两方面进行理解，一是为维护本地区经济社会发展而谋求的利益；二是地方政府官员追求政绩、晋升或寻租。第一种利益取向的存在是造成目前中国"行政区经济"泛滥和地方保护主义盛行的一大根源，并成为地方政府与中央政府（纵向）和同级地方政府（横向）之间利益冲突的诱因。第二种利益取向的存在则会进一步扭曲政府行为，导致对市场的过度干预、腐败等行为发生。

在区域利益主体中，中央（或上级）政府由于所处地位的全局性和调控性地位，所追求的利益客体与地方政府比较而言，既有一致的地方，亦可存在矛盾。在市场经济条件下，央地关系已非单纯通过行政命令来协调，而是表现为一个不断讨价还价的博弈过程，其对象主要涉及特定区域内的收益分配与权力分配。

---

① 李新安. 中国区域利益冲突及经济协调发展问题研究 [D]. 南京：河海大学，2003：17.

区域利益的多层级性主要表现为两方面。一是对于所有的区域利益主体而言，存在着区域共同利益与个别利益的区别。区域共同利益是区域最高层次的利益。对于什么是区域共同利益的共识构成了区域利益协调的基本前提。二是不同的利益主体，会对其多元的利益追求做出差序排列。例如，对企业而言，利润是第一位的，其次则可能关心企业职工的福利水平和企业在区域治理中的影响力。

3. 区域利益协调模式

（1）利益协调模式的类型。

从全球范围内的区域利益协调模式来看，市场机制模式和科层制模式是两种最基本的模式。近年来，随着公民社会的日趋成熟和社会集团利益在公共事务决策中获得越来越多的发言权，以分权、分散、多元为特征的网络治理模式正逐渐成为一种全球趋势。

市场机制模式，强调市场机制在资源配置中的决定性作用，通过其"价格发现"功能，引导各类要素在区域内自由流动从而达到优化资源配置效率的目的，其结果是在区域经济圈内形成合理的区域分工和产业聚集。

科层制模式则强调政府依托其对政治权力的垄断，通过行政、经济和法律的手段以及府际的制度安排实现资源要素在区域内行政单元间的空间配置，组织和协调区域经济活动，以推动区域协调发展。

伴随着全球公民社会的日趋成熟和各类社会集团利益表达渠道的通畅，在西方发达国家，区域利益协调过程日益向各类社会集团开放，各类社会集团在区域利益协调中的作用上升，呈现出协调主体向多元化方向发展，组织形式向网络化发展的新动向。一种被称之为"网络治理"的协调模式正在全球范围内成为一种趋势。该模式试图超越传统协调机制不得不在"政府干预"和"市场调节"之间所进行的两难抉择，改变了将市场模式和科层制模式相对立的观点，强调信任机制和协调机制的培育与构建，采用政府、市场主体、社会等多元力量的共同参与。正如文森特·奥斯特罗姆所指出的："过去，公共责任属于政府专有，而现在它为政府与其他许多非政府组织所共享。在某种意义上，公共行政问题已经跳出了公共机构的边界，现在，一种宽泛的第三部门密切地进入公共事务的执行和管理中。"[1]

---

[1] ［美］文森特·奥斯特罗姆等. 美国地方政府［M］. 井敏, 陈幽泓, 译. 北京：北京大学出版社, 2004.

(2) 不同治理模式协调机制与协调效果的比较。

科层制模式的协调主体为各级政府。根据各级政府主体在权力体系中所处的不同地位，在具体的协调机制上，又可分为同级政府间的契约型协调和上下级政府间的约束型协调。契约型协调指同级政府在平等、自愿的基础上，通过协商、谈判等手段对区域利益分配或利益冲突做出的原则性安排。由于契约内容过于原则性和契约执行的非强制性，对"违约"行为缺乏惩戒措施，契约型协调的效果非常有限，难以有效制约地方政府的"机会主义"倾向，对行政区经济的破除效果并不明显。纵向的约束型协调即通过设立具有行政权力的区域管理机构，对区内地方利益冲突、利益分配进行协调。该机构通常被视为中央政府或上级政府的派出机构，因而其出台的规划、政策等更具长远性、全局性和前瞻性，能超越地方局部利益的掣肘，体现区域整体利益。协调手段主要包括：第一，通过行政权力调解和裁决地方利益冲突；第二，制定区域产业规划和非中性的财政金融支持政策等手段，引导区域内要素流动、优化区域内产业空间布局，形成合理的区域内产业分工体系。因为缔约主体为中央政府（或上级政府）与地方政府，保证了缔结事项的履行带有某种行政强制力，效果通常比较明显。从实践层面来看，科层制模式具有一些无法克服的弊端，如地方政府在违约成本小的情况下，依然会按照机会主义原则行事，违背府际的契约安排；中央政府或上级政府设立的区域管理机构因为授权不充分或监管成本过高，未能及时提供有效的政策或制度保障，从而出现"政府失灵"。

市场模式提供了另一种协调行政区域间利益的模式。与科层制协调模式以区域和产业为思考的出发点，强调宏观层面的干预、引导和磋商不同，市场模式主要从微观方面着手，强调建立完善统一的市场体系和激励机制，激发微观主体的积极性，通过区域内的要素自由流动，建立合理的区域产业分工体系，促进区域产业结构的科学化、合理化和高级化，优化区域内资源的配置效率，从而实现区域整体利益的最大化协调发展。由于市场机制的有效性建立在一系列严格假定的基础上，现实经济中广泛存在的外部性、垄断和信息不对称也使得市场机制的调节模式始终面临"市场失灵"的拷问。

近年来逐渐兴起的网络治理模式则试图在科层制的宏观协调与市场机制的微观协调之间，通过增加新的协调主体——各类社会集团，以及网络化的利益协调组织结构将二者联系起来。网络治理模式强调多元主体间建立相对稳固的、以信任和利益差异的充分表达为基础的集体决策和联合行动以适应不断变化的技术和市场环境，提高区域整体竞争力。尽管网络治理模式有自身的优势，但网络治理模式的协调代价随着决策主体的增加,其社会成本和时间成本快速增加;难以建立有效的协调机制;决策主体重权益轻责任倾向的普遍存在,都成为当前网络治理模式在短期内难以克服的问题。

从全球范围内成功的区域协调发展案例来看,很难找到单一依靠某一模式就完全实现区域协调发展的样本。推动区域一体化进程、协调地方利益冲突无一例外都是各种模式的综合运用。各种模式之间不是简单的对立、替代关系,而是呈现出明显的互补性。区域利益协调机制的设计,关键在于充分考虑到区域的软硬件环境约束和制度状况,合理界定各种模式的行动边界、适用范围,使之相互配合形成合力。

7.3.3 攀西试验区利益协调模式设计

近年来,国内区域合作与区域一体化发展加速。为有效协调区域利益冲突,各地区进行了持续不断的探索。联席会议、城市政府联合体、经贸协调会等具有横向契约性的协调机构相继建立;具有行政约束力的区域规划,主体功能区规划、产业结构调整路线图等指导性文件相继出台;制定区域合作公约,使区域合作制度化与法制化,培育一体化意识,信息公开与披露,统一区域要素市场和产品市场的制度建设加快整合步伐;区域公共基础设施、环境整治和生态环境保护等方面的协同力度加大;各类社会集团参与区域公共事务决策等举措都为攀西战略资源创新开发试验区建设的利益协调机制设计提供了有益的参考。

1. 主导模式的选择

从攀西战略资源创新开发试验区的具体情况出发,我们认为,攀西试验区的利益协调的目标模式应为:以科层制模式为主导,中央政府、地方政府、居民、企业和非政府组织等多主体共同参与,市场与政府双向互动,市场机制、利益分配协商、利益分享与补偿、利益争端调解机制相配合的模式。

以科层制模式为攀西试验区利益协调机制的主导地位,原因在于:其一,攀西战略资源创新开发实验区的设立是国家战略和国家意志的体现,其产业发展和区域规划超越地方局部利益,在资源开发利用、区内产业空间布局和利益分配上,应服从国家战略;其二,攀西战略资源创新开发试验区建设重点在战略资源的综合开发利用,在现行的制度框架下,战略资源作为一种特殊的要素,中央政府(上级政府)拥有配置资源的绝对性权力,地方政府必须服从中央政府(上级政府）的裁决与调解，区内产业布局和区际分工很大程度上受到宏观经济政策的影响；其三，攀西地区作为西部内陆区域，企业的主体性地位没有完全确立，行政区经济表现明显，统一的区域市场尚未建立，市场机制尚不完善，单纯强调市场机制的作用，很有可能导致区域内产业同质化、重复建设和产能过剩等问题的出现；其四，区域内各类社会集团尚未成熟，其参与区域公共治理和利益协调的能力有限，构建网络治理模式的时机尚未成熟。上述这些条件都决定了在攀西战略资源创新开发试验区建设的初期阶段，科层制模式理应占据区域利益协调机制的主导地位。

具体而言，在协调利益冲突时，政府的主导地位表现在四个方面：一是制定区域和产业发展总体规划和财政、金融、用地等政策，明确试验区内各市州的产业分工与协作关系，引导产业空间布局；二是协调区内统一市场，中央政府（上级政府）采取强制性制度变迁，或同级政府通过磋商等手段，统一区域市场体系，确保生产要素、产品的自由流动，为市场机制的发挥创造制度条件；三是设立管理机构，对区域公共事务、共用基础设施建设进行有效管理和协调；四是统一平台举办合作论坛、信息发布和招商引资推介等活动，促进区域产业的科学化、合理化和高级化。

2. 其他机制的配合

我国的实践表明，以政府为主导的科层制模式，尽管在发展区域经济、协调利益冲突时取得很大成绩，但仍存在不少问题。其主要弊端表现在，在理念上过于强调政府的作用，往往造成政府行为越界，干预了市场机制的正常运行；在权力运作上，强调纵向的层级分设和层级节制，处于封闭运行的状态，对各社会集团的多向度利益述求考虑不够，容易引发社会冲突。上述问题的存在，必然导致利益冲突的治理绩效不甚理想。因此，在市场机制逐步健全，公民社会日渐成熟的大背景下，试验区以科层制为主导的利益协调模式必须要有其他机制相互配合，才能真正实现其消除区域利益冲突，实现区域合作和区域一体化发展的目标。

首先，正确界定政府与市场的行动边界关系，让市场机制在资源配置的微观领域发挥决定性作用。在市场机制下，区域利益分配必须遵循市场规律，政府职能必须准确定位，避免"缺位""越位"和"错位"现象，要为市场机制作用的发挥腾出活动空间，推动市场化改革，建立开放统一的区域市场，完善区域要素市场体系，促进要素的自由流动，企业的跨区域投资和产业的跨区域转移，形成政府定宏观,市场定微观,政府引导优势产业发展,市场决定企业优胜劣汰的格局。

其次,构建多元参与的区域治理机制,畅通各类社会集团的利益表达渠道,完善多主体参与的利益分配协商机制。积极吸收各类社会集团参与公共决策,合理表达其利益诉求。将各类社会集团明确为区域利益协调的主体,构建多元利益主体参与决策的渠道,重视其多元化的利益述求,在利益协调方案的执行上,吸纳社会集团代表共同参与。可以从几方面予以创新:在组织形式上,以纵向科层制为骨架,构建政府与企业、居民、非营利组织相互连接的网络结构。[①] 在制度形态上,构建以共识、信任、互动为基础的正式与非正式关系;[②] 在决策过程中,保持开放和透明;在协调途径上,由以行政协调为主的科层制形式改为市场、行政、法律、第三方协商等多途径形式。[③]

再次,创新利益分享与补偿机制,但二者在协调动机上存在显著的差别。前者强调效率优先,通常要求更加健全及完善的市场体系和市场机制与之配合,而后者则更多地强调横向公平,其实质是区域经济合作外部性内部化的过程。在利益分享机制上有三种途径可供选择,即:契约型分配方式,合作各方按照合作协议,确定各方生产要素的投入方式、责任、权利和收益分配等问题,按照共同商定的分配比例来分配收益、承担成本;股权型分配方式,合作各方按照所投入的生产要素比例,形成相应的股本结构,并根据合作各方股权的大小和比例分割合作收益;分工型分配方式,合作各方通过各自获取由区域分工所带来的"比较利益"而分享区际经济合作的成果和收益。从攀西战略资源创新开发试验区现有的制度环境和以资源型产业为主的产业生态来看,区域分工尚不合理,市场机制也不够健全,因此,府际层面的契约型分配方式更有助于破除地方保护主义,促进人才、资源等要素的自由流动,促进企业的跨区投资和产业跨区转移,形成合理的区域资源配置结构,避免产业布局的同质化倾向和恶性竞争的出现。

区域利益补偿机制通常采取两种方式,即直接补偿和间接补偿。直接补偿是通过财政转移支付或价格补贴方式直接补偿受损方;间接补偿是通过技术资金支持、项目合作、人才交流、信息共享和政策扶持等方式平衡地区发展差距,协助利益受损方或其他合作方创造合作平台、夯实合作基础、增强合作意愿。[④] 攀西

[①] Keith G. Provan, Patrick Kenis. Modes of Network Governance: Structure, Management and Effectiveness [J]. *Journal of Public Administration Research and Theory*, 2007 (8).
[②] 彭正银. 网络治理:理论与模式研究 [M]. 北京:经济科学出版社,2003.
[③] 汪伟全. 区域一体化、地方利益冲突与利益协调 [J]. 当代财经,2011 (3):87-93.
[④] 李桢,刘名远. 区域经济合作利益补偿机制及其制度体系的构建 [J]. 南京社会科学,2012 (8).

战略资源创新开发试验区的设立主要着眼于战略资源的综合开发利用，资源开发的外部性特征更加明显，尤其有必要建立新型资源开发补偿机制，对受益主体、补偿主体、补偿范围等明确界定；加大资源地生态补偿力度和资源开发利益补偿的资金投入。在稳定直接补偿基础上（直接补偿的手段主要是中央和上级政府的财政补贴与税收返还），在更大范围内采取间接补偿方式，通过转移支付、项目支持等措施，促进资源输出的产业结构向科学化高级化方向演进。

最后，建立利益争端的调解机制。在调解机制上，可设立行政仲裁、法律裁决、协同磋商、第三方斡旋等多种形式。同时，要规范利益争端调解的法律制度。

第 8 章　攀西试验区建设中需处理好的七大关系

长期以来，国家高度重视攀西地区经济社会发展，对资源综合利用也进行了总体部署，提供了大量的技术、资金和政策。为了让攀西地区在更高层次、更广区域上发展得更好，2013年2月，国家发展改革委正式批准设立攀西战略资源创新开发试验区。试验区建设是一个系统、宏大的工程，需要协调各类资源、各级关系，其中，最重要的是以下七大关系。

8.1　协调发展、重点突破与系统集成的关系

全面小康社会的建设不仅仅是经济的发展，还有社会的全面协调发展。这其中既有区域内经济、社会的发展质量协调，也有区域之间的发展速度协调，更有与更高层次的四川省多点多极战略和一干多支战略、国家经济发展特区战略的衔接和匹配。这些工作具体体现在产业协调、市场协调、增长协调、社会协调以及生态环境协调，其内涵具广泛性、复杂性。

目前，试验区内各区域经济社会不断发展壮大，各区域凸显各自优势和特色，经济逐步向以非农经济为主导、三大产业协调发展的新型模式转变。但是，由于尚未形成有效的、覆盖全区域的创新发展体系，在体制机制等方面尚存在许多问题。如由于存在空间地理差距的行政区划制度差异，缺失统一产业规划而导致的全局性资源浪费、生产能力过剩以及产业层次低，受地方保护主义导致的生产要素市场发育不足等问题。这些问题靠试验区单独某个行政部门来解决显然不可能也无法完成。

在开放的区域竞争格局下，每个区域利益主体在追求局部利益的同时，毕竟离不开其他地区的支持与配合，区域间除了矛盾与冲突之外，同样也需要建立相

互依存和相互合作的关系。因此，要获得较好的全面协调发展，就需要从系统集成的角度健全市场机制、合作机制，强化政府引导和政策制定，从空间均衡、承载能力、空间结构、产业结构、社会发展、生态产品、主体功能等多方面，结合资源禀赋和经济、社会层次，重点突破，发展出特色，培养核心竞争力，整合各个区域资源，积聚优势，进而在增进区域整体利益最大化的过程中才能更好地实现自身区域发展目标。

8.2 政府、市场与社会的关系

政府拥有强制力，是社会管理的主要责任承担者，它以强制力保障法律得以执行，保证社会秩序的正常运行。但是，事实证明，政府不能代替市场配置资源，政府只能依靠市场，为市场提供条件，并通过有效的公共政策支持市场运作。因此，政府正在从过去审批制的主管机构到现在以备案制为主的服务机构，其管理理念已经发生了很大的转变。政府通过制定相关政策法律和规章制度的形式引导其他创新主体的创新活动，为其他创新主体的创新活动塑造良好的环境，提供完善的服务，引导创新资源的配置和流向。市场环境在这样的思路下越来越公平透明。政府该干什么，市场该干什么，企业应该干什么越来越明确，但实质是让市场来决定什么可以干，是给市场提供了足够广阔的创新空间。

与此同时，在经济活动越来越复杂和社会环境越来越公平的背景下，光靠政府来承担全部的市场监管和社会管理也不太实际，必须要发动社会力量，让市场主体和参与者都参与到市场规范、健康发展中来，最终形成一个以政府为主导的多元治理、全员参与的市场管理体系。

市场在发展经济方面具有优势，能够使经济活动遵循价值规律的要求，适应供求关系的变化，通过价格杠杆和竞争机制的功能，把资源配置到效益好、有着市场需求的环节和部门中去。良性竞争能够给企业以压力和动力，实现优胜劣汰，促进技术和管理的进步，对各种经济信号反应比较灵敏，能够促进生产与需要之间的及时协调。

但政府和市场在发展经济的过程中，容易因为自身权力膨胀和权力寻租倾向而做出有损社会公共秩序和社会公平的行为，为了提高市场效率和维持秩序，需要社会参与经济发展。社会是个较为笼统的概念，在这里是指在政府之外的社会组织，这些社会组织的成立是依法、并且根据社会不同的需要而成立的。社会组织具有公益性、非营利性、独立性、民间性等属性。社会组织的作用主要有两方面：一是实现公民自治，减轻政府工作压力。例如在社区治理、社会公共冲突治理、社会救助、劳资纠纷以及环境保护等方面都可以发挥重要作用。二是监督和参与政府决策，保障政府决策的科学性和公正性。社会组织能起到凝聚社会力量、监督公共权力行使、调解社会矛盾、维护公共利益的作用。社会组织也不是万能的，它不具有强制力，不能制定社会管理的政策，不能替代政府对社会的管理，社会组织只能作为政府管理社会的补充，通过协商解决社会矛盾。

市场、政府与社会组织各有自己的优势和缺陷，要充分发挥市场、政府与社会组织的优势而避免各自缺陷的发生，这需要市场、政府与社会组织三者的协调配合，合理确定各自的活动范围、职责权限。

试验区经济正处于转型升级的关键时期。这一阶段的管理机制需要重新设计，创新活力需要极大激发，政府既不能越位，插手微观层面的资源配置和企业行为等，但也不能缺位，还需要做好诸如行业秩序、矿产合理开发利用、创新引导、环境保护和公共资源配置等的管理。

国家治理现代化不是一句口号，在这个过程中，试验区应该利用转型升级的机会，科学探索体制机制设置、权力分配以及社会运行的原理和内容，设置好经济发展、社会和谐与管理高效的目标，激发市场经济活力，处理好政府与市场、管理与民主、控制与创新的关系，实现政府、市场与社会的良性互动。

8.3　高质量发展与经济增长的关系

经济增长有两种变动形式：一种是在技术条件不变的情况下，资源要素投入的增加引起经济产出规模的扩张带来了增长；另一种是在技术管理创新条件下，资源要素配置效率提高、产出的数量增加、品质也得到明显提升。这种情况下，尽管投入的资源要素不增加或者少有增加，但经济仍然取得了增长。同第一种增长相比，第二种经济增长是一种有质量的经济增长。新时代中国经济转向高质量发展，必然要求实现高质量的供给，提高商品和服务的供给质量；实现高质量的需求，要以消费升级带动供给体系升级；实现高质量的配置，要打破资源由低效部门向高效部门配置的障碍，提高资源配置效率；实现高质量的投入产出，要用有限的资源创造更多的财富；实现高质量的收入分配，要加快形成更为合理的初次分配和更为公平的再分配；实现高质量的经济循环，要着力缓解经济运行当中存在的突出失衡,确保经济平稳健康可持续运行。这是当前经济增长的基本规律。

试验区自20世纪60年代以来,凭借资源禀赋和国家特区政策,大力投入生产要素,不断扩大生产规模,经济快速发展,呈现出典型的第一种增长。但从近年来试验区三次产业结构来看,二产比重一直在60%左右波动,工业对GDP的贡献率远高于农业和服务业,也远高于国内平均水平。在供给侧,资源要素配置还未完全摆脱粗放型发展,产业高端化程度低,产品优质化程度也不高,生态环境压力比较大;在需求侧,试验区产品中低端产品比重过大;在创新上,社会原始创新动力不足,地区R&D经费投入明显不足,在核心领域、关键环节、重要基础性零部件等方面,领军人才短缺,技术瓶颈突破缓慢,制约经济新动能形成和高质量发展。试验区正处于跨越"中等收入陷阱"的关键时期,急需实施新一轮经济增长,找准经济增长新动能,推动产业升级,实现由传统的高速增长转向高质量发展。

何谓高质量发展,其本质就是要处理好供给和需求、投入与产出、政府与市场、公平与效率、内部和外部的多方面关系,能够持续提供高质量产品、高品质服务、高水平技术进而实现更高程度的社会文明。这必然要经历一个较为漫长的过程。因此,试验区政府就需要制定科学的产业战略,设计创新机制,调整产业结构,改善市场秩序,改变试验区在所属工业领域的分工地位;市场则应加快技术革新和产业化应用,重点改造传统产业、大力发展新兴产业,利用资源优势和技术积累,创新发展新产品,提供新服务,占领技术高地,获得更好的竞争优势,才能够实现试验区高质量的经济增长。

8.4 供给侧改革与资源型产业转型升级的关系

资源型城市对资源型产业严重依赖,实现转型升级的内生动力是不足的。首先,资源型产业高度依赖自然资源的开发和利用。传统资源型产业过分倚仗采掘业及矿产品初级加工业。这种路径依赖和锁定效应的内在机理除了技术变迁产生自我强化效应之外,更来自因产业分工和经济增长共同形成的自我扩张效应。一旦资源枯竭,资源型产业发展将不可持续。而只要不到资源枯竭的临界点,企业基本不具备自主转型的动力。其次,产业技术创新能力不足。在资源租金的可观收益吸引下,企业和地方政府往往更注重眼前利益,将更多的资本和人力投到技术贡献率较低的初级资源开发和生产部门，进而带来的后果是研发投入和产出的相对减少。新技术需求和创新动力的减弱意味着对技术创新能力产生了挤出效应，势必使整个产业或地区陷入"资源诅咒"。第三，管理体制不合理。由于资源性产品价格形成机制改革不到位，资源型产业的市场化进程普遍迟缓，市场机制尚未在资源型产业发挥决定性的配置作用，导致资源部门与地方政府之间形成了高度集中与复杂的企地关系。长期以来，资源企业与当地政府之间的这种政企不分、体制不顺现象并未得到根本性解决。随着市场化改革推进，政府既难于参与企业生产要素的合理配置，企业又不再像过去一样承担社会责任，致使资源富集地区政府与资源企业之间在发展目标和利益分配上出现"双向错位"，进而造成政府综合服务功能缺损和企业的整体效益低下。最后，人才资源匮乏。产业转型需要大量的核心技术和专业技术人才。而资源型产业的岗位往往专业化程度较高，一方面，大多数基层员工受教育程度低，技能单一，吸收新知识、学习新知识的能力较弱，即使是在科技、管理人员群体中，也存在结构不合理和知识老化的现象。另一方面，资源富集地区通常位于偏远地区或欠发达地区，相对落后的交通信息基础设施、艰苦的生活环境、恶劣的工作条件难以对产业转型所需的包括人才在内的高端要素形成较强的可持续吸引力。当前，资源型产业发展陷入低谷进一步加剧了人才外流，成为制约资源型产业转型发展的主要因素。

虽然资源型城市实施转型升级的内生动力不足，但受世界范围内绿色化、智能化经济发展趋势的倒逼，工业基础和上游产业的资源型产业正在开启全面、深刻的转型，以适应新工业革命对工业原材料形态、制备过程、供给方式的要求。资源型城市正遵从市场实际，在政府的引导下，借助外力，推动着产业转型升级，实施供给侧结构改革。实际上，供给侧结构改革正是试验区政府实施转型升级的内生动力来源。

2017年1月6日，国家发展改革委印发《关于加强分类引导培育资源型城市转型发展新动能的指导意见》（以下简称《意见》）。该《意见》以牢固树立并切实贯彻创新、协调、绿色、开放、共享的新发展理念，着力优化发展环境，夯实转型基础，着力加快新旧动能转换，增强可持续发展活力，着力深化改革创新，健全可持续发展长效机制，坚持分类指导、特色发展，努力推动资源型城市在经济发展新常态下发展新经济、培育新动能，加快实现转型升级为总体思路。《意见》对成长型城市、成熟型城市、衰退型城市、再生型城市给出了明确的发展路径，也明确了资源型城市去产能需要实施配套的经济社会支持政策，保障企业职工转岗就业顺利，改善基础设施条件，增强资源集聚能力，加大人才支持政策、协调经济主体发展关系、改革环保治理等。这些措施的实施将有效激发转型升级的内生动力，进而获得较好的供给侧改革成效。

8.5 战略资源开发与军民融合的关系

从全球范围内看，经济建设与国防建设之间的关系都存在矛盾的一面。在国家的可利用资源有限的条件下，如果用于国防建设方面的资源多了，那么用于经济发展上的资源势必相应会减少；反过来，如果国家将资源主要用于经济发展，势必会影响国防投入，最终影响国家安全。而把国防和军队现代化建设深深融入经济社会发展体系，是解决二者之间矛盾关系、实现国防建设与经济建设协调发展的最佳思路。习近平总书记在党的十八届三中全会上强调，要做好军民融合这篇大文章，中共中央政治局于2017年1月22日召开会议，决定设立中央军民融合发展委员会。2017年12月4日，国务院办公厅印发《关于推动国防科技工业军民融合深度发展的意见》，从七个方面提出了推动国防科技工业军民融合深度发展的具体政策措施，更好地协调和推进军民融合的重大战略，更广范围、更高层次地推动军民融合发展，中央已经将军民融合发展上升为国家战略。

但是，军民融合发展，包括军民共享公共服务设施、军工转为民品、民品生产企业参与军品生产、协同技术创新等方面还存在很多体制机制的问题有待破解。例如，军民融合的重要标志是存量领域军民技术的双向转移以及增量领域军民两用高技术的发展与产业化。而目前由于科研基础设施共享、国防科技成果转化、军民用标准融合、供需信息平台建设等方面相对滞后，军民技术双向转移机制尚未形成等。在供给侧结构性改革背景下，一方面供给侧改革主推军民融合发展；另一方面，军民融合发展也要充分适应和利用供给侧结构性改革的现实与机遇。

钒钛材料在国防军工领域得到广泛应用，攀西钒钛资源被国家列为战略资源，攀西战略资源创新开发试验区建设已上升为国家战略，钒钛资源在军民融合中理应发挥巨大的作用。但是，由于历史和体制机制原因，攀西钒钛企业参与军工材料及产品研发和生产的参与度很低，存在诸多制约攀西战略资源开发区军民融合的障碍，如：探索以国防安全需求推动供给侧改革；探索军民融合促进产业集群的结构优化，促进技术、资源的双向流动和提升社会要素生产率；探索社会资本参与国防建设等。因此探索研究攀西钒钛战略资源创新开发和军民融合的关系意义重大。

8.6 改革创新与对外开放的关系

习近平总书记强调,"实践证明,过去40年中国经济发展是在开放条件下取得的,未来中国经济实现高质量发展也必须在更加开放条件下进行","继续推进国家治理体系和治理能力现代化,坚定不移深化各方面改革,坚定不移扩大开放,使改革和开放相互促进、相得益彰"。全面深化改革与扩大对外开放是一个有机统一的系统工程,以全面深化改革促进扩大对外开放,以扩大对外开放推动全面深化改革,是中国改革开放40年取得的宝贵经验。改革开放40年,中国抓住了经济全球化机遇,积极参与国际分工,全面融入国际经济体系,不仅实现了经济的快速腾飞,而且推动了经济体制的改革转轨,加快了技术进步和产业提升。在新时代,统筹国内国际两个大局,发展更高层次的开放型经济,主动参与和推动经济全球化进程,积极维护世界和平,不断壮大我国经济实力和综合国力,这是把我国建成现代化强国的必由之路。在未来,中国以"一带一路"倡议为引领,坚持引进来和走出去并重,着力推动对外贸易转型升级,优化进出口结构,努力提升我国在全球价值链中的地位,把我国经济实力转化为对外贸易优势,从贸易大国向贸易强国迈进。创新对外投资方式,构建面向全球的贸易、投融资、生产、服务网络,形成国际经济合作和竞争新优势。

2012年3月,中共攀枝花市委九届三次全会提出了"加快建设中国钒钛之都、中国阳光花城和四川南向开放门户"的战略定位。南向门户建设由于缺乏明确发展导向,高层次的领导机构,灵活的政策指引,完善的配套设施,致使目前企业运营成本高,发展动力不足,市场活力弱,真正的南向发展还未起步。

因此,在南向发展的战略思路下,非常有必要创新体制机制,改革现有管理模式,才能取得南向开发的成功。试验区需要统筹行政管理部门,集中行政资源,消除行政壁垒和各类障碍,抓住四川设立自贸区的重大机遇,积极争取自贸区的货物免税免征政策,认真设计能有效提升签证、通关、贸易、投资便利化水平的机制;探索多元化的贸易方式,深化国内外的区域经济合作,加大人才培养等。

对外开放已经进入高层次发展阶段,处理好政府与民间、经济与社会、和平与发展关系,已经成为国家间的共同主题。经济全球化正在互联全球产业链,试验区必须尽快改革创新,加快南向开放,才能不被时代抛弃,不落后于周边发展。

8.7 资源开发与生态文明建设的关系

我国已经进入新型工业化和新型现代化时期，必须立足生态文明和可持续发展，切实转变发展理论和发展方式。党的十八大提出，建设生态文明要合理开发和利用资源，坚持节约资源和保护环境并重，通过合理规划利用国土资源、节约利用资源、提倡低碳生活、努力开发新能源，规范矿产资源的开发，保护自然环境等途径，达到促进生态文明建设的目标。推进生态文明建设，是我们党坚持以人为本，执政为民，维护最广大人民群众的利益的关键举措，只有把生态文明建设的理念、原则、目标，深刻融入和贯穿到经济、政治、文化、社会建设的各方面和全过程，才能全面推进现代化，为人民创造良好生产生活环境。

矿产资源是重要的自然资源，也是人类经济社会发展的重要物质基础。1949年中华人民共和国成立以来，尤其是改革开放以来，我国矿产资源大规模开发利用，有力地支撑了我国工业化和现代化的发展。但是，随着工业化和现代化加速发展，矿产资源消耗急剧增加，资源短缺与发展需求的矛盾日益突出。与此同时，资源开发与生态环境的矛盾日益显现。一些宝贵的矿产无序开采，低效利用，浪费严重；一些地方生态环境遭到严重破坏；矿产开发中利益矛盾和社会冲突突出，矿区生态和社会不和谐。这些问题的产生不仅与矿产资源的开采技术水平落后有关，也与人们对矿产资源保护观念不强、现行初级加工、粗放经营的工业生产以及整个社会经济发展方式有关。但是，从根本上说，与矿产资源开发、利用、管理和保护的利益关系不顺、权责配置失当、体制机制不健全、监管制度不落实等有关。

试验区在长期以来的发展中，也确实经历过不顾生态环境保护而大肆开采矿产资源的粗放期。进入21世纪后，全球钢铁产能过剩，钢铁行业的经济效益和社会效益风光不再。试验区工业经历着艰难的市场挣扎，同时还面临着越来越严格的生态环境保护的考验。作为国家级战略资源创新开发试验区，资源开发事关国防建设和经济安全，这是试验区的使命，是强市之本、兴市之源，但肯定不能走老路，只有提高资源科学开发和综合利用水平，推进以钢铁为主向以钒钛为主转变，由粗放式发展为主向集约化发展为主转变，由初级产品为主向精深加工为主转变，由分散布局为主向工业园区布局为主转变，由资源初级开发到产业绿色发展转变，由工业独大到三次产业协调发展转变，才能实现试验区从资源开发向生态文明的战略转变。

本着"绿水青山就是金山银山"的思想，试验区既要创新"资源开发"，也要建设好"康养之城"，既稳住资源开发和工业发展这个安身立命的基础，也要让人民生活得幸福美满。在资源开发与环境保护的前提下，试验区需要重点解决矿产资源科学开发的问题，如理顺中央与地方及不同利益主体的关系，健全矿产资源开发政府管理法律制度，加强矿产资源开发的监管体制，完善矿产资源开发生态补偿机制等；需要明确钒钛产业发展方向的问题，如产业引导支持政策，关键技术开发与应用，要素配置与物流行业发展等；需要解决试验区人民日益增长的美好生活需要和不平衡不充分的发展之间的矛盾，落实产业结构调整，开展可持续发展，做好康养产业的规划与实施，建设城市基础设施等。

试验区建设是四川省乃至国家战略的一项重点工作，处理好以上关系，将会有效指导试验区建设，实现创新驱动转型，成为四川省新的经济增长极，也将为全国其他资源型地区加快供给侧改革，实现经济转型升级提供可推广、可复制的先进经验。

实践篇

攀西国家战略资源创新开发试验区发展研究

第 9 章 钢 铁 产 业

钢铁工业是国民经济重要的基础工业。攀西地区丰富的铁矿资源,造就了攀枝花市"百里钢城"的美誉。经过五十多年的建设,以攀枝花钢铁集团有限公司为代表的国有大企业,引领钢铁工业从小到大、由粗放到精细逐步发展壮大,奠定了攀枝花及攀西地区工业发展的坚强基石。然而,近十年来,由于受国际金融危机的影响,世界经济复苏缓慢,增长乏力,全球市场需求疲软,国内钢铁产能远大于市场需求,供需结构严重失衡。钢铁产业进入微利甚至亏损时代。

进入"十三五"发展时期,国家更加强调绿色发展理念,依据国务院《关于化解过剩产能矛盾的意见》等一系列发展要求,攀西试验区钢铁产业必须适应新常态新趋势,加快转变发展方式、加快产业结构调整、提升自主创新能力,在钢铁产业品质升级上下工夫,走资源节约、功能优越、环境友好的绿色、高效、高端钢铁产业发展之路,提升钢铁产业核心竞争力,推动试验区钢铁工业可持续发展。

9.1 钢铁产业的发展状况

作为攀西经济区经济社会发展的重要支柱产业,钢铁产业对试验区当下和未来较长时期的经济社会发展仍具有深远影响。

9.1.1 铁矿资源自然禀赋

攀西地区资源禀赋得天独厚,铁矿资源十分丰富。据统计,预测储量在100亿吨以上,探明的铁矿保有储量77亿吨,其中工业储量45亿吨。有矿产地57处,其中大型8处,中型16处,已探明储量占全国的第二位,仅次于辽宁省鞍本地区。攀西试验区的铁矿资源主要是钒钛磁铁矿，有矿产地16处，其中大型6处，中型7处，保有储量69.77亿吨，占攀西地区整个铁矿资源的94.3%，其中工业储量42.09亿吨。还探明了表外矿（含铁15%~20%）121.59亿吨。据专家预测，攀西地区钒钛磁铁矿的远景储量可达300亿吨，前景可观。

9.1.2 钢铁产业整体发展现状

攀枝花的城市发展史，就是一部资源型工业发展史。工业是攀枝花国民经济和社会发展的核心和灵魂。攀枝花工业经济的发展壮大，与攀枝花钢铁基地建设息息相关，攀钢成为攀枝花城市发展和工业经济形成的雏形与基础。

钢铁产业是攀枝花市的传统产业和基础产业；攀枝花钢铁产业则是伴随着攀钢基地建设而逐步发展壮大的。攀钢钢铁工业发展历经三个阶段：1965—1980年是攀钢进行艰苦卓绝的一期建设和创业阶段，实现从无到有的重要历史时期。攀钢于1965年春开工建设，1970年出铁、1971年出钢、1974年出钢材，1980年主要产品产量和技术经济指标达到或超过设计水平，形成了年产150万吨钢的综合生产能力。1981—2000年是攀钢建设二期工程阶段。钢铁工业规模迈上新台阶，品种结构实现调整，实现了从"钢坯公司"到"钢材公司"战略性转变。二期工程新建了四号高炉、板坯连铸、板材三大主体系统，总体装备水平达到20世纪80年代末、90年代初国际先进水平。建成后新增铁、钢、坯、材各100万吨，后经挖潜达到年产400万吨钢的规模。2001年至今是攀钢发展的第三个阶段，推动实现"材变精品"战略性转变，攀钢进入建设具有国际竞争力的现代化大型钢铁钒钛企业集团的重要时期。

目前，攀枝花钢铁（集团）公司、攀枝花钢城集团等大型企业进入全国工业企业500强，已建立起从采到选再到冶炼、加工的完整钢铁工业体系。攀枝花区域已形成年产铁830万吨、钢940万吨、钢材890万吨、钒制品（以V_2O_5计）2.8万吨、钛精矿48万吨、钛白粉9.3万吨的综合生产能力。在攀枝花市已形成的支柱产业中，钢铁工业总产值占全部工业总产值的45%左右，钢铁工业仍然是工业经济的主要支撑，并影响着工业经济发展的全局。

然而经过五十多年的发展，以攀钢为核心的钢铁工业近十年来发展越发困难。主要表现为：一是钢铁工业对攀枝花经济增长的贡献率持续下降。"七五""八五"期间，攀钢工业产值在全市工业总产值中的占比长期保持在80%以上，2000年"九五"末占72.6%，2005年"十五"末占57%，2010年"十一五"

末占30%，2011年占27.9%，到2013年末占23.5%，"十二五"末也仅占40%左右。近年，钢铁企业走下坡路，2010年增加值116亿元，2012年96亿元，2013年92亿元，2014年87亿元，到2017年为115亿元。二是钢铁行业的税收贡献下降。由于宏观经济形势及钢铁行业的低迷，攀钢（本部）2011年度亏损达4.5亿元，2012年全部亏损50亿元，2013年亏损60亿元，2014年亏损30亿元，2015年亏损38亿元，2016年实现减亏，导致上缴财政收入减少，对攀枝花市地方财政收入产生较大影响。三是2010年鞍钢与攀钢重组。重组后新成立鞍钢集团公司作为母公司，由国务院国资委代表国务院对其履行出资人职责；鞍钢与攀钢均作为鞍钢集团公司的全资子公司，不再作为国务院国资委直接监管企业，攀钢钢铁产业发展的自主性受到一定的制约。

9.1.3 钢铁产业发展存在的问题

钢铁产业在推进攀枝花及攀西区域经济社会发展中发挥着重要的作用，也承载着相应的历史责任。但就产业发展本身状况来看，攀西钢铁产业面临很多的现实困难和不容忽视的问题。

1. 钢铁下游企业没有形成完整产业链、价值链

过去几十年，攀枝花大多数企业做着同一件事，就是把铁矿石炼成钢铁，同时分别提取钒和钛。上游产业一枝独秀，下游产业却严重缺乏。

2. 产业不配套，没有形成紧密相关的钢铁产业集群

在钢铁下游的相关行业如建筑行业，机械制造行业，交通运输行业，军工产业，飞机、轮船、汽车制造业，建筑业，水利工程和供电系统建设等产业，存在钢铁产业与之不配套的问题，直接影响钢铁产业链的延伸，影响机械制造产业快速发展。

3. 钒钛战略资源优势没有得到充分利用

钒是生产高强度建筑用钢、机械制造、汽车、弹簧、工具、铸造等优质钢铁材料的添加剂，可以有效替代我国稀缺的钨、钼、镍、铌等元素。目前，攀枝花大多企业铸铁件，在钒+钢、钛+钢的结合上做得还不够，钒钛+钢铁结合还有很长的路要走，也有很多的空间可以开拓。

4. 钢铁品种与市场未能有效对接

攀枝花钢铁产业下游主要是机械产业。攀枝花在耐磨件的产品开发上还有很大空间。对已有产品深加工不够，不能很好地满足市场需要。本市四个钢坯生产企业为争夺市场，相互压价，结果大家都受到伤害。

9.1.4 钢铁产业转型升级面临的发展环境

我国钢铁工业的快速发展是从"十五"计划的 2002 年开始的。在 2002—2012 年的 10 年间，我国的钢铁产能从 2 亿吨增加到 8 亿吨，到 2013 年，全球钢铁需求量为 14.6 亿吨（2013 年全球粗钢产量 15.8 亿吨），中国就占了世界总需求量和总产量的 50% 以上，而我国国内实际需求量仅为 5 亿吨，产能过剩近 3 亿吨。而美国日本两国钢产量之和才 1.9 亿吨。在世界前 20 大钢铁企业中，中国企业占 10 家，前 10 位中占 6 家，前 5 位中占 4 家。

2008 年全球金融危机后，国内新增产能进一步释放钢材产量继续增长，而同期铁路、机械、汽车以及造船等主要行业需求下滑，钢材供需矛盾更加突出，市场竞争愈益激烈。到 2011 年，国内钢材市场呈现出价格波动频率加快、振幅收窄以及品种同质化竞争加剧三大特点。同时，原燃料价格大幅上涨，钢铁行业利润下滑，多数钢铁企业处于亏损边缘。2015 年全年粗钢产量为 8.11 亿吨左右，同比下降约 2.30%；钢材产量为 11.27 亿吨左右，同比增长约 0.90%，钢铁行业运行和景气状况低迷，行业产能过剩、盈利能力差、效率低下等问题十分严峻。2016 年全年粗钢产量为 7.86 亿吨左右，同比下降约 3.10%；钢材产量为 11.11 亿吨左右，同比下降约 1.50%，钢铁行业继续维持低位运行态势。

面对钢铁行业异常严峻的形势，2012 年国务院提出加快淘汰电力、钢铁、建材、有色、石化、化工等行业的落后产能。2013 年在《国务院关于化解产能严重过剩矛盾的指导意见》（国发〔2013〕41 号）中提出，在煤炭、钢铁、电解铝、石油化工等高能耗、高污染行业严格执行生产许可及其他行业准入制度，按标准淘汰落后产能和化解过剩产能。在淘汰落后钢铁产能的基础上，从 2016 年开始，用 5 年时间再压减粗钢产能 1 亿~1.5 亿吨，严禁新增产能、化解过剩产能，严格执行环保、能耗、质量、安全、技术等法律法规和产业政策，达不到标准要求的钢铁产能要依法依规退出。钢铁行业发展面临市场和政策的双重压力。

面对钢铁行业的"寒冬"，面对新常态、新经济、高质量发展要求，以攀钢为主导的攀枝花钢铁产业,按照国家要求,2016年攀钢从分流员工、主动关停落后产能和调整主营业务三个方面进行突破。截至目前,攀西钢铁行业累积分流员工2万多名,主动关停了300多万吨钢铁产能,产能压缩量高达25%。在调整主营业务方面,积极开拓汽车钢及钢结构钢材市场。通过以上措施以期攀枝花钢铁产业尽快走出困境,优化产业结构,提高资源利用效率,产能利用率趋于合理,提升产品质量和高端产品供给能力,推动企业经济效益好转,市场预期向好。

9.2 钢铁产业转型升级的宏观战略路径

进入经济发展新时期,钢铁工业发展不平衡不充分的矛盾仍然突出;发展质量和效益不高,创新能力不强,生态环境要求提升等一些突出问题仍然存在。钢铁工业必须着力适应、引领新常态,扎实推进供给侧结构性改革,去产能、提品质、重运营,实现钢铁行业转型升级。

从攀西试验区钢铁产业发展的现实状况来看,把握好新时期新战略新经济的机遇显得尤为重要。未来钢铁产业发展的关键路径,应重点持续改进,不断创新,推进钢铁工业结构调整和改革,不断满足下游用户和国民经济对高质量高品位钢铁材料的需求;加快提升发展质量,实现钢铁产业低碳绿色发展,达到与生态环境、社会友好和谐共处的状态;调整优化,实现钢铁产业可持续运营,持续支撑经济社会健康发展。

9.2.1 着力产能优化,统筹总量控制

钢铁行业是化解产能过剩、推进供给侧结构性改革的重点领域。化解过剩产能是一项长期任务,不可能一蹴而就。攀西试验区钢铁工业要实现转型升级,必须持续深化供给侧结构性改革。攀西钢铁产业由于冶炼工艺落后和人工物流成本高,生产经营举步维艰,近些年亏损严重。同时,钢铁企业受制于《新环境保护法》更加严格的管制,违法排污面临严厉经济处罚。攀西钢铁工业要推进产能全局调整、工艺结构调整,继续化解过剩产能,促进产能结构优化,解决钢铁产业结构层次低、产品粗放问题,使钢铁产能与市场需求、区域经济发展相适应,与城市容量、环境容量相协调,从而形成攀西区域组织结构优化、区域内分布合

理、工艺结构精深、经济效益好、竞争力强的发展态势，避免同质化竞争，建立国际国内市场竞争力强的专业化钢铁集团。

9.2.2 科技驱动转换，建设创新型钢铁

建设创新型钢铁工业，推动钢铁产业产品向高端迈进，必须依靠持续不断的创新，实现新旧动能转换。重点解决攀西试验区钢铁企业新产品开发不能有效满足市场需求、生产工艺装备保障能力不足、顾客服务不能适应市场竞争需要、产品成本不具有竞争优势等问题；加快推进试验区钢铁产业"以钢为纲"的传统开发利用方式向铁、钒、钛等多种元素综合利用转变，提升钢铁产业内生动力。

创新驱动是现代钢铁产业重生和持续发展的关键，应注重产品研究开发和技术引领，强化协同合作创新，通过与产业内其他产业及上下游企业合作，解决制约行业发展的共性前沿技术，提升服务价值。同时，着力加快质量升级和智能制造发展，不断提升产品质量和智能制造水平，真正实现创新驱动发展。根据攀西钢铁产业发展的基础、能力和条件，重点开发高速重载铁路钢轨系列产品，推进钒钛微合金化钢种实现量产，提高汽车、核电、建筑等领域特种用钢产量占比，积极研发特种钢、优质钢产品。保持攀西铁道用钢、机械制造用钢等独有产品、领先产品的品质和市场优势，在建筑用钢、汽车用钢、电器用钢、能源石化用钢、工模具用钢和国防及航空航天用钢等方面大幅度提高产品高技术含量和高附加值，围绕建设创新型现代钢铁工业，真正在体系建设、能力提升、质量升级、智能制造等方面实现有效突破。

9.2.3 培育竞争优势、拓展发展新空间

钢铁产业发展应着眼世界市场的更大空间，加快打造钢铁工业国际化，保持钢铁产业的持续经营。攀西钢铁产业，瞄准国际市场的需求，定制服务国际用户，积极拓展发展空间。一方面积极"联姻"下游用户，提升钢铁出口的贸易价值，打造全球化产业链，提高利用国内国外两个市场、两种资源的能力；同时以提升自主创新能力为支撑，加快钢铁产业产品制造、设备、技术由制造向创造转变，推进攀西钢铁产业拳头产品在设备、技术、标准尽快实现国际引领。另一方面强化顾客服务。它在市场竞争中发挥着越来越重要的作用，攀西钢铁企业应积极拓宽服务广度，全过程、全方位做好服务工作。重点是协同生产、技术力量，

做好前端的选材指导,向用户推介性价比高的产品;售中有信息交流、合同执行和综合服务;售后有使用跟踪及技术服务等工作,满足用户不同阶段的需求。不断挖掘服务深度,实施差异化客户管理,建立和完善战略、重点用户定期走访、定期服务、定期交流等制度,及时为用户提供钢铁产业链上完善的服务,赢得市场,提升试验区企业在国际国内市场竞争的综合实力。

9.2.4 发展低碳绿色钢铁,构建多维共赢格局

顺应现代产业经济发展趋势,面对日益严格的环保监管、污染物排放标准和环保税实施条例等带来的新挑战,在供给侧结构性改革、企业转型升级的新常态下,主动适应新形势新要求,通过主动关停成本较高、产能落后的高炉、转炉等手段,致力于改革创新和科技攻关"双轮驱动",加快结构调整和转型升级,促进试验区钢铁及各产业协调协同发展。实施重点配套生态环保工程,发展具有资源节约、功能优越、环境友好的绿色高效钢铁产业。

攀西试验区钢铁工业应突出推进工艺结构调整和工艺技术进步,将发展路径重点放在总量优化、循环发展、低碳发展和绿色发展等方面。突出抓好工艺开发与优化,提升工艺及装备水平。根据攀西钒钛磁铁矿特质,着重开展低硫、低氧、低磷、低氮等清洁钢生产工艺研究,创设优良环保生产环境,为高端产品的开发提供保障。攀西钢铁工业还要在优化本区域生产总量、突破低碳绿色技术约束、体现钢铁低碳绿色价值等方面下工夫,把试验区打造成为发展质量高、经济效益好、资源消耗低、生态环境优的现代钢铁生产基地。

9.2.5 发展智能制造,推进钢铁行业迈向中高端

未来,钢铁工业仍将在整个国民经济结构升级,尤其是装备制造业向中高端水平迈进中担当重要角色。攀西试验区未来的发展,最可依靠的仍是钢铁资源,攀西试验区发展的战略重心依然应放在现代钢铁产业的提档升级上。一方面,国家强力推动国民经济结构的优化升级,特别是装备制造业向中高端水平迈进,对中间的钢铁材料就提出了越来越高的要求,必然伴随钢铁材料的个性化、品质化、差异化需求时代的到来,钢铁企业的生产方式正在从"大规模制造"向"大规模定制"转变,攀西试验区钢铁产业发展必须紧跟发展步伐,建立适应装备制造业高端产品的市场营销体系,实施"专营销售"、推行"品种经理+客户

代表"制等，通过对各行业需求的个性把握，更好地服务特定对象。同时，加快新产品研发和产品转化为市场竞争优势的节奏，多出优势产品，最大限度地将产品优势转化为效益优势。另一方面，推进攀西试验区钢铁智能制造还应强化跨界思维，随着经济发展和技术进步，行业、产业的边界变得越来越模糊，应逐步将传统的钢铁制造延伸拓展为高技术产业，像德国的蒂森克虏伯钢铁公司已经成功转型为高端金属材料及零部件解决方案商和制造商。

9.3 钢铁产业转型升级的机遇和思路

钢铁材料从它的性能成本比、可循环利用性和资源丰富来说，仍是其他材料无法完全替代的。大量机电设备、建筑、桥梁、汽车、家电等都大量使用钢铁材料，其他工程结构材料，如塑料、铝及铝合金、钛及钛合金等，由于成本等原因，至今无法取代钢铁。而攀西工业发展的现实情况，在当前及未来很长一段时期内，钢铁产业仍然是工业产业经济发展主要支撑。因此，攀西试验区应紧紧跟进国家新时期经济结构大调整、经济发展大战略，重大产业推动大政策，抢抓促进钢铁工业战略转型升级的重大机遇，充分利用攀西钒钛磁铁矿特色资源优势，发展适应现代产业市场需求的钢铁产业，创新开发钢铁产业高端精制拳头产品，拓展延伸产业链。

9.3.1 钢铁产业转型发展的战略机遇

进入"十三五"发展时期，国家大力化解过剩产能，优化调整产业布局，推动经济结构战略转型，依靠创新驱动实现高质量发展等政策指向为钢铁产业提档升级、转型发展带来新的机遇。一方面，世界经济在深度调整中曲折复苏，新一轮科技革命和产业变革加快，新一代信息技术、"互联网＋"与产业的深度融合，正深刻地改变生产方式、组织形态、商业模式，产业链和价值链。另一方面，国家"一带一路""中国制造2025""长江经济带"发展、京津冀协同发展等重大战略有利于倒逼和助推钢铁等传统产业着眼于技术提升和产品结构升级，加快内涵式和高质量发展，同时，通过对接全球的市场体系、接轨国际的开放平台，积极参与国际产业分工和先进技术合作，高端切入全国、全省乃至全球产业链、价值链，全方位提升现代钢铁产业层次和水平。综观未来的发展趋势和环境,随着攀西战略资源创新开发试验区建设步伐加快、攀钢企业作为国家老工业基地改造,国家和四川省在资金、人才、技术、政策、资源上的支持,都有利于推动攀西区域钢铁工业产业走出困境,实现钢铁工业的高质量高效率发展。

9.3.2 钢铁产业转型发展战略思路

攀西试验区钢铁产业发展,必须依靠创新驱动,坚持市场导向和技术引领,加快产业升级、提高综合竞争力步伐,积极寻求对外合作,加大钒钛在钢中的应用基础研究,着力构建适应新形势下的新产品开发、市场营销及推广拓展体系,加大科技开发和市场推广力度,立足特定区域市场和战略重点用户,进一步巩固、提升攀西试验区钢铁独有领先产品竞争优势和市场份额,同时,加快开发低成本钒钛钢铁新产品,提升重点产品附加值,实现高表面质量、高尺寸精度、高性能稳定性和低生产成本产品的批量稳定生产,提高产品市场竞争力和占有率,不断提升以攀钢大企业为重点钢铁工业核心竞争力。

9.4 钢铁产业转型升级的目标

立足攀西战略资源创新开发试验区全局战略,突出攀西战略资源综合利用"核心任务",重点加快以攀钢(西昌二基地)大企业为核心的攀西钢铁产业转型升级,力求发展生态绿色工业经济,以"转变发展方式、加快结构调整"为主线,以"做精钢铁、做大钒钛、做好资源、做强企业"为战略指向,以钢铁结构调整、做强钢铁产业为抓手,突出发展和提升钢铁企业独有和领先的产品竞争优势和市场份额,构建适应新时期经济社会发展需求的新产品开发、市场营销及推广拓展体系,实现攀西钢铁产业向特、精、尖转型升级发展,用 5~10 年的时间,打造创新型钢铁,加快攀西钢铁现代化、国际化建设步伐,使攀西钢铁产业成为服务于国家新时代发展不可替代的基础原材料产业,成为国际市场具有竞争力的知名钢铁企业,保持钢铁产业在攀枝花乃至攀西国民经济中重要的支撑产业地位。力争到 2030 年,现代化钢铁产业产值达到 2000 亿元。

9.5 钢铁产业转型升级发展的重点领域

在新时期中国经济的发展进程中,钢铁产业产能严重过剩的现实促使钢铁企业必须从规模效益型向技术品种型转变,目前,高性能钢铁的研发利用成为国家钢铁工业加速转型、突破利润率低下的尴尬局面的有效途径,高性能钢铁包括优质钢、合金钢、低合金钢、不锈钢等,从钢铁工业的特性上,钢铁被公认为高耗能,高排放行业,发展高性能钢铁也是突破能源、资源和环境瓶颈的重要手段。

攀西试验区钢铁产业发展,支持钢铁企业加大科技创新投入力度,优化产品结构,重点发展钒钛合金钢、重轨等战略性高端产品;充分利用含钒钛资源优势,形成自己的特色产业和优势产品;走专业化道路,利用现有产业基础,为高(地)铁、机械、汽车、造船、家电、建筑、能源乃至国防装备制造业提供优质原材料;做大钢铁下游产业,使钢铁产业向纵深发展;加快扩大产业规模,建设攀西区域成为全球最大国际领先的钒钛钢材研发和生产基地。

9.5.1 发展战略性高端产品

充分利用攀西试验区矿石含钒钛的优势,加快新产品开发,重点发展含钒钛特殊钢,如高速铁路用钢、城市轨道用钢、绝缘防腐钢轨、电器薄板、能源石化用钢、工模具用钢和国防及航空航天用钢等高端钢铁产品。

9.5.2 发展特殊钢种

攀西试验区机械制造企业发挥现有配套炼钢产能和适当扩大产能,引进和开发轴承钢、齿轮钢、工模具钢、不锈钢、高温合金等特钢产品。

9.5.3 实施精品战略

运用先进技术、装备对攀西区域攀钢等企业传统钢铁流程进行技术改造,开发特色钢材产品,提高生产能力,实现钢铁品种优化升级,增加钢铁产品附加值。加大钒钛在钢铁制品中应用的力度,如高速重轨、抗震钢筋、耐候钢板、石油管道用钢等，引领国内钢铁产业抗震、节能、轻量化、长寿命的发展方向。

9.5.4 现代钢铁制造产业

充分利用攀西区域高端钢铁材料，拓展钢铁材料制造领域，发展汽车零部件产业，主动加强与成都、重庆及国内汽车制造基地的合作，大力发展汽车零配件制造产业，重点推动传统燃油汽车、新能源汽车电池、电机、电控等核心部件生产以及整车装配；发展制动鼓、制动盘等产品；积极扩大汽车零部件生产领域，提高产品质量。发展矿山、冶金和工程机械配件产业，矿山机械产业发展磨机衬板、颚板、锤头等产品；冶金机械产业发展高炉球磨铸铁冷却壁、热风炉炉箅子等产品；工程机械制造产业重点发展履带板、斗齿、铲齿等。整机重点发展履带式起重机、汽车起重机、挖掘机、装载机、路面机械等。

国际上所有发达国家都经历过经济高速发展、钢铁工业蓬勃发展，然后经济恢复到常态、钢铁工业过剩调整这样一个过程。同样，改革开放40年的发展，中国钢铁工业也正在经历这个发展阶段，钢铁行业产能严重过剩，同质化竞争日趋激烈，新常态下的经济发展，供需不平衡的矛盾突出，房地产、汽车、铁路、机械、造船等下游行业增速放缓，钢材需求减弱；原燃料价格高位上行，钢铁行业整体呈现微利及亏损的状况，发展举步维艰；中美贸易摩擦，外需市场萎缩，对外出口减少，人民币与美元博弈，各国对中国钢铁产品实施"反倾销"等贸易保护政策，给钢铁产品出口带来很大的阻力。

审视钢铁产业发展趋势，钢铁工业转型发展必须要从过去依靠要素投入转变为依靠创新驱动，既包括技术上的创新驱动，也包括组织结构上的创新驱动，钢铁工业不能再按照过去那种不断扩大投资、扩大规模、增加产量的方式来解决当前的问题，而是必须依靠科技进步和劳动者素质的提高来解决。

第10章 钒钛产业

10.1 钒钛产业发展现状

攀枝花拥有丰富的钒钛磁铁矿,其钒钛磁铁矿资源具有世界级特色优势。2007年已公布的探明储量,攀枝花钒钛磁铁矿累计探明资源储量78.45亿吨(攀西地区总探明储量为101亿吨),其中,资源量(外表矿)为45.3亿吨;基础储量(可开采量)26.5亿吨。攀枝花钒钛磁铁矿属多种金属共生矿,除铁以外,还蕴藏着钒、钛、铜、铬、钴、镍等多种稀有金属,其中:钒、钛金属储量国内首屈一指,具有良好的发展钒钛新材料高技术的资源条件。钒钛磁铁矿中铁矿石,占全国铁矿石储量的15.2%,是全国第二大铁矿区。

10.1.1 钒钛资源储量情况

1. 钒资源储量

截至2014年年底,保有钒钛磁铁矿资源63.1亿吨,远景储量200亿吨,占有全国20%的铁矿石储量。攀枝花钒钛磁铁矿伴生钒矿(以五氧化二钒计)0.97亿吨(平均品位0.26%),钒的储量占全国的63%,占全球的11%,位居世界第三;伴生钛矿(以二氧化钛计)4.1亿吨(平均品位10.66%),钛的储量占全国93%,占全球的35%,位居世界第一。

2. 钛资源储量

钛资源由南向北主要分布在红格、攀枝花、白马与太和四大矿区,其中,除太和矿区位于西昌市外,其余三个均位于攀枝花市,具体资源储量及分布见表 10 – 1。

表 10 – 1　　　　　　　　　攀枝花市钛资源储量及分布

矿区		表内矿/亿吨	表外矿/亿吨	TiO$_2$ 储量/亿吨	平均地质品位/(%)
攀枝花	朱家包包矿区	2.55	42.70	0.52	12.57
	兰家火山矿区	1.44	4.98	0.30	11.4
	尖包包矿区	0.40	4.10	0.05	11.13
	倒马坎矿区	1.27	1.00	0.06	10.52
	纳拉箐矿区	0.09	0.08	0.006	10.62
	公山矿区	0.30	0.11	0.02	12.29
红格	南矿区路枯矿段	6.32	5.76	1.16	11.06
	南矿区马松林矿段	1.08	0.72	0.15	10.24
	南矿区铜山矿段	2.54	3.01	0.49	10.39
	北矿区	8.35	7.77	1.44	10.56
白马	夏家坪矿段	0.40	0.04	0.01	6.67
	及及坪矿段	5.54		0.16	6.29
	田家村矿段	3.14		0.09	6.01
	青杠坪矿段	2.24	1.9	0.13	7.31
	马槟榔矿段	0.58	1.10	0.05	8.37
其他（包括马鞍山、中梁子、湾子田、中干沟、潘家田、安宁村、新街七大矿区）		4.75	—	0.52	—

10.1.2　钒钛产业发展情况

自 1965 年攀枝花建市以来,经过五十多年的科技攻关和生产实践,特别近十年,钒钛产业作为攀枝花特色支柱产业快速发展起来,该产业已形成以攀钢为龙头、100 多家民营企业共同参与的多元投资体制下的钒钛产业集群,攀枝花已经成为全国最大的钒钛原料基地、世界第二大钒产品生产基地、中国最大的钒钛钢生产基地。2008 年,攀枝花钒钛产业集群入选"中国产业集群 50 强",攀枝花市被中国矿业联合会授予"中国钒钛之都"称号。2013 年 3 月,攀枝花向国家申报设立攀西战略资源创新开发试验区，得到国家发展改革委批复同意，钒钛产业发展上升到国家战略层面，试验区建设健康稳步推进。近年来，钒钛产业发展呈上升势头，2015 年、2016 年、2017 年钒钛产业产值分别完成 83.51 亿元、143.79 亿元和 212.72 亿元。

1. 钒产业发展

钒产业已发展成为国内规模最大、实力最强的产业。1972 年，攀钢雾化提钒投产，中国的钒从无到有，1980 年开始，我国由一个钒进口国变成钒出口大国，钒的 90% 都用于钢铁工业作添加剂。目前，攀钢是中国最大的钒生产商，攀钢生产的钒原料占全国的 74% 左右，占世界的 18% 左右。到 2017 年，攀枝花市有钒产品生产企业 9 家，其中攀钢 2 家，地方 7 家，形成了以攀钢（集团）公司为主体、国有和民营多种经济成分共同开发的钒产业集群，能够生产钒渣、五氧化二钒、三氧化二钒、中钒铁（FeV50）、高钒铁（FeV80）、钒氮合金等全系列的冶金用钒制品；钒产业已形成了年产钒渣 50 万吨、五氧化二钒 3.32 万吨、高纯五氧化二钒 0.01 万吨、50 钒铁 2.8 万吨、80 钒铁 1.5 万吨、钒铝合金 0.012 万吨、钒氮合金 0.85 万吨的产能；2017 年钒产品出口达 0.5889 万吨，钒产业完成产值达 84.10 亿元。

2. 钛产业发展

目前，全市从事钛原料、钛制品生产的企业 60 余家，攀枝花钛产业已发展成为国内最大的钛白粉、钛金属全流程生产基地，能生产钛精矿、钛渣、钛铁、钛白粉、纳米钛白、海绵钛、钛锭等系列产品，已形成全流程的钛产业链及其配套产业体系。钛产品中，到 2017 年，攀枝花钛精矿产能达 372 万吨，2017 年国内钛精矿总产量约 380 万吨，进口钛矿约 330 万吨，攀枝花钛精矿产量约占国内总产量的 71.76%，创历史新高；钛渣产能达 60.2 万吨，约占国内钛渣产能的 30%；钛白粉产能 65.52 万吨，约占全国总产能的 20%；金属钛中海绵钛产能达 1.5 万吨、钛锭产能 1.2 万吨、钛材产能 0.6 万吨；钛白废副综合利用方面，攀枝花开发区内的东立科技、德铭化工、瑞天环保、金沙纳米 4 个主要综合利用企业全年共利用硫酸亚铁约 50.6 万吨（约占产出硫酸亚铁总量的 30%）制取新硫酸，利用废酸约 0.1 万吨，其中，东立科技已发展成为攀枝花市综合利用硫酸亚铁和废酸投入资金最多、处理能力最大的企业。2017 年钛产业全年实现产值 128.6 亿元。

10.2 钒钛产业问题

攀枝花资源综合开发利用在国家和四川省的高度关注和大力支持下,特别是经过近十年的加速发展,已形成攀枝花区域的特色产业和经济支柱,钒钛产业呈集群发展,并展现出广阔发展前景。由于攀西钒钛本身的资源特质、钒钛开发的关键技术手段、钒钛产品的市场容量以及生态环境保护政策要求等因素,钒钛产业提档升级、转向高端发展中亟待解决的问题还不少,主要有以下几个方面。

10.2.1 钒钛产业层次低

攀枝花钒钛产业发展从总体看,钒钛产业层次低,初级产品比重较大,高端品质产品少,低端产品受市场影响大。据相关资料显示,目前,攀枝花涉钒企业以攀钢集团控制为主,民营资本涉及甚少,钒功能材料等钒产业研发滞后,产业链延伸不足;涉钛产业企业中有一半以上从事钛精矿的生产,2016年攀枝花生产钛精矿达241.18万吨,占国内总产量的60%左右,区域拥有全国最大的三家钛精矿生产企业,而钛锭、钛材产量仅为0.072万吨和0.651万吨,分别只占国内总产量的1%和10%左右。因此,总体上看,攀枝花钒钛产业呈现"原矿加工极为繁荣,但深加工极度贫乏"的状况。

10.2.2 钒钛资源开发粗放

攀枝花钒钛磁铁矿资源受洗选、冶炼、回收等技术因素影响,资源规模化、集约化开发程度较低,辖区矿区存在采富弃贫问题,矿石冶炼多以炼铁为主,目前攀枝花钒钛磁铁矿的价值利用率仅有10%左右,而钛资源的利用水平更低,钛回收率不足14%,比其中钒资源的利用率(47%)低33个百分点,还出现将宝贵的钒钛铁精矿作为铁精矿用于钢铁生产的现象,对钒钛磁铁矿的价值利用率达不到50%,产值规模越大,资源浪费就越大,可持续发展能力就越低。钒钛磁铁矿中的铬、钴、镍、铂等有色金属也尚未充分利用,大量尾矿和高炉渣堆弃,既浪费资源,又严重威胁生态环境。

10.2.3 钒钛产业链条短

攀枝花作为国内唯一的全流程钒钛产业基地,拥有从原料生产到产品加工的完整产业链,但钒钛产业呈现典型的"头重脚轻"发展模式,钒钛产业发展重前端钒钛矿初级加工,轻后端材料精深加工,产业链条短,配套不完善。钒产业功能材料、钒清洁生产等开发严重不足,区域内从事钛及其合金型材、钛带及焊接管、大口径管材、大型钛铸件等钛深加工产品的企业数量十分稀少,尤其是缺乏涉及航天、航空、海洋等军事领域的钛材加工厂,钛行业军民融合发展基础较差等状况。这种产业结构导致攀枝花钒钛深加工企业的集聚能力较弱、对外吸引力不足,也是导致攀枝花钒钛产业产品价值低,竞争力不强,经济效益不高,区域钒钛产业发展水平一直处于低端化的主要原因。

10.2.4 钒钛产业关键技术制约

由于攀枝花钒、钛元素的赋存状态、矿物组分十分复杂,钒钛磁铁矿的综合利用是一个世界级的难题。近年来,攀枝花在钒钛产业向高端领域技术研发方面,直接还原新流程技术取得了一定的突破,但一些关键技术仍未取得突破,高炉渣提钛、钒清洁生产等关键共性技术也未实现规模化,产业化发展,金属钛、钒功能材料、人造金红石、纳米钛白等方面的技术研发明显滞后,制约钒钛产业提档升级高端发展。攀枝花钒钛企业创新能力不强,从事钒钛生产企业中只有攀钢、大江钒钛等少数几个具有较强的自主研发实力,大部分企业研发条件均较差、研发能力有限。以钛白粉的生产为例,除攀钢集团公司正在研发的高炉渣提钛工艺外,其他钛白粉生产企业均采用传统的硫酸法,工艺无创新性,产品品质一般。与国外进口的钛白粉相比,品质价格竞争力很弱。要实现钒钛产业的价值提升,唯一途径就是依靠科技创新,通过集聚关键技术人才,注入高资金、高智力攻关,突破关键技术瓶颈,推进钒钛产业向高端精深发展。

10.2.5 钒钛产业发展要素趋紧

攀枝花提出打造"钒钛千亿元规模产业集群"发展目标,亟须解决要素保障,拓展发展空间,提高发展承载能力。尽管近年来,通过环境污染防治,实施主要污染物总量减排，推进重点工业行业污染治理，攀枝花空气质量优良率、污水处理率和地表水、饮用水水源地水质均实现达标，但由于攀西钒钛磁铁矿属于难选、难冶的低品位共生矿，传统工艺技术能耗高和排放大，新工艺流程的开发应用还待推广，资源特质对环境影响仍然较大。环境容量方面，随着工业产值的逐年提高，区域部分开发区二氧化硫浓度仍然超过排放控制标准，国家对环境管控加强，大气容量空间趋紧。土地保障方面，攀枝花产业发展可利用土地少，随着城市规模的进一步扩大，城市拓展用地需求明显增加，攀枝花钒钛等工业发展可用土地资源缺乏，工业用地供需矛盾逐步显现，土地问题成为制约钒钛及其他工业产业发展的瓶颈。资源、能源保障方面，攀枝花处在四川省电网末端，加上长期以来，电网建设配置和电力分配额度跟不上电力需求增长，实际供电能力不足，电力供应较为紧张；攀枝花市年原煤炭生产能力约1200万吨，2017年实际产煤950万吨，外调煤700万吨，随着钒钛资源开发利用力度的加大，煤炭资源紧缺问题突出。

10.2.6 推动钒钛产业发展相关机制缺乏创新突破

钒钛磁铁矿资源开发机制上还缺乏创新，尤其是在资源配置机制、利益分配机制、生态补偿机制等方面缺乏创新突破，地方政府缺乏引导产业可持续发展及民营企业进一步做大做强的资金和政策保障。

10.3 钒钛产业关键技术突破

加快重大技术攻关，聚焦钒钛资源高效率、低成本、高值化利用等攻关方向，集中资源、重点突破，开展高钛型高炉渣中钒钛资源综合利用产业化、高端钒钛产品开发及应用、低成本短流程制备钛合金工艺研发与产业化、钒钛磁铁矿综合利用新流程工业示范等重点的产业化示范，尽快解决制约攀枝花钒钛产业发展的重大瓶颈技术。

10.3.1 攻克全流程产业链技术瓶颈

重点在提高产品档次和生产高技术产品方面加大科技攻关力度，面向四个领域科技攻关：一是攻克攀枝花钒钛磁铁矿和高钛型高炉渣制备四氯化钛的技术难关，为氯化法生产高档钛白、镁还原生产海绵钛打通瓶颈；二是攻克钒化工品、钒电池、钒储氢合金、钒铝合金等新材料的应用技术难关，扩展钒运用领域；三是攻克食品级、医药级专用钛白和纳米二氧化钛生产太阳能电池、抑菌剂、催化剂等高端钛白产品的技术难关，扩展钛白粉运用领域；四是面向化工、航天、医疗等领域，研发钛基合金新材料，拓展钛金属运用领域。

10.3.2 部分关键技术重大突破

攀枝花钒钛资源开发，历经五十多年，虽然取得巨大成绩，但其产业发展质量和效益与资源自身优势相比，确实差强人意。其根本原因是钒钛产业的诸多关键技术没有实现突破。钒钛产业总体是个小产业，应用技术开发不足，产业链条较短，经过近年来坚持不懈的技术攻关，一些钒钛关键技术产业化中试取得重大突破，其中，部分关键技术形成了一定规模的达产。

1. 钒钛磁铁矿直接还原—电炉熔分新流程产业化技术

转底炉直接还原是全球最先进的第三代炼铁技术，取消焦化、烧结工艺，可望综合回收铁精矿中的钛、钒、铁，具有流程短、污染低、资源回收率高、节能降耗的独特优势。攀枝花前期直接还原中试生产线有四条：龙蟒公司的 7 万吨转底炉煤基直接还原中试生产线；恒鼎公司的 10 万吨/年斜坡炉煤基直接还原中试生产线；攀阳公司的 5 万吨/年回转窑直接还原中试生产线；攀钢的 10 万吨/年转底炉直接还原中试生产线。其中，龙蟒、恒鼎两条生产线均已打通工艺流程，可以正常出铁水。经过新流程产业化中试，目前，此项技术已取得突破，但由于钒钛产业资源及市场经济成本等问题，此项技术产业化处于停止状态。下一步任务主要是解决如何放大规模、如何实现长周期运行、降低生产成本等问题，一旦实现经济高效益产业化，将极大提高钒钛矿的综合利用率。

2. 高钛型高炉渣提钛产业化技术

由于矿物物相结构的原因，在现有选矿技术条件下，有 50% 以上的钛不能有效分离，而是随铁精矿进入了高炉，这部分钛资源不但对高炉冶炼造成了困难，最后进入高炉渣后既影响渣的利用，自身也很难再被提取出来。原矿中钛的品位仅有 8%～12%，高炉渣中含钛却高达 22%～24%。因此，在现有高炉流程的条件下，必须突破高钛型高炉渣提钛技术，才能大幅度提高钛资源的回收利用率。自2008年开始，攀钢开展1万吨/年高炉渣高温碳化、低温选择性氯化生产四氯化钛中试线项目建设，建成万吨级高炉渣提钛中试生产线、2.6万吨/年碳化渣中试线和1万吨/年四氯化钛中试线。目前，高钛型高炉渣提钛技术已成功实现突破，打通了钒钛矿资源综合利用新工艺流程，为经济、环保、大规模提取高钛型高炉渣中的TiO_2，高效利用钛资源奠定了技术基础。

3. 人造金红石产业化技术

发展氯化法钛白和海绵钛及其深加工产业是做大做强钛产业的必然选择，高品质钛原料是制约钛产业发展的瓶颈问题，因此，开展攀枝花钛精矿制备人造金红石工艺技术研究，迫在眉睫。自然界中最好的钛矿是天然金红石，其含TiO_2大于90%，钙镁等杂质含量1%~2%，是生产钛白粉的最佳原料，可以直接用于氯化法生产。天然金红石在自然界储量很少，而钛铁矿储量丰富，已逐渐成为钛工业的主要原料，但钛铁矿含TiO_2低、杂质含量高，必须进行富集。攀枝花矿钛精矿钙镁高（合计大于7%），必须除钙镁，使之达到天然金红石的水平，方能用于氯化法。在多年研究的基础上，攀钢已建设5000吨/年人造金红石中试生产线，通过"攀枝花钛精矿流态化强氧化还原改性—盐酸常压浸出—磁选除脉石—Ruthner酸回收利用"技术路线制备人造金红石，经过不断技术攻关，目前，该项技术取得部分突破，并实现了产品量产。

4. 新型快速流化床生产四氯化钛产业化技术

四氯化钛是钛工业的重要中间产品，现有氯化法工艺主要装备是沸腾氯化炉，而攀枝花钛精矿钙镁高，不适应沸腾氯化，除对钛精矿进行预处理使之达到沸腾氯化对原料的要求外，攀枝花还探索了不提升原料品质而改变工艺技术装备的另外一条技术路线，流化床是一种反应更强的技术装备，有望适应攀枝花矿的特性。自2006年开始，攀枝花市政府联合中科院、天津化工厂等携手进行4500吨/年快速流化床生产四氯化钛中试，经过近十几年的有力推动，该项技术已取得重大进展。

5. 金属钛新型制备技术研究

目前金属钛生产方法主要是镁还原法，先将钛原料的钛制取出四氯化钛，再用镁还原将钛置换出来成为海绵钛，然后在真空状态下熔炼成钛金属锭，工艺流程长,生产成本较高,环保压力很大。高昂的生产成本制约着钛金属的广泛应用,必须开发出一种低成本规模化的新技术,那就是电解。对钛原料电解生产金属钛,攀枝花有两支团队在攻关,一是攀枝花学院的以二氧化钛(俗称钛白粉)为原料在真空条件下直接电解制备海绵钛项目,实验室研究成果已通过成果鉴定。自 2009 年以来四川盛邦公司将投入 9000 万元开展 10~20 公斤/炉连续生产中试研究;二是攀钢的金属钛制备新工艺项目,已做到每天生产 30 公斤级金属钛的水平,随着技术水平的不断提高,目前生产规模不断扩大。

6. 大容量全钒液流电池开发

90% 的钒产品用于冶金,作为一种细化晶粒的添加剂,钒在钢中的水平是千分之几,不开发新的大规模应用领域,钒产业继续发展在规模上很难做大。而新能源是一个发展空间极大的产业,钒产业若能与新能源结合,将有助于钒产业做大,这项任务可能将会由全钒液流电池来实现。风能、太阳能等新能源,由于时空的原因不能实现稳定连续运行,必须与储能技术装备配套,而钒是一种优秀的储能材料,因此有必要开发大容量全钒液流电池。攀枝花钒钛研究院已开发出千瓦级全钒液流电池样机,攀枝花学院建成了钒基储能材料重点实验室,开展全钒液流储能电池和钒基贮氢合金研究。预计"十三五"末将实现产业化量产。

10.3.3 构建和完善钒钛产业链

按照改造提高传统工艺流程(高炉冶炼流程)与创新开发新工艺流程(直接还原流程)并举,通过新工艺流程减少难以再次利用的高钛型高炉渣排放,同时加大尾矿、高钛型高炉渣等二次资源回收利用技术攻关,将新工艺流程与传统工艺流程有机结合起来,构建和完善钒钛资源综合开发利用全流程产业链。

1. 钒钛资源产业链

钒钛资源产业链主要包括钒钛磁铁矿采选产业链、特色钢铁传统流程产业链、特色钢铁新流程产业链、富钛料产业链、高炉渣提钛产业链 5 条产业链,是钒钛产业的基础产业链。构建和完善的重点是加大钒钛磁铁矿开采力度,推广低品位矿选矿、含钒钛渣资源化利用、钒钛铁精矿直接还原分离铁钒钛等技术,获取发展钒钛材料及延伸应用产业所必需的钒钛铁精矿、钒钛球团矿、钒渣、钛精矿、富钛料、含钒钛钢铁等原料,为攀枝花乃至西南地区钒钛产业发展提供坚实的原料基础。

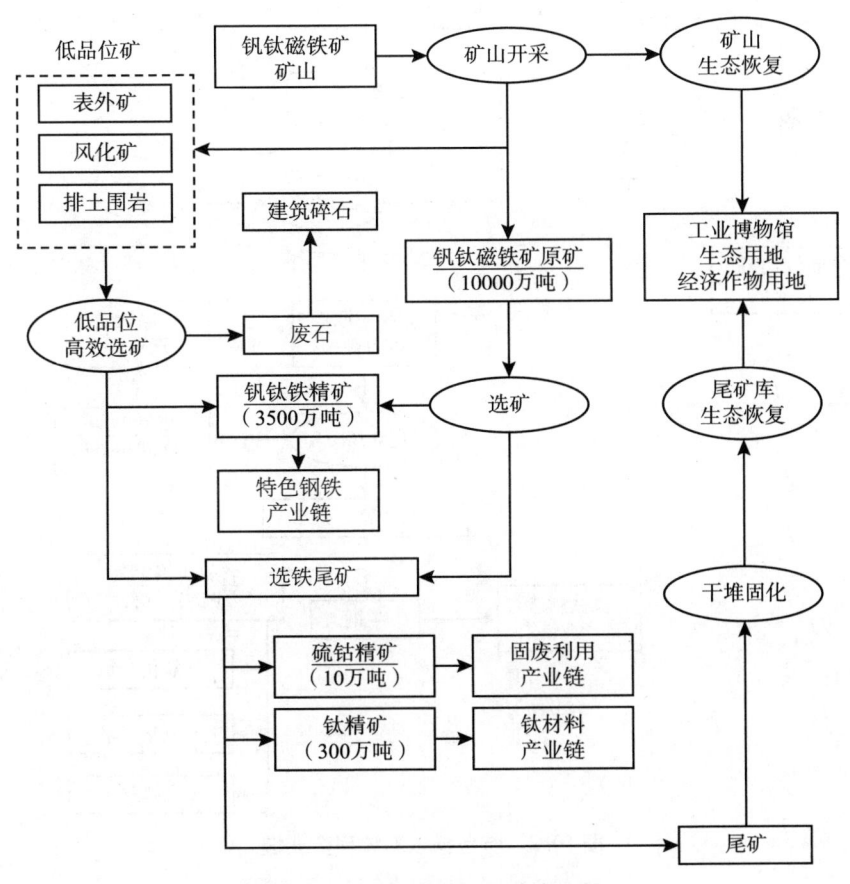

（1）钒钛磁铁矿采选产业链（见图10.1）。钒钛磁铁矿采选产业链包括钒钛磁铁矿高效采选及规模化综合利用钒钛磁铁矿采选过程中产生的表外矿、极贫矿、尾矿等生产铁精矿、钛精矿。

（2）特色钢铁传统流程产业链。攀西地区传统钢铁流程基于攀西钒钛磁铁矿理化特征而开发，经高炉炼化铁水后炼钢环节中增加了提钒工艺。提取的粗钒渣经后续破碎磁选后加工成成品转炉钒渣。形成的半钢再送转炉炼钢。

图 10.1　钒钛磁铁矿采选产业链

（3）特色钢铁新流程产业链（见图10.2）。直接还原技术是钒钛磁铁矿资源综合开发最重要的技术之一。直接还原将铁精矿中的铁氧化物在直接还原装置中固态脱氧还原变成金属铁（直接还原铁），然后进入电炉炼钢，从而省去了高炉冶炼过程。钒钛磁铁矿直接还原后进入电炉冶炼熔分，能提高铁、钒收率，并综合回收高炉冶炼工艺不能利用的钛、铬等资源。同时，直接还原技术用优质煤或天然气还原，产生的粉尘少、污染小，取代传统用焦炭，节省了炼焦过程，减少了原料投入，降低了成本，该技术的攻克将是钒钛磁铁矿冶炼工艺的一次革命。

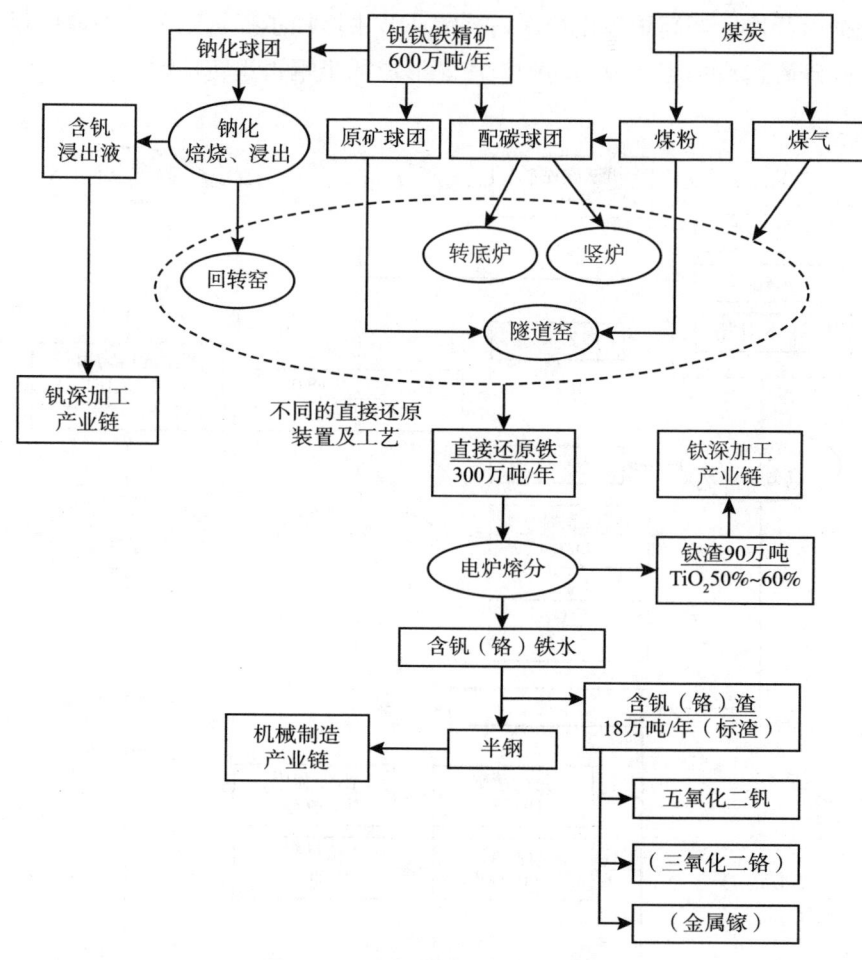

图 10.2　特色钢铁新流程产业链

（4）富钛料产业链（见图10.3）。钛精矿可直接作为硫酸法钛白的原料，但使用钛品位更高的酸溶性钛渣，以避免产生难以处理的绿矾是硫酸法钛白清洁生产的发展趋势之一。同时，能用于沸腾氯化生产四氯化钛的原料需要品位达到90%以上的富钛料，实现攀枝花高钙镁钛精矿制取 UGS 渣或人造金红石等高品质富钛料，是攀枝花市建设全流程钛工业基地的重要环节。

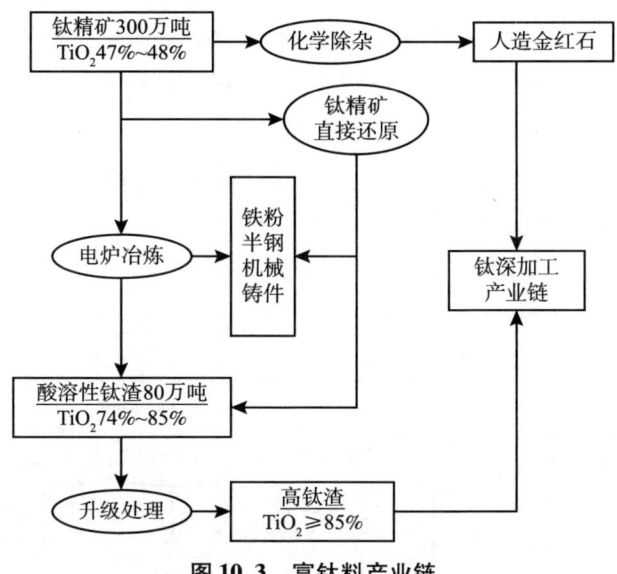

图 10.3　富钛料产业链

（5）高炉渣提钛产业链（见图 10.4）。攀枝花高炉渣主要来源于攀钢，其二氧化钛含量高达 21%～25%，据统计每年进入攀钢高炉渣中的二氧化钛有 70 多万吨。作为占攀枝花钛资源总量 52% 的高钛型高炉渣，如不能对其中的钛进行提取利用，将造成钛资源的极大浪费。目前，高炉渣提钛技术已取得突破，该产业链正在积极构建之中。

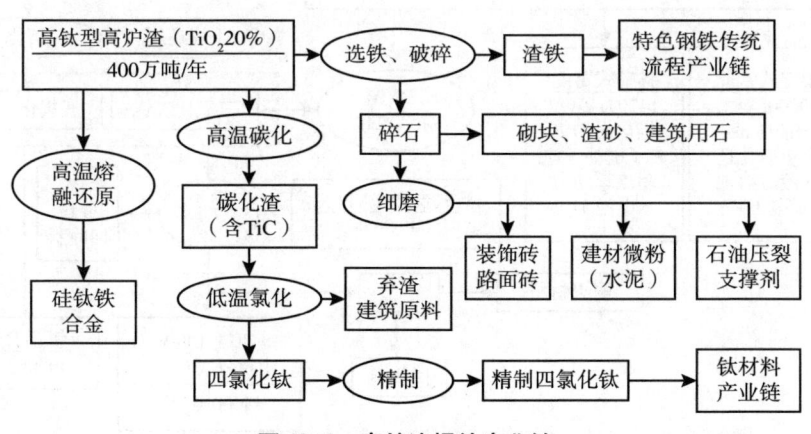

图 10.4　高炉渣提钛产业链

2. 钒钛材料产业链

钒钛材料产业链主要包括钒材料、钛材料和稀贵金属3条产业链，是钒钛产业中的重要链条。构建和完善的主要内容是突破关键技术，提高钒钛产品层次，丰富产品品种，实现补链发展。

（1）钒材料产业链（见图10.5）。钒资源来源于炼钢前提取的钒渣，同时各类含钒废弃物也是地方钒企业的重要原料。钒材料的重点是低品位钒原料利用、传统冶金用钒制品、重点钒功能材料和钒清洁生产工艺等。

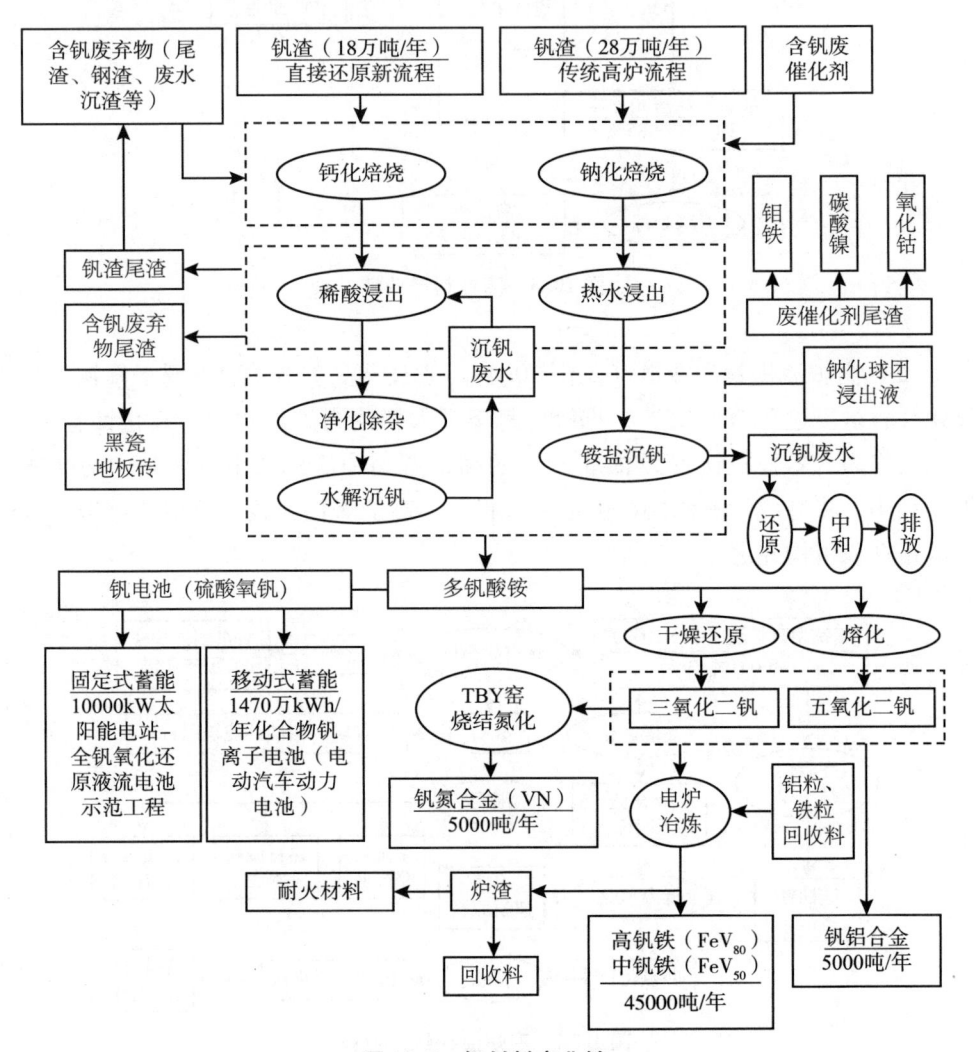

图10.5 钒材料产业链

(2) 钛材料产业链（见图 10.6）。钛白粉和钛金属是钛的两大主要产业领域，攀枝花已经初步形成了全流程的钛产业基地。钛产业链规划的重点是钛原料的获取和升级、钛白粉的清洁生产、钛合金、制钛新工艺流程及钛功能材料。

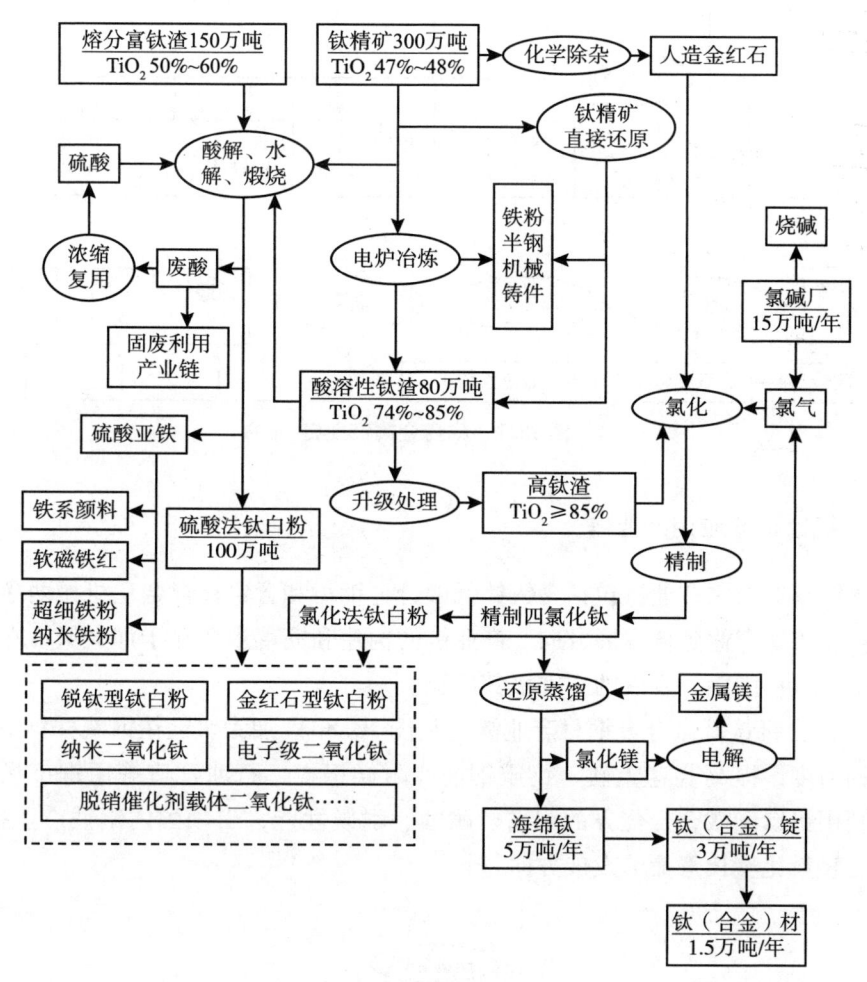

图 10.6　钛材料产业链

(3) 稀贵金属产业链（见图 10.7）。稀贵金属产业链的构建和完善主要是加强共（伴）生稀贵金属的回收利用，进一步扩大已产业化的钴、镍、铜、钼、铟等生产规模，开发应用铬、钪、镓的分离回收技术并实现工业化生产。

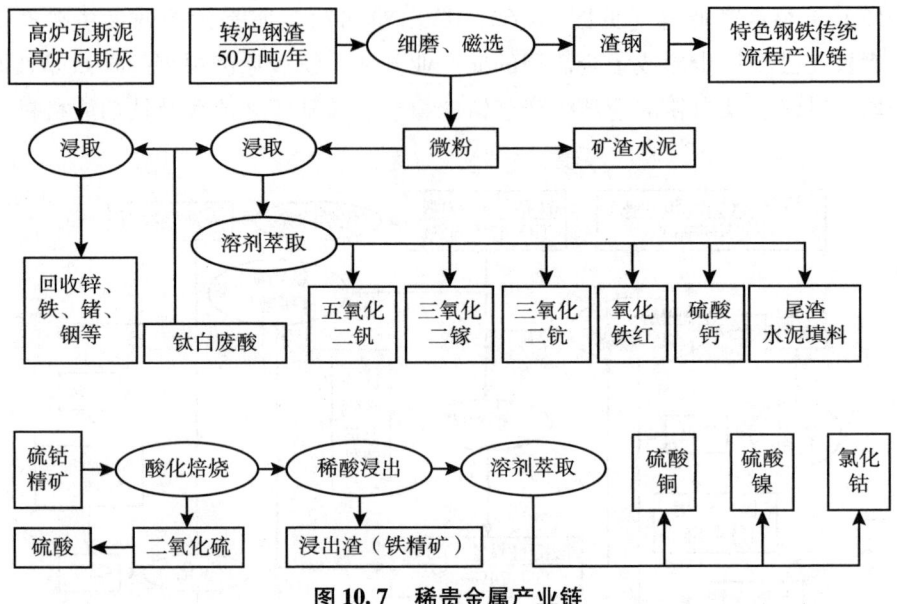

图 10.7　稀贵金属产业链

3. 钒钛延伸应用产业链

钒钛延伸应用产业链包括含钒钛低微合金钢材和含钒钛合金化机械两条产业链，代表钒钛产业延伸发展方向。产业链的构建和完善主要在于加大钒钛在钢铁材料中的直接应用，发展的空间极其广泛。

（1）含钒钛低微合金钢材产业链（见图 10.8）。加大钒钛在钢铁材料中直接应用的力度，提高高速重轨、抗震钢筋、耐候钢板、石油管道等用钢市场占有率，利用钒钛低微合金优异的耐磨、耐蚀、耐候性能，引领国内钢铁产业抗震、节能、轻量化、长寿命的发展方向。

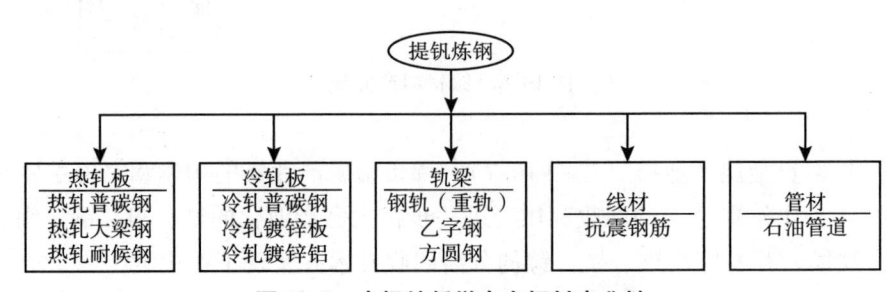

图 10.8　含钒钛低微合金钢材产业链

（2）含钒钛合金化机械产业链（见图10.9）。充分利用含钒钛钢铁原料优良的耐磨耐腐蚀性能，大力发展攀枝花市机械制造产业。主要发展汽车零部件（刹车制动鼓、齿轮、汽车前后桥、发动机缸体、曲轴等）、冶金矿山及工程机械零部件、轨道交通（铁路、轻轨、地铁等轨道配件、机车零件等）零部件，把攀枝花市打造成为国内最具特色、实力雄厚的汽车、轨道交通、工程机械零部件生产基地。

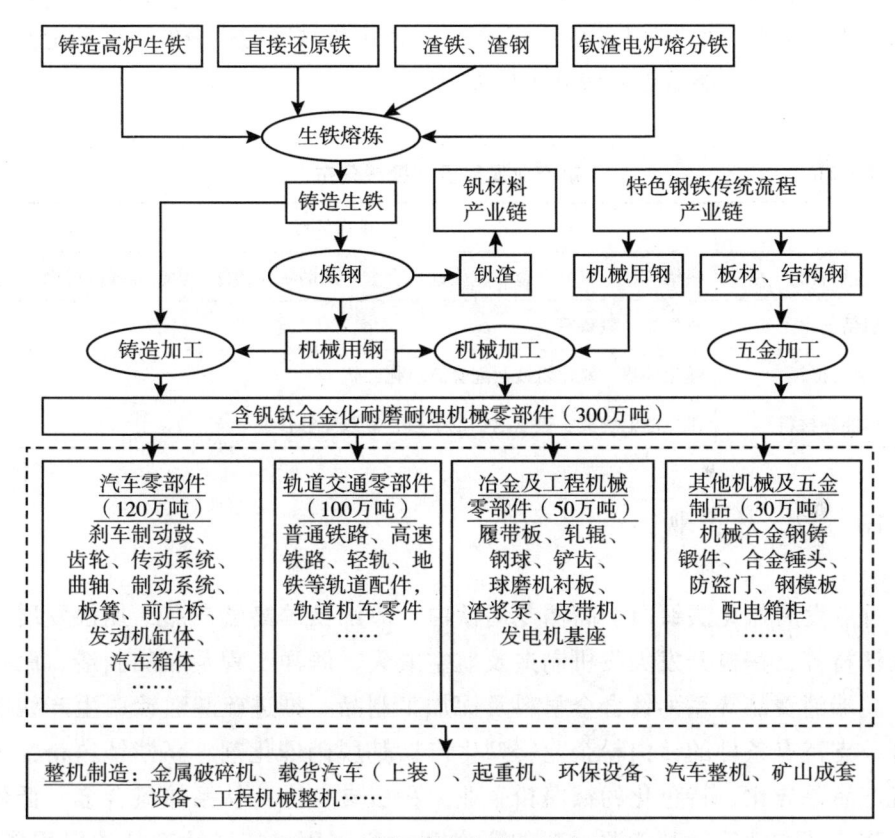

图10.9 含钒钛合金化机械产业链

10.4 钒钛产业发展的重点领域

抓住建设攀西国家级战略资源创新开发试验区的发展契机，围绕打造"中国钒钛之都"战略目标，按照"高端化、品牌化、集群化、生态化"的要求，发挥比较优势，以延伸产业链、提升价值链、拓展推广应用为目标，大力发展钒钛精深加工和钒钛高端产品，更好地适应相关产业转型升级和市场消费需求，推动钒钛特色产业高质量高效益发展。

10.4.1 钒产业

重点发展钒铝合金、钒催化剂、钒能源材料等战略性高端产品，稳步提高冶金用钒规模水平。大力发展以汽车零部件、矿山机械等为代表的钒钛铸造及装备制造等。钒产业发展重点领域分布见表10-2。

表10-2　　　　　　　　　　钒产业发展重点领域分布

钒产业	重点领域
含钒合金	钒铝合金、钒氮合金、氮化硅钒合金、耐磨钒钛铸件、含钒高强度特钢
钒精细化工	钒酸盐、氧钒等
清洁提钒	钠化提钒、氮化钒铁及配套五氧化二钒
钒能源材料	钒电池电解液、钒电池示范工程、钒系储氢合金

10.4.2 钛产业

重点发展氯化法钛白、高档专用钛白、海绵钛等高端产品，加快发展钛合金及钛材等，积极开发大飞机制造及航空航天、海洋工程及船舶制造、医疗器械、高端消费品等系列钛合金材料及深加工制品。推进硫酸法钛白生产线改造升级，支持有条件的钛白粉企业转型生产钛基脱硝催化剂、高档钛白粉，形成一批产品差异化、特色化的钛白粉企业。积极支持进行钛系储氢合金、低价钛氧化物、钛酸锂等钛基能源材料的研发和示范应用，拓展钛产品的应用领域。大力推动钛及钛合金增材制造和粉末冶金产业发展，开展增材制造和粉末冶金专用钛及钛合金材料性能、制备技术及装备研究，形成一批基本满足增材制造和粉末冶金产业需要的钛及钛合金专用材料牌号。钛产业发展重点领域分布见表10-3。

表 10-3　　　　　　　　　　钛产业发展重点领域分布

钛产业	重点领域
钛冶炼	钛渣高效冶炼工程
钛金属	钛锭扩建、钛材深加工
钛制品	钛生活用品生产基地、钛铸件、钛合金无缝管、航空航船用钛零部件、钛钢复合材料、增材制造和粉末冶金专用钛及钛合金材料
钛白粉	硫酸法钛白生产线改造（废酸综合利用、酸性废水处理等）、偏钛酸、氯化法钛白
钛基能源材料	钛系储氢合金、低价钛氧化物、钛酸锂等

10.5　钒钛产业集群发展实证

自 1965 年建市以来，经过五十多年的建设和发展，攀枝花钒钛磁铁矿资源综合利用水平极大提高，产业发展实现了从钢铁为主的较为单一的资源开发利用模式向铁、钒、钛等多种元素综合利用开发模式的转变，特别是以攀钢集团公司为龙头、七十多家民营企业共同参与的多元投资体制下形成的钒钛产业集群化发展初具规模，资源优势向经济优势转变取得了明显的效应。2008 年攀枝花钒钛产业集群入选"中国产业集群 50 强"，攀枝花已经成为全国最大的钒钛原料基地、世界第二大钒产品生产基地、中国最大的钒钛钢生产基地，钒钛特色产业已成长为攀枝花市乃至四川省全力打造的重大支柱产业之一。攀枝花未来的发展目标是，深度推进钒钛产业集群化发展，构建和完善钒钛资源、钒钛材料、钒钛延伸应用三个层次的关联产业群，打造上千亿元规模的产业集群，成为世界知名钒钛之都。

综观攀枝花钒钛产业集群发展的成长轨迹，其发展成长与区域丰富的资源禀赋、广阔的市场需求、技术的优化提升、政策的有力促进相关联。结合攀枝花钒钛产业集群发展未来的目标和方向，攀枝花钒钛产业集群向高质量、高效益发展，已具备良好的产业基础、有利的市场环境、强大的技术推动和可靠的政策保障。

10.5.1　产业集群的形成得益于丰厚的资源储量

大自然赋予攀西丰富的钒钛磁铁矿资源，是区域钒钛特色产业发展的坚实基础，也是产业集群形成的前置条件。五十多年的生产实践活动，攀枝花钒钛产业由小变大，由弱变强，由低端向高端化，由粗放向精细化而发展形成的规模化、链条化、集聚化的现代产业模式，已充分实证，独特而富集的资源储量、品质、分布等因素，对区域特色产业形成和崛起以及资源综合开发利用所具有的不可替代的重要性与现实意义。在前面的章节中对攀西拥有的资源状况已作了较为完整的叙述，关于攀西区域富集的资源对现代产业集群形成所产生的基础性作用在这里就不再赘述。

10.5.2 产业集群的形成得益于巨大的市场需求

随着现代经济社会的快速发展，以及钒钛生产技术的不断升级和钒钛产品终端应用市场的不断扩大，除了航空、军事领域，钒钛在生物医疗、新动能能源、健身器械、体育用品以及海洋工程等民间领域也被广泛渗透和应用，钒钛产业市场容量十分巨大，客观上为攀西区域钒钛产业集群化发展提供了无限广阔的发展空间。

从钒产业情况看，世界上85%以上的钒用于钢铁生产的添加剂，钒及其化合物在电子工业、宇航、陶瓷工业中的用量也逐步加大，另外，新能源产业的快速发展给钒电池及钒基储氢合金等能源新材料发展提供新的市场空间，钒的消耗量呈逐年增长的态势，据专家预测，2010—2025年全球钒需求将有4.8%的年复合增长率，而中国需求增长率则有8.5%；到2020年世界钒的年消费量将达到10万吨以上，中国钒消费量将达到8万吨，钒产品市场前景较好。国内钒产业，攀钢与承钢两家公司的钒制品占据了国内市场的绝大部分份额，具有独特的钒资源优势和较强的生产研发能力，在国内钒产业领域处于领先地位，并具有重要的国际影响力。在钒产品市场的助推下，2017年攀枝花从事钒产业集群生产企业有9家，其中地方7家，攀钢2家，其中，钒渣产能已达50万吨，五氧化二钒产能3.32万吨。

钛产业主要以钛白粉和金属钛及钛合金的形式广泛应用于国民经济的各个方面。目前，90%的钛精矿用于生产钛白粉，4%用于生产海绵钛和钛材，6%用于生产钛焊条等其他方面。钛白粉广泛用于涂料、塑料、造纸、化纤、油墨、橡胶等工业；钛材特别是高档次钛材在国防军工、航空航天、电力冶金、石油化工、真空制盐、海洋工程、汽车制造、生物工程、地热工程以及体育休闲旅游等领域被广泛应用。国际国内的市场需求近些年不断增长，全球范围内来看，钛白粉的需求与全球 GDP 的增长密切相关，1990—2011 年全球钛白粉需求量从不足 300 万吨增长到约 540 万吨，2013—2020 年全球钛白粉需求仍持续保持约 4.5% 的增速。目前，国内钛产业发展，中国已经成为全球第一大钛白粉生产国和消费国。钛白粉国内消费量在 2017—2018 年维持高速增长，据预测 2019 年中国钛白粉消费量将达 285 万吨。2015 年，我国海绵钛需求量约为 20 万吨，钛材需求量约为 5 万吨，海绵钛需求量约为 7 万吨，市场缺口较大；以海绵钛为例，从 2000—2010 年的 10 年间海绵钛产量从原来的 1900 吨上升到 54661 吨，增加了近 29 倍；在钛材方面，全球钛材以其优异的性能和生产能力的扩大，正逐渐从军工领域向民用领域发展，国内钛材用量增长速度较快，预计 2015—2020 年国内钛材年需求量为 3 万吨左右。随着经济的增长，对钛产品的需求会逐步增长，钛产品市场空间将会有较大增加。国内钛白粉供需情况见表 10-4。

表 10-4　　　　　国内钛白粉供需情况（2006—2018 年）

年度	产能/万吨	产量/万吨	进口量/万吨	出口量/万吨	表观消费量/万吨	生产商数量/家
2006	100	85	25.66	19.37	91.3	62
2007	130	100	21.46	13.80	113.9	65
2008	138	78.7	25.05	5.85	96.3	70
2009	180	104.7	24.49	10.36	118.8	56
2010	243	147.2	26.90	26.64	147.5	51
2011	250	175.5	23.08	39.81	158.6	55
2012	260	189	16.34	38.50	166.8	49
2013	280	215.5	19.37	40.30	194.6	48
2014	306	243.5	21.67	55.25	209.8	46
2015	278	230.1	20.36	53.84	196.7	42
2016	306	259.7	19.98	71.73	206.6	42
2017	320	287	21.5	83.09	225.5	41
2018	340	—	19.75	90.68	—	39

资料来源：毕胜. 2018 年中国钛白粉行业状况及发展 [J]. 钢铁钒钛，2018, 39 (6): 1-4. 作者整理。

在国际国内巨大的市场需求促进作用下，也助推攀西钒钛产业的快步发展，一批有较强竞争力的钛产品生产企业集群初步形成，集群效应不断显现。以钛白粉产业为例，2013年攀枝花钛白粉（含特种钛白粉）产能49.58万吨，约占全国总产能的17.7%，产量30.6万吨，占全国总产量的14.4%；到2017年攀枝花钛白粉产能达到65.52万吨，约占全国总产能的20.5%，产量44.9856万吨，占全国总产量的15.7%。2017年攀枝花钛产业集群还形成了372万吨的钛精矿产能、产量272.7万吨，钛精矿产量约占国内总产量的71.76%，为全国最大的钛原料基地；钛渣产能为60.2万吨、海绵钛产能1.5万吨，钛锭产能1.2万吨、钛材产能0.6万吨。

10.5.3 产业集群的形成得益于技术的创新突破

攀西钒钛产业集群发展的瓶颈和所面临的最重要的问题就是技术突破，由于攀西钒钛磁铁矿禀赋状态及加工技术的特殊性，推进技术创新，开展关键共性研发，催生颠覆性技术的诞生，成为促进产业集群发展壮大的核心动力。

在技术突破方面，近十年来，攀枝花先后建立了国家级、省级、市级等重点实验室、工程技术研究中心、企业技术中心60多个钒钛科技研发平台，这些平台成为攀枝花钒钛产业实现技术创新突破的重要载体。同时2011—2016年的五年间，攀枝花钒钛资源综合利用产业技术创新战略联盟，以核心企业为主体，充分与国内科研机构和知名高校合作，根据联盟产业技术创新路线方案，围绕高效采选关键工艺技术与装备、铁钒钛铬高效清洁分离关键技术与示范、钛产品工程、钒产品工程等方向领域，启动了"钒钛磁铁矿高效清洁采矿成套技术研究""高铬型钒钛磁铁矿转底炉还原新工艺研究"等17项重点项目，经过艰苦的创新实践，一批关键技术取得重大突破，如氧化钒清洁生产工艺实现了工程化应用、基于攀西资源生产优质海绵钛的全流程技术实现产业化、高炉渣提钛技术实现重大突破并进入工程化示范阶段、高铬型钒钛磁铁矿资源综合利用技术基本定型；钒电池电解液制备技术方面等一批前瞻性技术取得重大进展；攀西钛资源的高值化利用等一批重点技术创新方向形成共识。技术上的进步和突破为推动攀西钒钛产业集群向更高端发展、持续发展提供了坚强有力的技术支撑和保障。

10.5.4 产业集群的形成得益于政策的战略引导

政府在产业集群形成发展过程中所作出的战略发展规划、采取的政策引导措施、提供的发展环境对产业发展起着十分重要的促进作用。一方面是通过市场资源配置形成的产业集群，如果没有政府在土地规划、产业政策、市场管理以及必要的基础设施投入等方面的扶持，产业的发展会非常缓慢，集群也很难形成；另一方面政府从资源的供给控制、产业壁垒设立、技术创新水平、金融市场等方面影响产业集群的发展，同时，涉及钒钛产业各级地方政府在引进外部资源中，在谈判、组织、信誉、承诺、合作网络的扩展等方面也具有较强的优势，并从而影响着供需双方，使产业的需求供给结构发生巨大变化，促进产业集群的形成与发展。

攀西钒钛产业集群的形成和发展，从1965年建市开始，国家、四川省和攀西区域就十分重视钒钛产业的培育和建设，并从政策角度给予了大力的引导、支持和扶持，制定了一系列的政策法规和科学的长远规划，建立了完善合理的市场机制和发展制度。2009年国家发布的《钢铁产业调整和振兴规划》，鼓励四川攀西、河北承德地区钒钛资源综合利用。2013年3月，国家发展改革委发布《"十二五"钒钛资源综合利用及产业基地规划》，2013年3月1日，国家发展改革委正式批准设立攀西国家级战略资源创新开发试验区，推动打造世界级钒钛产业基地；四川省、河北省也颁布了加快钒钛产业发展的规划，2013年出台了《四川省人民政府关于支持攀西国家级战略资源创新开发试验区建设的政策意见》；攀枝花市政府先后出台了《攀枝花市加强国家产业政策导向促进新型工业化发展的项目指导目录》《攀枝花钒钛资源开发技术创新项目奖励办法》《攀西国家级战略资源创新开发试验区建设实施规划（2013—2017年）》《攀枝花市领军型技术创新人才培养暂行办法》《关于整合和规范全市产业扶持政策资金的实施意见》等多项政策法规，鼓励和支持钒钛资源综合开发利用的政策，为钒钛产业集群的形成与发展提供了强有力的政策支撑。

第11章 石墨产业

11.1 国内外石墨矿产资源储量及产业发展

石墨是重要的非金属矿产资源，广泛应用于新能源、电子信息、航天航空、钢铁、耐火材料等各个领域，具有十分重要的工业价值。近年来，随着石墨在各大领域应用的不断拓展，世界各国对于石墨矿产资源的重视程度与日俱增，美、日等国家将其列为重要战略资源，并建立起完善的石墨资源战略储备体系。欧盟已将石墨列为14种"生死攸关"的紧缺矿产资源之一，并把石墨烯材料列为"未来新兴旗舰技术项目"，给予10亿欧元专项研发资金；美国将石墨资源列为高新技术产业的关键矿物原料，并对其开采制定严格的规定；日本则每年从我国及世界进口大量石墨沉入海底以作战略储备。世界各国，尤其美、日、欧等国家全力推进石墨产业高端发展，加大技术研发，垄断先进的石墨加工技术，石墨产业已成为各国家间现代新材料制造领域竞争的主战场，石墨产业市场方兴未艾。

11.1.1 全球石墨矿产资源储量及产业发展

近年来，随着石墨战略资源的日益凸显，各国均加大了对石墨资源的勘探和开发，导致世界石墨经济可采储量大幅增长，尤其是土耳其、巴西、印度等国新矿的发现，极大地改变了全球石墨资源的分布格局。世界石墨资源经济可采储量统计见表11-1。

表 11-1　　世界石墨资源经济可采储量统计（2009—2014 年）

国家	指标	2009 年	2010 年	2011 年	2012 年	2013 年	2014 年
巴西	经济可采储量/万吨	36	36	36	36	5800	4000
	全球占比/(%)	0.62	0.62	0.67	0.76	57.52	51
中国	经济可采储量/万吨	4230	4167	3162	2536	2445	2339
	全球占比/(%)	72.56	72.26	59.19	53.77	24.33	29.82
印度	经济可采储量/万吨	520	520	1100	1100	1100	1100
	全球占比/(%)	8.92	9.02	20.59	23.32	10.95	14.02
墨西哥	经济可采储量/万吨	310	310	310	310	310	310
	全球占比/(%)	5.32	5.38	5.8	6.57	3.08	3.95
马达加斯加	经济可采储量/万吨	94	94	94	94	94	94
	全球占比/(%)	1.61	1.63	1.76	1.99	0.94	1.2
其他	经济可采储量/万吨	640	640	640	640	300	
	全球占比/(%)	10.98	11.1	11.98	13.57	2.99	
世界总计	经济可采储量/万吨	5831	5768	5343	4717	10049	7844

资料来源：美国地质调查局. *Mineral Commodity Summaries* 2014，中国石墨经济可采数据依照中国国土资源部《全国矿产资源储量通报（2009—2014 年）》。

而据美国地质调查局于 2016 年发布的《*Mineral Commodity Summaries* 2016》数据显示，全球石墨资源储量及各国占比再次有了重大调整：截至 2015 年年底，全球天然石墨累计探明储量为 23000 万吨，依照 2015 年全球开采量计算，全球石墨资源静态开采年限为 193 年。土耳其是全球石墨资源储量最丰富的国家，2015 年土耳其石墨探明储量为 9000 万吨，占全球总量的 39.1%；其次是巴西，探明储量为 7200 万吨，占全球总量的 31.3%。中国探明储量为 5500 万吨，占全球总量的 23.9%。2016—2017 年，中国新增石墨储量累积达到 9814 万吨。①

虽然众多国家都已发现石墨矿产，但具有一定规模可供工业利用的矿床并不多，相对集中分布在少数几个国家。其中，晶质（鳞片）石墨主要蕴藏在中国、乌克兰、斯里兰卡、马达加斯加、巴西等国家；隐晶质（土状）石墨矿主要分布在中国、印度、墨西哥和奥地利等国家。多数国家只蕴藏一种石墨，矿床规模以中、小型居多，只有中国、巴西、朝鲜等四五个国家同时蕴藏晶质和

---

① 自然资源部. 2018 年中国矿产资源报告。

隐晶质石墨。

从全球天然石墨生产现状看：目前世界上有十多个国家开采石墨矿产，但世界最大石墨生产国是中国，也是最大出口国。2015年，中国占世界石墨产量的65.5%。除中国外，世界上主要开发利用石墨的国家有印度、巴西、加拿大、朝鲜、俄罗斯、墨西哥、马达加斯加、斯里兰卡等国。

从全球天然石墨应用现状看：石墨主要应用于耐火材料、铸造、冶金、超硬合金、润滑剂、原子能、国防军工和航天等领域。近两年来，世界石墨应用结构变化不大，预计未来石墨使用的主要增长领域是高技术产业，如新能源、半导体材料、锂电池、燃料电池等领域。

11.1.2 中国石墨矿资源储量及石墨产业发展情况

据中国地质调查局的报告，中国是世界第二大石墨资源国，石墨基础储量约占世界总储量的33%。石墨种类分晶质和隐晶质两类，自1995—2014年，我国晶质石墨查明资源储量平均占石墨查明资源储量的80%，隐晶质石墨占石墨查明资源储量的20%。其中晶质石墨查明资源储量整体呈现上升趋势，隐晶质石墨查明资源储量消耗大，总体呈下降趋势。截至2014年年底，我国共查明石墨矿产地162处，查明资源储量2.59亿吨。其中：晶质石墨矿130处，查明资源储量2.23亿吨，占86%；隐晶质石墨矿32处，查明资源储量0.36亿吨，占14%。晶质石墨矿主要分布在黑龙江、山西、四川、山东、内蒙古、河南、湖北、陕西等20个省份。优质大鳞片石墨主要分布在山东、内蒙古、湖北，查明资源储量288.82万吨。隐晶质石墨主要分布在内蒙古、湖南、广东、吉林、陕西等10个省份。

中国是世界第一大石墨生产国。石墨产量由2000年的165万吨上升到2006年的192万吨，后因国家经济政策和发展环境等因素，产量逐年减低，2015年全国石墨产量为86万吨，仍占当年世界总产量的67.7%。目前国内有石墨矿山194座，其中大型矿山40座，中型19座，小型135座，经过几十年的发展，我国石墨行业已形成五大生产加工基地，一是以山东青岛石墨股份公司为代表的山东莱西、平度晶质石墨生产加工基地；二是以黑龙江鸡西柳毛石墨矿为代表的鸡西晶质石墨生产加工基地；三是以黑龙江萝北县为主的云山地区晶质石墨矿生产加工基地；四是以内蒙古兴和为主的兴和晶质石墨生产加工基地；五是以湖南鲁塘为主的隐晶质石墨矿生产加工基地。

中国也是世界第一大石墨出口国和消费国，2015年出口量为25.1万吨，占世界贸易量的79.0%；消费量约为61.4万吨，占世界消费总量的53.4%。从石墨出口看，我国每年大量出口的主要为低端石墨产品，大约占石墨出口量的50%，同时我国每年从国外进口高档石墨产品约7万吨左右，相当于美国一年的天然石墨用量，主要原因是由于我国石墨深加工能力有限，造成低端石墨产能过剩，高端石墨依赖于进口。中国国内石墨市场的消费需求，2015年，中国石墨消费量约63.4万吨，用于钢铁冶金和耐火材料工业占总量的42%，用于铸造业占总量的12%，其他类别占46%，包含锂电池、铅笔、导电材料、密封材料和润滑材料等。

11.2 攀西石墨矿资源量及产业发展情况

石墨资源是攀西区域继钒钛磁铁矿之后又一个优势资源，随着石墨产业在国内外迅猛发展，对推动攀西资源综合利用、培植和打造石墨新技术高端产业带来发展机遇，抓住有利时机，利用区域丰富石墨资源，科学规划石墨产业发展，把最具资源优势、最具发展潜力的石墨产业做大做强，尽快培育成攀西区域经济发展的重要支柱。

11.2.1 攀西石墨资源储量及特点

攀西石墨资源储量丰富，开采条件好，累计探明石墨资源储量约3000万吨（资源主要分布在攀枝花区域内），占全国的13%左右。根据四川省国土资源厅组织完成的《四川省石墨矿产资源潜力评价报告》，预测攀枝花市可新增石墨资源量3800万吨，累计资源量约6800万吨。石墨矿主要分布在仁和区中坝以及盐边县田坪和大箐沟，中坝石墨矿以1694万吨的储量居四川第一，全国第三；盐边县石墨查明资源储量约1400万吨，包括渔门镇大箐沟石墨矿区419.7万吨、惠民乡田坪石墨矿区739万吨等。攀枝花石墨矿均为晶质石墨矿，其中中坝矿区大鳞片石墨占了23.32%~54.03%。总体上，攀枝花石墨资源呈现储量大、矿体集中、质量优，具有剥采比小、浮选性能好等特点。

11.2.2 攀西石墨产业发展现状

攀枝花区域拥有的石墨资源量，在全国的地级市中居第三位，仅次于黑龙江省鸡西市与鹤岗市，虽然拥有与黑龙江鸡西和山东平度相同的石墨矿产资源优势，但在实际的开发利用中却远远落后两地。2015年年底，攀枝花共设置石墨矿矿权4个，其中探矿权2个，采矿权2个。攀枝花有两家具有探矿权的石墨矿采选企业，两家石墨企业中，仁和区的攀西石墨股份有限公司是一家从事石墨矿产资源开发利用的大企业，该公司于2007年6月成立，注册资本仅500万元，专业从事石墨的洗选厂，并拥有中坝石墨矿山0.1003平方公里的采矿权和3.46平方公里的探矿权，公司主要生产含碳量88%~96%的中、高碳石墨产品，作为高炉耐火材料的添加剂销往攀钢、昆钢等钢铁企业，目前，攀枝花市的两家石墨企业均处于停产状态。

总体来看，攀枝花石墨产业起步时间晚，从事生产企业数量少，规模小，经营分散，产品结构单一，尚未形成综合实力较强的产业集群。少量的企业以生产低端石墨材料为主，生产工艺落后，加工过于粗放，浪费严重。科技研发创新能力严重不足，尤其是石墨材料的基础研究薄弱，近年来产生的科研成果十分稀少，科技对石墨产业支撑不足，石墨产业发展面临生产技术升级改造、产品种类和质量的提升等技术问题。攀枝花石墨产业处于有资源、无发展的现状，亟待加大投入，推动石墨产业快速发展成长。

11.3 石墨资源性产业发展趋势

石墨作为国家十分重要的战略性矿产资源，在国民经济中的地位日益突显，其资源储备工作已纳入第三轮全国矿产资源规划。近年来出台的《中华人民共和国国民经济与社会发展第十三个五年规划纲要》《中国制造2025》《四川省国民经济和社会发展第十三个五年规划纲要》等国家、省市规划政策均将石墨及石墨烯产业列为发展重点。随着国内外高新技术、战略新兴领域的出现为石墨资源产业创造了更加广阔的发展空间，尤其是石墨材料中的石墨烯材料集多种优异性能于一体，是主导未来高科技竞争的超级材料，也被称为"21世纪最有前途的新材料"，被广泛应用于电子信息、新能源、航空航天以及柔性电子等领域，可极大推动相关产业的快速发展和升级换代，2015 年在国家工信部、发改委、科技部联合印发《关于加快石墨烯产业创新发展的若干意见》中，提出把石墨烯产业打造成先导产业。可见国家对推动石墨领域高端材料产业发展的重视程度，石墨资源性产业市场前景巨大。

11.3.1 中国石墨产业发展前景预测

我国石墨产业在改革开放初期，只有采矿、选矿、初级提纯工艺，技术水平严重落后于国外，产业发展存在开采无序、深加工技术落后、环境污染严重等问题。20 世纪 90 年代末开始，在锂离子电池产业的带动下，我国开始注重石墨深加工，发展球形石墨、负极材料产品。经过 40 年的建设发展，目前，我国初步拥有石墨深度加工、精细加工表面处理技术，金属、塑料与石墨的复合技术，超细纳米石墨、石墨合金粉末、液体石墨、石墨溶胶制备技术等。

石墨作为新能源、国防、军工等现代工业及高、新、尖技术发展中不可或缺的重要战略资源，特别是石墨烯的出现，为石墨产业发展开拓了新的空间。根据国际石墨深加工先进技术发展趋势，我国正加快石墨功能材料的发展，重点突破石墨烯材料规模化制备共性关键技术，构建完善的石墨烯产业体系，缩小与发达国家的差距，抢占石墨高端材料产业制高点。

从我国石墨产业发展的市场空间看，预计 2016—2030 年，石墨增速为 4.62%。其中，耐火材料（镁碳砖）、炼钢（增碳剂）增速呈下降趋势。铸造、密封材料、摩擦材料、铅笔、油墨呈平稳增长趋势，预测新能源、新能源汽车等增长速度最快，为 20%，其他石墨烯、军工等新材料领域增长 10%。以 2015 年我国石墨使用量 63.4 万吨为需求预测基数，2016—2030 年石墨需求量及预测需求趋势，2020 年石墨需求量将达到 80 万吨，2025 年将达到 100 万吨，2030 年将达到 125 万吨，尤其对天然鳞片石墨（晶质石墨）的需求量将会大幅提高。未来核反应堆、锂离子电池、石墨烯都需要消耗大量的晶质石墨，其中锂离子电池负极材料用天然石墨将有大幅提升。

石墨产业中，以石墨烯制造市场前景巨大，据分析预测，到 2025 年，中国的石墨烯市场将占据全球石墨烯市场份额的 50%～80%，成为全球石墨烯行业发展最强有力的推动力量，在全球石墨烯市场上占据主导地位。石墨烯产业发展的市场方向，一是由于石墨烯具有卓越的物理化学特性，能够全面提高现有动力电池的质量品质，这使得石墨烯在新能源领域的应用成为当前炙手可热的颠覆性技术之一；二是复合材料一直是石墨烯最具吸引力的市场，石墨烯基功能型复合材料在机械、光学、力学以及能源领域的应用将会成为石墨烯基复合材料发展的主要方向；三是在电子信息行业，随着石墨烯在柔性显示以及传感器应用的成熟，两个应用领域的结合形成智能柔性电子将是石墨烯在电子行业发展的必然趋势；四是热管理领域，是石墨烯最具可行性也是最具颠覆性的下游应用领域；五是石墨烯在医药领域的应用研究，主要集中在生物安全性、纳米载药体系、基因治疗、生物监测以及生物城乡和诊断等方向，将带来生物医药行业方兴未艾，推动迅猛而稳健地发展，前景一片广阔。

11.3.2 攀西石墨产业发展的环境因素

攀枝花石墨产业起步晚起点低，产业发展规模尚小，产品低端化明显，集聚发展还未形成，随着国家对石墨产业的重视和推动，攀枝花石墨产业发展前景看好，机遇难得，将极大促进攀枝花经济结构调整和产业结构转型升级。

《中国制造2025》战略布局中，石墨产业及石墨功能材料已列为国家重大产业发展，重塑制造业竞争新优势，为攀枝花加快发展石墨产业明确了路径和方向；国家"一带一路"和长江经济带发展、两化融合等战略，为产业转型、新兴产业、高端产业发展带来更多更大更有利的发展政策和市场空间。2013年3月，国家发展改革委正式复函，同意设立攀西战略资源创新开发试验区，国家"十三五"发展规划和西部大开发战略明确支持攀西地区开发战略资源，批准攀枝花市为国家新型工业化示范区。石墨资源也属于国家战略资源，攀枝花石墨产业发展将享受国家给予攀西战略资源创新开发试验区的相关政策优惠。国家、四川省一系列战略的实施无疑给攀枝花石墨产业带来前所未有的发展机遇。

石墨产业发展面临的不利因素，一是由于攀枝花石墨产业规模小，石墨企业科技力量非常薄弱、研发人才资源十分匮乏，随着石墨产业领域科技创新日新月异，国际大型石墨巨头凭借超强技术研发和创新能力，引领科技发展的前沿，并对我国实行技术封锁，促使我国加大技术投入，推进石墨产业升级的步伐日趋加快，攀枝花面临科技创新的形势日益严峻。二是我国石墨产业开采和加工呈现无序化状态，低端石墨粗加工产品一直处于产能过剩的状态，而石墨高端产品长期依赖进口，石墨贸易长期呈现"低出高进"的状态，攀枝花自身石墨产业低端化十分明显。发展石墨产业需另辟蹊径，强化技术创新，必须走高端石墨产业路线。三是石墨产业高能耗、高排放，绿色发展成为趋势，绿色是永续发展的必要条件和人民对美好生活追求的重要体现,对石墨产业走绿色生态发展提出了新的要求,国内石墨产业高能耗、高排放、以牺牲环境换取经济增长的发展模式不符合绿色发展的理念。四是攀枝花产业发展中用地指标日益稀缺,基础设施建设滞后,企业融资困难,高端人才缺乏等因素都成为攀枝花产业发展的制约。

11.4 攀西石墨产业发展的重点和方向

攀枝花具有石墨资源储量丰富、易开采加工的发展优势,应紧紧抓住国家发展石墨产业的重要战略机遇,以产业升级为主线,积极推动石墨产业向高端化、集聚化方向发展,推进石墨企业向高科技、高层次转型升级,不断提高攀枝花石墨产业综合竞争力,引导石墨产业创新发展、科学发展、跨越发展。根据国内外石墨产业的现状、发展趋势以及国家和地方产业政策,结合攀枝花的资源、区位、市场、交通等特点,攀枝花石墨产业发展的重点方向主要在以下几个方面。[①]

11.4.1 石墨提纯及综合利用产业

严格控制石墨资源开采总量,按原矿品位不同进行分类开采、分级加工;推进现有石墨加工企业联合重组、转型升级;重点发展高纯石墨、高碳石墨等项目;推进绿色矿山建设,推进石墨采选加工绿色、高端、可持续发展,加强尾矿综合利用。加快建设高碳石墨生产线、高纯石墨项目、微细粉石墨项目等支撑产业发展及市场需求的石墨精深加工项目。

11.4.2 钢铁、建材等行业用石墨产业

围绕攀枝花钢铁工业,招引大企业集团,重点发展大直径超高功率天然石墨电极、石墨坩埚等产品。结合中国建材集团建筑材料主业,大力发展膨胀石墨、石墨地热薄膜、石墨聚苯板、水泥回转窑用高纯石墨密封件以及玻璃锡槽用高纯石墨档坎、高纯石墨内衬、高纯石墨垫圈等高技术高附加值深加工产品,加强石

[①] 攀枝花市石墨产业发展规划(2016)中指出,石墨市场前景巨大,特别是石墨烯材料集多种优异性能于一体,是主导未来高科技竞争的超级材料。

墨阻燃涂料、石墨地暖加热片等产品的研究开发。重点建设年超高功率石墨电极项目、石墨地热薄膜项目和石墨聚苯板项目等。

11.4.3 新能源用石墨产业

重点发展石墨锂电池负极材料、碱性电池用导电石墨、球形石墨、包覆石墨、柔性石墨双极板、晶硅电池用高纯石墨加热器、导流筒等新能源用石墨产品，加大核级石墨技术与装备的开发与国产化，加大钒电池等新技术的研究开发。加快建设球形石墨、大功率动力锂电池负极材料、高性能锂电池、光伏行业用高纯石墨制品、氟化石墨、核石墨等项目。

11.4.4 电子信息用石墨产业

重点发展高导热柔性石墨、胶体石墨、硅化石墨等与电子信息产业相配套的石墨产品，加快各项同性石墨以及半导体设备器件、SiC半导体石墨衬底材料等技术研究开发，招引大企业集团和特色企业入驻，推动电子信息石墨生产向配套化、系列化发展，加强与成都、重庆等地区电子信息产业衔接，推动攀枝花石墨产业与成渝地区电子信息产业的有机结合和协同发展。加快建设导电石墨乳、年产电子产品用石墨散热膜生产线建设、半导体石墨等项目。

11.4.5 石墨资源产业的其他应用

重点发展氟化石墨高级润滑油、柔性石墨、柔性石墨密封件、超薄石墨纸、金刚砂、金刚石复合片、工业金刚石等产品，加大石墨环保材料、石墨医疗器件、石墨隐身材料等技术的研究开发。突出建设超高纯纳米石墨、工业金刚、超高纯石墨、柔性石墨密封件等项目。

11.4.6 石墨烯产业

围绕石墨烯批量制备以及基于石墨烯的各类功能材料制备关键技术，引导攀枝花企业携手有关高校、科研院所，协同开发石墨烯规模化制备技术，促进关键工艺及核心装备产业化，重点发展利用石墨烯改性的储能器件、功能涂料以及用于环境治理的生产应用技术以及基于石墨烯材料的电子信息传感器、触控器件、电子元器件等产品的制备技术，并积极引导向终端产品应用。重点建设石墨烯粉体、石墨烯导电膜玻璃、石墨烯传感器、石墨烯防腐涂料、石墨烯超级电容器等项目。

11.5 石墨产业建设发展展望

攀枝花大力发展石墨产业正逢于全球产业变革和国内经济结构提档转型、供给侧结构性改革的重大机遇，展望石墨产业的发展趋势和技术路径，以创新为动力，以市场为导向，以企业为主体，以资源科学高效利用为支撑，着力培育领军企业，推进大项目建设，统筹协调、开放合作、质量优先，引导石墨产业向高端化、集群化发展，石墨产业将会成为继钒钛产业、康养产业后发优势强劲的新兴产业，成为攀枝花经济可持续发展的新引擎、新动力。

11.5.1 石墨产业发展"6611"计划

立足攀枝花市石墨资源优势，把攀枝花市打造成"中国石墨产业新城"，成为年产值超过百亿元的国际先进、国内一流的石墨产业创新中心与制造基地。重点实施"6611"计划，即：实施"6项主要任务"，培育"6大产业板块"，建设"1个产业集聚区"，实现"百亿产值目标"。[①]

6项主要任务：强化资源保障、加大招商力度、提升创新能力、促进产业升级、加强企业培育、完善园区建设。

6大产业板块：石墨提纯及综合利用，钢铁、建材等行业用石墨，新能源用石墨，电子信息用石墨，石墨其他应用，石墨烯。

1个产业集聚区：打造攀枝花石墨产业集聚区。

百亿产值目标：2025年，攀枝花石墨产业总产值达100亿元。

11.5.2 石墨产业发展宏观目标展望

展望2025年，全力构建创新活跃、龙头带动、技术领先、结构合理、配套

---

① 攀枝花市石墨产业发展规划（2016），见专栏二。

完善的石墨产业体系。

其宏观建设目标：一是产值，到2025年，全市石墨产业产值力争突破100亿元；2030年，全市石墨产业产值力争突破400亿元，力争增加值占攀枝花市生产总值的比重达到8%以上，成为攀枝花市支柱产业之一。[①] 二是科技创新，到2025年，攀枝花市石墨产业研究与试验发展（R&D）投入占石墨产业总产值比重达到3%，建成3个省级以上科技创新平台，力争建成1个国家级创新平台，专利授权量达到100件/年。产学研紧密结合，攻克一批石墨产业关键共性技术，部分石墨技术达到或接近国际先进水平。三是集聚发展，到2025年，攀枝花石墨产业园营业收入超80亿元，占全市石墨产业的80%。四是企业培育，到2025年，培育6家以上拥有自主技术和自主品牌的骨干企业，形成主营业务收入超50亿元企业1家，超10亿元企业1家和超5亿元企业4家，上市公司2家；形成一批在国内有影响力的骨干企业，并培育一批具有市场竞争力"专精特新"的中小型配套企业群。五是品牌培育，到2025年，创省级以上品牌5个以上，其中国家级品牌1个以上。六是社会效益，至2020年，提供2万个工作岗位；推进石墨及石墨烯产业"绿色、循环、低碳"发展，抓好重点耗能企业和耗能项目的节能，到2025年，80%以上企业实现清洁生产。

[①] 与攀枝花市石墨产业发展规划（2016）中设立目标相比，本书目标数据基于市场发展做了一定调整。

第12章 稀土产业

稀土是指元素周期表第Ⅲ族副族的元素，是钪、钇和镧系元素共17种金属元素的总称。据其物理化学性质的差异性和相似性，可分成三个组：轻稀土组（镧~钷）、中稀土组（钐~镝）、重稀土组（钬~镥加上钪和钇）。已发现的稀土矿物有250种以上，其中具有工业价值的约50~60种，最重要的稀土矿物有氟碳铈（镧）矿、独居石、磷钇矿、离子吸附型稀土矿、褐钇铌矿等。由于稀土具有许多优异的磁、光、电等物理特性，能与其他元素组成品种繁多、用途各异的新型材料，其在改善产品性能，增加产品品种，提高生产效率以及科技创新和战略性新兴产业发展等方面都具有举足轻重的作用。进入21世纪，稀土已成为国际各领域高科技竞争中的重要战略资源，尤其是随着我国"中国制造2025"和"攀西国家战略资源创新开发试验区建设"等国家战略的实施，稀土产业在国民经济发展、国防建设中的基础支撑地位与作用越来越明显，特别是近二十年，我国采取了强有力的措施加大了对稀土资源的保护和开发力度，稀土产业已成为国家战略中事关国家安危和高科技、高性能材料制造领域的核心产业，成为新时期驱动我国新型化工业和新经济发展的新引擎。

12.1 稀土资源储量和产业发展情况

稀土元素自1894年由芬兰化学家约翰·加得林在瑞典发现以来，由于特殊的原子结构，稀土家族的成员非常活泼，且个个身手不凡，魔力无边。它们与其他元素结合，便可组成品类繁多、功能千变万化、用途各异的新型材料，且性能翻番提高，被称作当代的"工业维生素""工业味精""工业黄金""新材料宝库"，是极其重要的战略资源，在军事、石油、化工、冶金、纺织、陶瓷、玻璃、永磁材料等领域都得到了广泛的应用。稀土应用及产业在美国、英国、日本等西方发达国家得到了快速的发展,同时也疯狂掠夺和把控着国际稀土资源市场较大份额。改革开放以来,我国稀土产业快速发展,已拥有世界上最庞大的稀土工业构架,是世界上最大的稀土生产国、消费国和供应国。① 未来,随着稀土在新材料、尖端技术、军事国防工业等重要领域被广泛应用,稀土产业有着无限广阔的市场前景。新时期面对复杂多变的国际发展环境,国家在稀土资源控制、稀土产业发展、稀土产品供应方面的政策又将深远地影响全国乃至全球稀土产业的发展。

12.1.1　全球稀土资源储量情况

世界稀土资源储量非常巨大,除我国已探明资源量居世界之首外,澳大利亚、俄罗斯等独联体国家、美国、巴西、加拿大和印度等国家稀土资源也很丰富,近年来在越南也发现了大型稀土矿床。另外,南非、马来西亚、印度尼西亚、斯里兰卡、蒙古、朝鲜、阿富汗、沙特阿拉伯、土耳其、挪威、格陵兰、尼日利亚、肯尼亚、坦桑尼亚、布隆迪、马达加斯加、莫桑比克、埃及等国家和地区也发现具有一定规模的稀土矿床。根据 2016 年资料显示,2015 年全球稀土累计探明储量为 1.26 亿吨(以稀土氧化物 REO 计),远景储量 1.56 亿吨,其中,我国的稀土储量为 5500 万吨,约占全球储量的 44%。巴西和澳大利亚的稀土储量分列二三位,分别为 2100 万吨和 380 万吨,国外矿山主要以轻稀土为主,中、重稀土储量较少,上述主要国家中,俄罗斯、美国、印度等稀土矿山主要以轻稀土为主,中、重稀土储量较少,有开采条件的中、重稀土主要集中在中国。

据有关资料表明,澳大利亚、俄罗斯、加拿大、巴西、越南等国近 20 年来已先后发现了一批大、超大型稀土矿床,如:澳大利亚韦尔德山碳酸岩风化壳稀土矿床,澳大利亚东西海岸的独居石砂矿床;美国芒廷帕斯碳酸岩氟碳铈矿矿床;巴西阿腊夏寨斯拉估什碳酸岩风化壳稀土矿床;俄罗斯托姆托尔碳酸岩风化壳稀土矿床、希宾磷岩稀土矿床;越南茂塞碳酸岩稀土矿床等,其稀土资源量均在 100 万吨以上,有的达到上千万吨,个别超过亿吨,构成世界稀土资源的主体。

2015 年世界稀土资源储量比率情况如图 12.1 所示。

---

① 中华人民共和国工业和信息化部于 2016 年发布的《稀土行业发展规划(2016—2020 年)》指出,中国发展稀土行业的重要机遇已经到来。

其他国家，33%　　　　　中国，44%

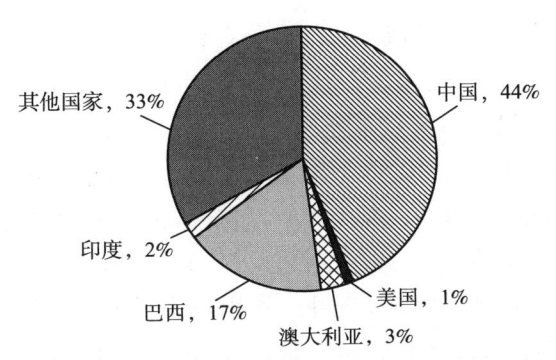

印度，2%

巴西，17%　　　美国，1%

澳大利亚，3%

图 12.1　2015 年世界稀土资源储量比率情况

资料来源：USGS。

1. 中国稀土资源储量与分布情况

中国是世界上稀土资源最大储量国，总保有储量超过亿吨，素有"稀土王国"之称。

从储量看，据资料统计，我国探明的稀土资源储量（REO）已经超过 1 亿吨，预测资源远景储量大于 2.2 亿吨，显示出我国稀土资源的巨大潜力。我国稀土资源从 20 世纪 70 年代占世界总量的 74%，到 80 年代下降到 69%，至 90 年代末下降到 45% 左右，这主要是澳大利亚、俄罗斯、加拿大、巴西等国近年来先后发现一批大型、超大型稀土矿床。我国稀土资源不但储量丰富，而且还具有矿种和稀土元素齐全，稀土品位及矿点分布合理等优势，为我国稀土工业的发展奠定了坚实的基础。稀土资源是不可再生资源，目前稀土行业总体上普遍存在生产方式粗放、资源回收再利用率低等问题，经过四十多年的大量开采利用，稀土资源储量正在呈现逐年下降，据百度百科上提供的"世界稀土资源储量"显示：1989 年时，储量排序中国稀土储量 3600 万吨，占世界的 80%；美国储量 550 万吨，占世界的 12.3%；印度储量 180 万吨，占世界的 4%；澳大利亚储量 48 万吨，占世界的 1.5%；俄罗斯储量 45 万吨，占世界的 1%。到 1993 年，排序变化为中国 4300 万吨，占 43%；俄罗斯 1900 万吨，占 19%；美国 1300 万吨，占 13%；澳大利亚 520 万吨，占 5.2%；印度 110 万吨，占 1.1%。而截至 2011 年，排序变化更大，美国稀土储量跃居世界第一，占全球稀土储藏量的 40%；俄罗斯第二占 30%；中国第三占 23%；印度第四占 7%。原来储量占世界第一的中国，排名落后到第三，而原来排名第二的美国，却跃居世界第一。我国已经实施战略性地控制稀土开采，科学地发展稀土产业，以保障国民经济和国防建设的发展。

从分布看，我国稀土资源成矿条件十分有利、矿床类型单一、分布面广而又相对集中。截至 2016 年，全国 2/3 以上的省（区）均发现上千处矿床、矿点和矿化产地，除内蒙古包头的白云鄂博、江西赣南、广东粤北、四川凉山（冕宁）为稀土资源集中分布区外，山东、湖南、广西、云南、贵州、福建、浙江、湖北、河南、山西、辽宁、陕西、新疆等省（区）亦有稀土矿床发现。全国稀土资源总量的 98% 分布在内蒙古、四川、江西、广东等省（区），形成北、南、东、西的分布格局，并具有北以轻稀土为主，南以中重稀土为主的分布特点。轻稀土主要分布在内蒙古包头的白云鄂博矿区，其轻稀土储量占全国稀土总储量的 83% 以上，居世界第一，是我国轻稀土主要生产基地。离子型中、重稀土则主要分布在江西赣州、福建龙岩等南方地区，其中，以赣州为最，重稀土储量产量占全国的 50% 以上，尤其是在南岭地区分布可观的离子吸附型中稀土、重稀土矿，易采、易提取，已成为我国重要的中、重稀土生产基地。

2. 攀西稀土资源情况

攀西试验区区域稀土资源储量十分丰富，是我国轻稀土主要集中地。

据相关资料分析，攀枝花区域钒钛磁铁矿矿区赋存储量巨大的重稀土资源，尤其是大量被当做废石弃土排放的表外矿和尾矿等均可视为重稀土矿，钒钛磁铁矿是一种多金属共生矿，并伴生有约 20 种稀贵金属，一直以来由于格外重视其中的铁、钒、钛等含量较高的金属元素，而忽略了含量较低的重稀土元素，以致于长期湮没无闻。攀枝花重稀土资源主要赋存于攀枝花矿、盐边红格矿、米易白马矿以及新街矿 4 大矿体中，其中仅攀枝花矿区表外矿中的重稀土储量约为 75.5 万吨（按 3.97 亿吨储量计算），接近江西全省储量。尽管从理论上看，攀枝花钒钛磁铁矿资源总量大，因此其中赋存的重稀土资源量也相对较大，由于单位含量极低，尚难以稀土矿视之，特别是在现有科技和工艺条件下，提取利用的难度极大。但从攀枝花重稀土资源潜力显示，攀枝花重稀土有望接续南方江西、广东等 7 省区，成为中国又一个重稀土资源战略储备地。

凉山州是我国三大轻稀土矿蕴藏地之一，现已探明稀土矿保有储量 6579.26 万吨，含稀土氧化物（REO）为 278 万吨，平均地质品质 3.93%。凉山州稀土资源集中分布于冕宁、德昌两县，构成了四川省西部南北长 100 公里的稀土矿带。凉山州稀土资源储量尚未完全查明，推测远景储量可达到 1000 万吨。凉山以轻稀土为主，属于氟碳铈稀土矿，伴生钼矿、萤石、重晶石等矿种，主要分布在冕宁的牦牛坪、三岔河、南河木洛、南河阴山、里庄和德昌的大陆槽矿区。以冕宁氟碳铈矿为主要原料，在四川形成了我国氟碳铈矿轻稀土生产基地，分离能力已超过 4.75 万吨，具有选矿工艺性能相似，无须分采、分选，利用价值高，含较多可综合利用元素如萤石、重晶石以及铅、钼、银等特点。其具体分布情况见表 12-1。

表 12-1　　　　　　　　凉山州主要稀土矿区情况表

矿区	资源储量/万吨	稀土氧化物/万吨	平均地址品质/(%)
牦牛坪	6078.6	179.4	3.01
三岔河	48.65	1.69	3.47
南河木洛	35.92	2.09	5.83
南河阴山	155.45	3.85	2.48
里庄	11.82	0.69	5.8
大陆槽	139.62	41.8	5.34

数据来源：根据冕宁稀土高新产业园区及德昌工业园区官网提供资料整理。

攀西区域的凉山州作为我国（世界）第二大稀土原矿供应地和四川稀土资源集中地，矿产资源丰富，产业基础雄厚，是国家战略新兴产业和高技术应用等领域不可或缺的重要战略资源地。充分发挥攀西区域内凉山州丰富的稀土资源优势，利用产业基础和区域特色，加快攀西凉山州稀土产业关联发展、成链发展、聚集发展和集约发展步伐，做大做强稀土产业，从而将攀西凉山州稀土资源优势转化为经济优势，对于促进攀西试验区社会和经济健康、快速与持续发展具有极其重要的意义。

12.1.2　我国稀土资源开发利用情况

经过几十年的发展，我国稀土产业在稀土矿开采与精矿生产、冶炼与分离、产品应用等环节都取得了长足进展，已成为世界上最大的稀土生产国、消费国与供应国。截至 2018 年，我国从事稀土矿山、冶炼分离的企业已集中到以中国稀有稀土股份有限公司、五矿稀土集团有限公司、中国北方稀土（集团）高科技股份有限公司、厦门钨业股份有限公司、中国南方稀土集团有限公司、广东省稀土产业集团有限公司六大稀土集团为代表的大型企业集团。其中，稀土矿企业 46

家，冶炼分离企业 54 家。① 其中稀土矿山开采企业主要集中在包头白云鄂博、四川凉山、江西、福建等地。

从生产看，作为世界第一大稀土生产国，改革开放四十年来，中国稀土产量持续增加，尤其是最近十年，几乎供应全球全部的稀土，常年保持在 85% 以上，甚至高达 90% 以上，2010 年，英国《金融时报》就报道过，全球约有 95% 的稀土产出来自中国。目前，我国主要稀土矿山企业年产能（REO）为 11.65 万吨，2016 年工业和信息化部下发的最新的稀土开采配额生产总量为 10.5 万吨，占到全球总稀土供给量 12.4 万吨的 85%。在稀土开发生产方面，美国在战略上十分精明，采用只探不采，2002 年，美国封存了国内最大的稀土矿芒廷帕斯矿，钼的生产也已停止，所需稀土资源主要从中国进口，到 2011 年时，美国稀土储量已达世界第一，占全球储量的 40%。日本没有稀土矿，所需稀土全部依赖进口，它已廉价从中国购买、储备了能用 100~300 年的稀土，日本在购得大量稀土后，并不急于使用，而是将之存于海底，以应对未来能源之需。日本、韩国通过进口和矿山购买，占有了世界稀土的 30% 以上的储存份额，中国出口量的近 70% 都去了这两个国家。

从消费看，全球稀土消费相对集中，中国、日本、美国、欧洲的消费量占据全球稀土总消费量的 90% 以上。其中，中国是稀土消费的主要国家，近年来中国消费量占全球稀土消费总量的 50% 以上；日本稀土消费量占比超过两成，欧洲、美国则各占不到 10%。从全球范围来看，稀土的下游应用主要集中于硬质合金、永磁体、催化剂、抛光粉等，该类应用占到稀土消费量的 70% 左右。其他应用主要包括玻璃、荧光粉、制陶等。

从国内稀土需求看，近年来稀土消费的增长主要来源于中国国内需求的增长，1997 年国内稀土消费量为 1.5 万吨，2012 年消费量为 6.48 万吨，年均复合增长率为 10.25%。国内的稀土下游应用相对国外更加集中，40% 以上的稀土用于永磁材料，其余主要分布于催化剂、玻璃陶瓷等。变化发展趋势，国内的稀土应用增长主要来自永磁材料消费的增长，在硬质合金、储氢材料、抛光材料应用市场增长有限。未来，预计传统领域需求增速将略有下降，新兴材料领域需求增速则仍将保持在较高水平。作为最重要的稀土下游应用，钕铁硼永磁材料目前其需求占总需求的约 20%，主要应用于音响、电动汽车、风力发电等领域。未来

---

① 中华人民共和国工业和信息化部.2018 年稀土矿山、冶炼分离企业名单公示 [EB/OL]. (2018 - 10 - 15). [2019 - 04 - 08]. http://www.ac - rei.org.cn/portal.php? mod = view&aid = 7764.

随着新能源开发以及新能源汽车的逐步推广，钕铁硼的应用范围和使用量仍将逐步提升。此外，新兴材料方面的其他需求则来自荧光粉、抛光粉、储氢合金及汽车尾气催化剂等。

12.1.3 攀西稀土资源开发利用情况

据国家商务部数据显示：我国稀土储量在1996—2009年大跌37%，只剩2700万吨，若按现有生产速度，我国重稀土储备仅能维持15~20年，已经处于一个危险的资源安全临界点。因此，在这样一个背景下，将攀西攀枝花境内的重稀土资源列为国家后备战略资源非常必要，攀枝花的重稀土资源潜力值得国家关注，应进一步组织勘测后作为国家战略资源接续储备起来。

攀西凉山州稀土资源（冕宁牦牛坪稀土矿床）发现于1984年，开采始于1989年。1989年四川地质109队与县矿产公司联合组建了冕宁县稀土开发公司，年采原矿5000多吨，1992年开始出现稀土开采热潮，最多时采选企业达到100多户。1993年四川省开始在凉山州建设稀土冶炼厂，到2015年年末，凉山州有稀土采选、冶炼分离、深加工企业共13户，其中冕宁县10户、德昌县3户，采选企业7户，深加工企业3户。凉山州稀土产业经过多年的发展，已初步呈现产业规模与集群，形成了拥有稀土精矿5万吨/年、冶炼分离4万吨/年、稀土抛光粉4000吨/年、稀土金属2000吨/年、钕铁硼4000吨/年、储氢电池1亿安/年的生产能力，集采选、冶炼分离、加工应用一条龙的产业链。主要产品有混合氯化稀土、富镧氯化稀土、氧化铈、混合稀土金属、镨钕金属、钕铁硼、稀土硅铁合金，抛光粉及储氢电池等。近年来通过技改和技术创新，在稀土分离方面，技术工艺有了很大的提升，产品品种和产品质量有所增加和提高。目前建设中的稀土产业研究院将在整合、集成"政产学研用"资源基础上，专门从事稀土产业创新研发、成果转化与孵化等服务，以在推进稀土产业创新能力和技术水平基础上，拓展稀土产业应用领域，提高产品品种和质量，从而推动凉山州稀土产业转型升级和供给侧改革。

目前，凉山州建有冕宁稀土高新产业园区和德昌稀土工业园区，以支撑凉山稀土产业的发展。冕宁稀土高新产业园区从2008年9月启动建设，现正在全力打造"设施完善、功能齐全、服务优质、环境和谐"的四川省唯一稀土高新材料产业园区，建设面积5平方公里；2013年冕宁工业园区产值39.56亿元，其中稀土主导产业规模以上企业总产值28.6亿元，销售产值19.5亿元，实现利税2.34

亿元，占园区工业比重的72%；该园区力争2020年实现产值200亿元，主导产业产值占75%以上。德昌稀土工业园区规划总面积47.23平方公里，是依托北临攀钢西昌基地、南接钒钛钢铁产业园区的良好工业区位优势而逐渐发展起来的安宁河流域"一园三区"工业走廊；一园即：德昌县工业园区，三区为：银厂高载能发展区、三棵树白鹤沟烟草及轻工业食品加工发展区、永郎高载能发展区。

攀西凉山稀土产业集聚集约发展初具雏形，形成了以四川江铜稀土有限责任公司、四川万凯丰稀土新能源科技有限公司、德昌县志能稀土有限责任公司等数家龙头企业的产业集群。凉山州稀土的生产领域从单一的矿产品采选延伸至冶炼、分离和深加工及应用产品全产业链，已初具发展规模，成为我国重要的稀土生产产业基地。[①]

12.2 攀西凉山稀土产业发展环境

当前，世界经济环境复杂多变，多边主义和单边贸易保护主义对抗影响着全球产业发展，尽管美国、欧洲各国乃至全球经济复苏乏力，稀土材料的国际需求依然保持着稳定的增长，尤其是更具中国特色的中、重稀土氧化镝、氧化铽等产品，出口增幅巨大，海外需求较大。未来，国家将在稀土资源控制、稀土产业发展、稀土产品出口三个主要方面，在政策、措施和手段上趋于更严格的把控。国务院公布的《关于促进稀土行业持续健康发展的若干意见》支持企业将技术改造与兼并重组、淘汰落后产能相结合，加快推进技术进步，更加利于我国的稀土深加工行业发展，对全国乃至全球稀土产业的发展将产生深远的影响。

12.2.1 国家稀土产业政策导向，推动向技术、高端和智能转化

为保护稀土资源和环境，从1998年起我国开始实行稀土出口配额，由此在国际上引发了诸多争议。2014年3月，经WTO裁定后，2015年1月1日起，我国实施了16年的稀土出口配额管理制度被取消。在WTO争端的背后，实际上是欧美等国家希望从我国继续以低廉的价格获得大量的稀有资源供应，以满足其国

---

① 稀土行业发展规划（2016—2020年）指出包含凉山在内的稀土资源基地在开采和冶炼方面已形成了趋于合理的布局。

内工业，特别是高新技术产业的发展需要。随着稀土出口配额限制的取消，出于我国社会、经济与环境的协调和可持续发展需要，稀土产业强化总量控制，更严控稀土行业准入机制，建立完善的稀土行业环境风险评估等制度与体系，实施规范化管理；加大技术创新，大力开发高技术、高附加值的稀土深加工及应用产品力度，上游稀土资源将更要求有序、保护性开采，中游稀土冶炼生产的严格总量控制，下游深加工领域更强化创新驱动和绿色技术的应用，推动产业由"资源型"向"技术型""低端粗放"向"高端智能"转化。[1]

12.2.2 西方国家再工业化形势，为稀土产业高端化发展带来机遇

2008年国际金融危机后，欧美国家重新重视实体经济的发展，先后启动"再工业化"进程，推进"制造业回归"，新能源、新材料、新能源汽车等高新技术和战略新兴产业是其发展的重点，而这些产业恰恰是稀土的重要应用领域。在此情况下，欧美发达国家将凭借技术优势对我国形成新一轮"工业封锁"，尤其是技术封锁，采取不利于我国的贸易手段，进一步强压我国稀土产业资源型出口，压制高端应用出口，影响我国稀土产业的发展。同时必将促进我国高新技术和战略新兴产业的发展和传统产业的转型升级走自主"创新驱动"之路，也将为稀土产业的高端应用带来新的发展机遇。

12.2.3 国家系列重大战略布局，为稀土产业发展创造了更大空间

为促进我国西部经济大发展，2000年我国开始实施西部大开发战略，得到国家继续深入的推动。2013年3月，国家发展改革委批复同意建设攀西战略资源创新开发试验区，攀西区域发展上升到国家战略层面。近十年来，国家根据国际国内经济发展的变化，又相继提出了"一带一路"倡议、"中国制造2025"等国家发展战略。这对推进我国产业经济转型升级，增强国家核心竞争力，实现绿色高效发展，助推国内各区域经济向高端发展创造了更广阔的空间。

1. 西部大开发战略

"十二五"发展以来，特别是进入"十三五"发展期，国家继续深入推进西

---

[1] 稀土行业发展规划（2016—2020年）要求稀土行业要推动集约化和高端化发展，调整优化结构，要加快绿色化和智能化转型，构建循环经济。

部大开发,提出西部地区要突出小康牵引、创新驱动、开放引领等要求;创新构建"五横两纵一环"的总体空间格局。同时,加大对西部地区的扶持力度,给予更多的政策支持,为工业发展创造了良好的外部环境。在《国务院关于中西部地区承接产业转移的指导意见》精神的指导下,四川省政府《关于承接产业转移的实施意见》中提出,围绕"四基地"建设以及"7+3"产业和战略性新兴产业发展,有重点、有目标地承接发展优势特色产业,积极引进钨、钼、铜等深加工产品技术,推进稀土应用产品产业化发展。跟进战略要求,充分发挥攀西稀土资源丰富、要素成本低、产业配套基础具备、市场潜力大等优势,加大稀土资源的合理利用,促进稀土产业集中布局、集聚发展,提升稀土产业层次,实现稀土产业高端、高效、智能、绿色发展。

2. 建设攀西战略资源创新开发试验区战略

四川攀西地区是我国重要的战略资源富集区,钒钛磁铁矿储量巨大,稀土、碲铋等资源具有独特优势,这些都是国防军工和现代化建设必不可少的重要资源,战略地位十分突出。为推动攀西区域加快发展,科学综合利用区域丰富的自然资源,国家发展改革委批准设立"攀西战略资源创新开发试验区",由此,攀西包括稀土等在内的战略资源综合开发利用进入新的发展阶段。攀西试验区将建设我国重要的稀土研发制造中心,打造国内资源富集地科学开发利用资源的示范区。攀西试验区的设立,为推进攀西战略资源开发中的体制、机制、技术和管理创新,加快把资源优势转化为产业优势、经济优势,加快攀西经济崛起和凉山民族区域快步发展将起到十分重要的促进作用。

3. 实施"一带一路"倡议

在当前全球经济缓慢复苏的大背景下,加强国际区域合作是推动世界经济发展的重要动力,并且已经成为一种趋势。我国提出的共建"丝绸之路经济带"和"21世纪海上丝绸之路"的战略构想,得到国际社会高度关注和相关国家的积极响应和认可。国家实施"一带一路"倡议,必将为攀西凉山州稀土产业的高端产品应用带来前所未有的市场契机,凉山州稀土产业的发展也将助推其攀西经济融入国家"一带一路"倡议,带动稀土产业和其他重要战略资源综合开发利用实现更大发展。

4. "中国制造 2025"发展战略

"中国制造 2025"战略的实施对我国国民经济、国防的发展具有重要的战略意义。而稀土是先进制造业发展重要的基础材料,纵观"中国制造 2025"提出的十大重点发展领域,无一不可以找到稀土的重要应用之处。稀土作为功能材料、改性添加剂在制造业的许多种新型材料、器件和设备上均有应用,且很多时候其发挥的功能和特性具有不可替代性。稀土已成为制造业、军工和航天等必不可少的材料,提升传统产品、改造传统产业的"工业维生素"。因此,攀西凉山州加快发展稀土产业就是对"中国制造 2025"战略的积极支持。

12.3 攀西凉山州稀土产业发展优势与问题

攀西区域不仅具有稀土资源丰富的优势,经过二十多年的建设发展,产业集群初具规模,产业链条逐步完善,产业基础构架坚实。随着国家提出经济结构调整,产业结构转型升级,更加注重环境保护,倡导绿色发展等新时期、新阶段的发展新要求,攀西稀土产业发展面对新的发展要求,如何处理和解决传统稀土产业发展中存在的问题,提升发展层次,适应情势变化,跟进现代产业经济和市场经济发展步伐,亟待采取措施改进不足,增强内生动力,实现攀西稀土产业大发展。

12.3.1 发展优势

1. 资源优势突出

攀西区域的凉山州作为我国三大轻稀土矿蕴藏地之一,轻稀土储量居全国第二位,稀土资源集中分布于冕宁、德昌两县,构成了四川省西部南北长 100 公里的稀土矿带,资源优势十分明显。而且稀土资源储量大、分布集中、品位高,冕宁稀土氧化物一般品位为 1.07% ~ 5.77%,最高达 51.68%,德昌稀土氧化物综合品位 5% ~ 7%。稀土易采选、易分离,综合价值高,冕宁牦牛坪稀土矿在矿床中伴有萤石、重晶石和贵金属铝矿等资源,综合利用价值非常高。

2. 产业基础坚实

经过多年的发展与整合，攀西稀土产业链逐渐完善，产业配套融合逐渐深化，产业集群发展和规模效应态势初现。凉山州稀土产业从单一的矿产品采选，已经延伸至冶炼、分离和深加工及应用产品全产业链，成为我国重要的稀土生产产业基地。攀西试验区还坚持走新型工业化道路，推进战略产业与新兴产业的高度融合，大力发展特色优势产业，积极构建现代产业体系，试验区钒钛钢、水电、风能、太阳能、生物质能等产业发展步伐较快，已具备一定的产业优势和产业基础，且与稀土产业的配套融合正在逐渐深化。

3. 支撑载体完善

产业园区是产业聚集发展的有效载体，目前，攀西凉山州支撑稀土产业发展的产业园区已经具备，主要是冕宁稀土高新产业园区和德昌工业园区，园区配套设施日趋完善，并具有较好的基础条件以及政策支持，稀土产业集聚发展基础具备并初见雏形，产业发展载体将有力支撑稀土产业的发展壮大。目前，稀土产业园区核心区已入驻企业 6 户、研究院 1 个、工程技术研发中心 1 个，要素配套的 110 变电站 1 座、水厂 1 座、天然气 LNG 储配站 1 个，即将动工新建酸碱储备站、污水处理厂。

4. 综治成效明显

为实现对稀土资源科学开发、综合利用、持续发展，按照《国务院关于全面整顿和规范矿产资源开发秩序的通知》以及《四川省人民政府关于冕宁县稀土资源开发整合实施方案的批复》的要求，全面开展了对冕宁和德昌稀土资源的整合工作，以形成基于"一个矿山、一个矿权、一个洗选厂、一套精深加工体系"理念，同时进一步加强了对稀土的监管，严打非法开采等违法违规行为，大力进行产业综合整治整合，开发并投用稀土资源地矿区监管系统，重点在稀土资源地实现视频监控管理，推进工业和信息化部开展的稀土产品追溯体系建设。经过近年来的集中综合整治，实现了稀土及产业管理的规范化、制度化和生产秩序的正常化，产业竞争力明显增强。

5. 综合产业创新与服务平台初步建成

2014 年 9 月，依托万凯丰稀土新能源科技有限公司、四川江铜稀土有限责任公司等科技企业，建立了全省首个稀土产业技术研发与应用综合平台——稀土产业技术研究院，专门致力于开展稀土新产品、新技术、新工艺、新装备的研究开发，着眼世界高新技术水平，加速关键技术科技攻关，不断延伸产业链，努力突破国外专利技术封锁，积极推动引导产业人才培养、科技成果创新，全面推进攀西稀土产业转型升级、加快发展。

12.3.2 存在问题

1. 产业发展方式方面

由于稀土资源独有的成矿条件，目前国内稀土矿采富弃贫、采易弃难、丢矿压矿等现象还存在。包头白云鄂博矿以选铁为主，稀土作为副产品回收利用率为10%左右，大约90%的稀土资源以尾矿的形式进入尾矿坝堆存。而凉山稀土回收率也待进一步提高，尤其应注意矿石中伴生的重晶石、萤石等有益组分综合回收利用问题。根据有关资料显示牦牛坪稀土矿采选利用率和美国同类矿物选矿相比低了约15%以上。同时在技术进步、产品创新、产业链延伸、资源综合利用开发方面，创新研发能力待进一步加强，特别是应用领域的一些关键技术亟待大力突破。总之，资源利用率和采选回收率待进一步提高，产业待进一步向高技术、高附加值的集约化方式转化是攀西稀土产业发展中必须重视的问题。

2. 产品终端应用方面

虽然攀西凉山州在稀土深加工及终端应用方面具备永磁材料、抛光材料、储氢电池等方面的产品和生产能力，但由于当地制造业，尤其是高端装备制造业、高新技术和战略新兴产业以及研发能力较为薄弱，极大限制了产业本地化高端应用配套和基于市场细化产品定位和质量改进。总的来说，目前，攀西稀土产业在精深加工方面还相对滞后，尚处于稀土原料供应基地地位，必须进一步深化实施稀土资源本地化深加工，延伸和完善产业链。从目前现实情况来看，这要得到国家和相关部委的政策支持难度较大。所以培育本地装备制造业、高新技术和战略新兴产业，拓展稀土产业产品终端应用市场也是攀西稀土产业发展中必须重视的问题。

3. 创新研发与服务能力方面

目前，凉山州稀土产业设备装备水平还远不如国外，特别是生产设备的大型化、自动化程度和在线监测水平与国外相比有很大差距。同时，在稀土应用研究、基础研究、创新服务能力等方面基础都还比较薄弱。新产品开发能力较差，创新少，尤其是新材料、新工艺、新技术的自主知识产权获取能力上更是亟待突破。

4. 发展完整产业链方面

攀西稀土产业具备采选、冶炼、分离和深加工及应用产业链，产业集群和规模化发展态势初显，但仍存在产业链不全、部分重要环节缺失问题。尤其在酸碱配套和产品终端应用产业方面，凉山州发展稀土产业最大的优势是稀土资源在本地，但稀土开发利用过程中所需要的大量酸、碱等辅料目前却依赖州外乐山等其他地区，物流成本极大地增加了企业生产成本，虽然德昌县志能稀土10万吨烧碱盐酸氯碱项目在很大程度上会缓解酸碱辅料外购问题，但该项目仍在建设中，酸碱辅料完全满足凉山州稀土产业的发展还需要一段时间。此外，由于攀西高端装备制造业、高新技术和战略新兴产业较为薄弱，极大限制了稀土产业本地化高端应用和产业发展。

5. 提高资源回收利用率方面

四川省稀土冶炼分离企业基本上采用20世纪70年代的氧化焙烧—盐酸浸出—高温碱转工艺，稀土浸出率小于60%。该工艺固液分离次数较多，劳动强度大，在生产过程中有大量的氯气产生。由于工艺特点，钍、氟进入了工艺的各环节，难以被直接回收利用，氟、钍资源回收利用率低，造成了多渠道的分散污染。如何解决稀土精矿冶炼过程中的"三废"（废气、废水、废渣）污染问题，达到清洁生产和环境保护的要求，并实现稀土、钍、氟资源的综合利用，从而提高企业的社会效益和经济效益是攀西稀土产业面临的一项重大难题。

12.4 攀西凉山州稀土产业发展思路与目标

攀西稀土产业发展思路与目标的制定，以适应世界经济和中国经济新时期的发展要求为方向,按照"创新、协调、绿色、开放、共享"发展理念,贯彻《关于促进稀土行业持续健康发展的若干意见》精神,坚持资源开发应用与保护并重,以丰富的稀土资源为依托,加快攀西试验区稀土产业聚集,着力提升产业自主创新能力,大力促进高端稀土功能材料和应用技术研发及产业化,形成一批有影响力的先进技术和高端产品,建设稀土新材料基地,使稀土产业成为推动攀西试验区经济社会发展的重要支撑。

12.4.1 发展思路

按照"整合资源、保护环境、科学规划、创新驱动、布局优化、深度加工、产业延伸、做强产业"的方针,以冕宁、德昌稀土新材料产业园区为载体[①],以整合"政产学研用"产业资源的凉山稀土研究院、稀土高新产业园区、科学技术协会和将建立的凉山州稀土产业联盟为平台,以四川江铜稀土有限责任公司、四川万凯丰稀土新能源科技有限公司、德昌县志能稀土有限责任公司等企业为龙头,以发展高附加值的深度加工和应用产业为主线,推进产业聚集化、基地化、规模化、集团化;以优化产品结构为突破口,以发展稀土新材料及深加工应用为主攻方向,加大招商引资力度,积极推进资源深度开发和综合利用,着力打造稀土新材料应用产业链,在此基础上带动装备制造、新能源、新材料等相关产业快速融合发展,打造具有国际影响力的稀土新材料基地,带动攀西试验区经济快速、持续、健康发展。

12.4.2 发展目标

1. 经济目标

以优化产品结构为突破口,推进资源开发和综合利用,重点突破稀土矿的采选、分离、加工应用技术,推进精深加工企业集聚发展,积极开发稀土永磁材料、稀土功能材料、稀土抛光粉、储氢动力电池,加速资源优势向经济优势的转化。到2030年,攀西稀土新材料产业力争实现主营业务收入400亿元以上。

[①] 《四川省"十三五"钒钛钢铁及稀土产业发展指南(2016—2020)》中指出,攀西国家级战略资源创新开发试验区要重点打造两大基地:攀枝花钒钛铬钴产业基地和凉山钒钛稀土产业基地。

2. 生态目标

从根本上遏制稀土矿生态环境恶化趋势，有效解决尾矿渣带来的环境污染问题，稀土加工企业废气、工业废水处理率和排放全面达标，矿山防灾、减灾、安保能力增强，建设绿色生态稀土工业发展区，实现城乡环境质量优良，形成发展与保护，生产与生活共荣共生的和谐可持续的良好局面。

12.5 攀西凉山州稀土产业发展定位与重点

攀西试验区凉山州稀土产业发展以四川江铜稀土有限公司、四川万凯丰稀土新能源科技有限公司、德昌志能稀土有限公司等大型企业为代表的稀土矿采选、冶炼分离、材料应用企业作为辐射源及中心增长源，在产业和地区发展上对产业和四周地域形成辐射作用。通过稀土深度加工、稀土材料应用产品以及大型装备制造业等产业的发展，形成较为完整的稀土产业链；同时带动化工、新能源、新材料等关联产业、配套产业、支撑产业以及相关生产性服务业等稀土产业的上下游相关产业的配套协同发展。

12.5.1 战略定位

以打造攀西试验区凉山州成为支撑我国新一代信息通信技术、高档数控机床和机器人、航空航天装备、海洋工程装备及高技术船舶、先进轨道交通装备、节能与新能源汽车、新材料等十大领域及传统产业发展的轻稀土新材料产业基地为战略目标；以轻稀土应用为重点发展方向，以发展稀土应用产品为重点的稀土材料及其应用产业为龙头，打造以稀土新材料应用产业链为重点的稀土产业，以产业链延伸为重点的钒钛钢、稀土钢、稀土镁等金属深加工产业，以太阳能、风能、生物质能为核心的新能源产业和以发展大型装备制造及配套为重点的高端装备制造业四位一体的特色园区产业；推动凉山州稀土产业技术研发与产品设计，培育稀土产业链的关联产业、配套产业、支撑产业，打造千亿产业链，将攀西试验区凉山州稀土新材料产业园区建设成为全国三大重要稀土产业园区之一。

12.5.2 发展重点

根据现代前沿科技的发展趋势，以及当下及未来国际国内稀土市场的需求趋势，攀西试验区稀土产业的发展重点，突出发展以下八个方面。

1. 稀土产品高纯化、复合化、超细化

稀土在高技术领域的作用只有在高纯化后，其各项物理、化学特性才能充分发挥出来。攀西稀土企业不能局限于初级产品生产而处于产业链条较低端的状态。只有稀土产品高纯化、复合化、超细化，才能高附加值化，才能更有力支持"中国制造2025"的十大领域产业和高新技术以及战略新兴产业的发展，体现攀西凉山州稀土产业对我国经济发展和技术进步的支持作用。如4个9（99.99%）的氧化镧和6个9（99.9999%）的氧化镧价差可高达10倍，这也说明有高科技含量的高纯化、复合化、超细化的稀土产品市场前景才更广阔。目前凉山州稀土产业已经具备该方面部分能力，而且产业也正在向该方向发展，且部分产品已经开始销往中国台湾、韩国、欧洲等国家和地区。

2. 稀土磁性材料及器件

稀土材料具有优异的磁性能，稀土开发的磁性材料主要包括永磁材料、软磁材料、信磁材料、特磁材料等，其应用领域覆盖"中国制造2025"十大重点产业领域以及高新技术和战略新兴产业的很多方面，也是稀土目前应用发展最快，未来市场激增的方向。因此做大做强攀西稀土深加工产业，开发高性能磁性材料及其下游产品项目是必需的[①]。而且开发中应该特别注意尽量主动融入周边应用企业的产品供应链中，如目前成都宏明电子新材料有限公司年产400吨稀土电子磁料长期居于国内首位。绵阳西磁公司是国内最大的钐钴永磁体生产基地，其磁性材料门类、品种与科研水平均居国内之首。成都精密电机厂生产的钐钴永磁电机和钕铁硼永磁电机在国防军事领域的市场占有率达50%。攀西稀土产业应该主动与这些周边企业建立战略联盟关系，以进一步促进其明确磁性材料及器件方面产品深加工方向，从而大力拓展市场。由于攀西在磁性材料的研发方面具有优

---

① 《攀西国家级战略资源创新开发试验区建设发展规划（2017—2022年）》提出攀西试验区要发展稀土高端磁性材料、新能源材料和催化材料产业链。

势,因此,有利于形成自己的产业特色,而且市场前景广阔。

3. 稀土储氢材料及动力电池

储能是稀土材料的又一大应用方向,储氢材料现在应用非常广泛,其应用领域已扩大到能源、化工、电子、宇航、军事及民用各个方面。尤其应该注意的是凉山、甘孜、阿坝、攀枝花是四川风电、太阳能发展的重点,其需要大量储能电池,因此攀西凉山稀土产业应该特别注意稀土储氢材料及动力电池产品的开发和应用。从目前技术来看,储能电池中,铅酸电池因环境污染问题注定要被淘汰;锂电池虽目前市场大,但即使加装安全保护电路仍无法从原理上根本性地解决充电爆炸问题,存在安全隐患;而石墨烯电池虽容量大,但目前整体技术上还处于实验室阶段。相比之下技术成熟、安全且容量较大的稀土储氢材料及动力电池必将成为市场主角。目前,四川万凯丰稀土新能源科技有限公司在储氢材料和电池方面的研发取得了一定成就,现 1 亿安时高能环保储氢电池生产线已建成,目前已具备生产 6×6Ah、8×40Ah 模块电池组,40Ah、100Ah、500Ah、1500Ah 单体电池的能力,可以满足混合动力汽车、纯电动力汽车、太阳能与风能发电储能等领域的需要,同时该公司已经完成了低速电动车的研制,攀西凉山州已经准许生产。总之,稀土储氢材料及动力电池是攀西稀土产业必须坚持的发展重点。

4. 稀土抛光材料及器件

由于稀土抛光粉具有良好的化学和物理性能,所以被广泛应用于各种光学玻璃仪器、电视机显像管、光学眼镜片、示波管、平板玻璃、半导体晶片和金属精密制品等的抛光。德昌县志能稀土有限责任公司年产 2000 吨高精度稀土抛光粉项目已于 2014 年 6 月正式投产。所生产的抛光粉产品主要是用于手机面板和镜头的抛光,已经开始向佳能等国际知名企业供货,产品销往欧洲等地。鉴于凉山州在稀土抛光粉产业方面的优势,未来一段时间凉山州稀土企业应该在此基础上,进一步加大对抛光粉纯度提升的研究力度,增强凉山州稀土抛光粉在国内外的市场竞争力。

5. 稀土催化材料

目前,稀土催化材料已在石油化工等领域得到了规模化工业应用,尤其是机动车尾气净化进而治理雾霾更是其具有很好应用价值的方向。稀土催化材料主要应用镧、铈等轻稀土,而凉山稀土正好具有丰富的镧、铈资源,所以发展机动车尾气净化稀土催化剂,既可以达到环保治霾效果,又可缓解凉山州稀土镧、铈资源产能过剩的问题,是攀西稀土产业发展的重要方向之一。

6. 稀土中铈元素为主的稀土材料

稀土中铈元素可被广泛应用于稀土磁性材料、稀土催化材料、稀土储氢材料、稀土发光材料等领域。目前,攀西凉山州稀土精矿中铈占稀土配分的48%,铈的应用不平衡,产量供远远大于求。攀西凉山州应重点发展稀土发光材料、永磁材料、催化剂等以铈及铈的氧化物富集物为基础的产业链,实现稀土产品产量50%以上的铈富集物产品的应用,提高铈富集物的附加值。

7. 稀土与攀西有机农业相结合

攀西区域光热丰富,雨量充沛,境内的安宁河谷是四川省第二大平原,素有"川南粮仓"美誉,是国家和省农业综合开发的重点地区。稀土在农业中的应用主要包括以轻稀土为主要原料,制得稀土无机盐;无机稀土化合物与柠檬酸、氨基酸等有机螯合剂螯合反应制得稀土有机配合物;多功能稀土肥料、稀土转光农膜、稀土植物生长光源等。在农业中应用稀土能提高植物叶绿素含量和光合作用,增加农作物产量、改善农作物品质,提高农作物抗病害能力,减少农药用量,缓解重金属及盐胁迫对植物生长造成的危害。攀西应充分利用当地丰富的稀土矿产资源,与区域有机农业发展相结合,并有意识地引进相关项目,对于加快攀西区域转变农业发展方式,优化特色农产品生产布局,具有重大意义。

8. 其他稀土新材料

稀土发光材料作为高新材料的一部分,为某些高纯稀土氧化物提供了一个巨大市场,而且其本身也具有较高附加值,目前,我国发展稀土发光材料产业政策及市场需求可观,市场潜力较大。稀土光学玻璃中以环保化镧系光学玻璃为代表,被广泛应用于下游制造各种高级镜头和光学仪器元件。精细陶瓷具有特殊的力学、光学、热学、化学、电学、磁学和声学等各种特性和功能,是目前应用极为广泛的材料。稀土钢已被广泛应用于机械工业、汽车工业和国防工业等许多领域。稀土发光、稀土玻璃及陶瓷材料、稀土钢等新材料领域的产品均具有良好的发展空间,可观的市场前景。攀西应充分利用本地稀土资源优势,重点引进相关企业,促进试验区稀土产业的进一步发展。

12.6 攀西凉山州稀土产业发展模式与路径[①]

创新发展模式促进攀西凉山稀土产业做大做强，同时，积极探索一条既符合国家发展战略又具有攀西特色产业发展的路径，对加快攀西区域发展，推动攀西民族地区经济振兴、人民富裕具有十分重要的现实意义。

12.6.1 发展模式

对于拥有资源优势和民族地区政策优势的攀西凉山州稀土产业，应采用主导产业带动型发展模式。即依托四川江铜、万凯丰和德昌志能稀土等大型龙头企业的带动作用发展稀土主导产业，进而通过关联产业之间的配套与融合发展促进整个稀土产业的发展。发展模式中要坚持把稀土产业集中度的提升作为区域产业布局结构调整的重点，切实推进产业定位与攀西试验区产业发展战略定位的结合，与区域主导产业链建设相结合，与产业调整升级和承接产业转移相结合，与体制机制创新、管理创新和技术创新相结合，与科教资源的整合配套发展相结合，建立健全运作机制，制定完善发展政策。通过创新发展模式，以稀土新材料应用产业发展为契机，推动化工产业、以金属产业链延伸为重点的钒钛钢、稀土钢、稀土镁等金属深加工产业、以大型装备制造业及配套为重点的高端装备制造业和作为终端应用与产业支撑的能源产业的发展，同时注重带动相关配套生产性服务业产业发展，促进稀土产业发展壮大。

12.6.2 发展路径

路径一：积极推进稀土企业整合与转型。按照国家、省关于加快稀土行业发展方式转变的要求，以兼并重组市场化运作为方式，以组建大型稀土企业为抓手，以提高行业集中度为目标，形成关联发展、成链发展、聚集发展、集约发展和合作发展的良好产业格局。通过政府主导、相互参股等形式，将优质资源向优势企业集中，加大科研研发力度与高端产品应用研发力度，提高当地资源的综合

---

① 《凉山州"十三五"稀土产业发展规划》。

高效利用。推进产业聚集，建设一批重点稀土新材料和应用产品项目，壮大稀土产业集群，形成在全国具有较大影响的稀土新材料基地。

路径二：大力培育壮大企业，优化产业结构。充分发挥四川江铜稀土、四川万凯丰、德昌志能稀土等企业的龙头作用，实施积极的开放开发战略，通过招商选资、招大引强，发挥关联产品、关联企业的伴生效应，支持引导规模大、实力强、技术先进的企业或集团参与攀西凉山州稀土资源开发，引进符合国家产业政策的稀土深加工产品和相关联应用产品，着力提高稀土产品的附加值和技术含量，做大企业、做强产业。

路径三：积极转变发展方式，创新驱动发展。推进重大技术创新，采取自主创新和技术引进相结合的方式，针对资源开发利用主要技术瓶颈，鼓励重点龙头企业、高科技企业和大型企业集团来攀西试验区建立稀土科研基地及创新体系，为攀西凉山州稀土高新技术产业化在科研上打下了坚实的基础。加大科研投入，加强在资源综合开发利用、稀土深加工等下游产业科技攻关，发展符合国家产业政策的稀土深加工产品和关联应用产品，着力提高稀土产品的附加值和科技含量，形成以稀土新材料及其应用产品外销为主的格局。

路径四：坚决强化环境保护，推进可持续发展。整个产业强化绿色发展方式，加强环境保护意识，强化治理监督，确保资源综合高效利用，污染物达标排放。鼓励新建企业和技改企业采用先进的生产工艺，提高产品档次，实现高效、节能原材料和清洁生产的目的，提升产业发展规模和发展层次，推进产业可持续发展。

路径五：高效推进产业集约、关联、链式发展。全力加强产业载体攀西试验区冕宁稀土产业园区和德昌工业园的建设，进一步完善基础设施建设、配套功能建设，提高产业承载能力。以园区为载体，以江铜稀土资源综合利用项目等为核心，吸引冶炼分离、稀土深加工及二次资源综合利用等上下游产业、相关配套企业到园区集中布局，推动关联发展，链式发展，构建金属深加工产业可持续发展的管理体制和运行机制。

第 13 章 特色制造产业

工业是攀西试验区国民经济的主体,而处于工业中心地位的制造业,是科技创新的主战场,是试验区经济持续发展的基础,是立区之本、兴区之器、强区之基,没有强大的制造产业为支撑,攀西试验区就没有更美好的未来。作为资源十分丰富的攀西区域,城市重工业化特色突出,尤其是区域内的攀枝花市工业化水平已达到 70%以上。在工业经济的发展进程中,攀枝花市的机械制造业是在伴随着钢铁工业的发展而发展起来的,截至 2009 年,依托优质原料,紧紧围绕冶金设备、矿山设备、工程机械、汽车零部件等重点领域,机械制造产业得以快速发展并形成一定规模的行业体系,在攀枝花市工业经济发展中的产业优势逐渐显现。而攀西凉山州的制造业则在近年已开始起步发展。2015 年国家提出《中国制造 2025》,全面推进实施制造强国战略,为此四川省制定《中国制造 2025 四川行动计划》,攀枝花市也提出了《中国制造 2025 攀枝花推进方案》,为攀西试验区发挥基础原材料优势,加快发展现代特色制造产业,加速构建试验区新的产业竞争格局意义重大而深远。

13.1 特色制造产业发展现状

攀西区域制造业发展,以 20 世纪 60 年代末 70 年代初攀枝花机械制造业为起始,经过近五十年的发展,特别是近十年发展迅猛,一批以攀西特色原材料为基础的机械、装备、汽车及其他中高端制造产业集聚形成,产业规模逐年扩大,产业产值不断提高,产业集群效应凸显,攀西试验区正在由基础原材料基地向新兴制造业基地转变。

13.1.1 发展现状

"十二五"以来,以机械、装备制造产业为主体的攀西制造业呈快速发展势头,在经济社会中的地位凸显,已成为试验区内攀枝花市、凉山州的支柱产业之一。

1. 产业规模扩张迅猛

凉山州"十三五"时期加速推进新型工业化进程,制定创新发展装备制造、新材料、新能源汽车为主导的战略性新兴产业,坚持以资源换技术,以市场换产业,依托能源和矿产资源开发形成的设备需求,加快发展新能源发电设备、输变电设备、采矿设备等装备制造业,形成结构优化、配套较完备的装备制造产业体系。特别是2015年东方风电装备凉山制造基地的建成投产,填补了凉山州装备制造业的空白,并引进带动了相关产业发展,在凉山州形成了风电叶片、风电主机、玻纤布、机舱罩和塔筒制造等较为完备的产业链,延伸了风资源综合开发利用的产业链条,更好地为凉山州乃至西南地区风资源的开发提供风电装备,同时,为凉山州贡献了上千万元税收,解决数百人就业,有力促进了凉山州工业经济转型升级,促进攀西地区经济发展提供了动力。

攀枝花制造产业是随着钢铁、钒钛产业的发展而逐渐发展壮大,建市初期机械制造是为攀钢等大企业配套为主而自发形成的产业,自2009年攀枝花市委、市政府提出"6+2"产业发展战略以来,机械制造产业得以快速发展,产业集群已初具规模。截至目前,攀枝花机械制造企业户数达100余户,其中规模以上企业44户。见表13-1,2009—2017年,机械工业总产值由23.23亿元增长到224.47亿元,年均增长32.8%;占全市规模以上工业总产值的比重由3.15%提高到8.01%。2017年攀枝花市机械制造主要产品产量有增有减,机械制造用钢完成8.24万吨,增长14.29%;铸铁件155.32万吨,下降1.1%;铸钢件28.31万吨,增长9.9%;齿轮0.69万吨,下降14.3%;制动鼓下降34.67%。

表13-1　　2009—2017年攀枝花市机械产业主要经济指标　　单位:亿元

经济指标	2009	2010	2011	2012	2013	2014	2015	2016	2017	年均增速/(%)
机械工业增加值	10.38	21.19	36.37	36.64	45.59	51.48	—	—	—	37.75

续表

经济指标	2009	2010	2011	2012	2013	2014	2015	2016	2017	年均增速/(%)
机械工业总产值	23.23	50.8	104.64	112.71	143.63	170.07	176.76	224.35	224.47	
机械销售收入	22.63	50.39	99.85	95.99	140.36	156.6	163.26	—	—	
占全市规模以上工业比重/(%)	3.15	5.24	8.48	8.84	9.99	10.87	8.83	7.53	8.01	
占GDP比重/(%)	2.45	4.04	5.63	4.95	5.69	5.91	—	—	—	0.69

2. 产业集群初步形成

经过近些年来的快速发展，产业规模不断得到扩张，产业集群已初步形成。如实验区内的凉山州，形成了以德昌工业集中区为主的装备制造产业集群，风电装备制造产业链相对完整。产业集群区吸引了一批优秀企业的入驻，如生产风机罩壳的四川东树新材料有限公司、生产塔筒的中水四局、生产玻纤布的航天长征睿科技公司以及致力于大型清洁高效发电装备如风电主机和叶片生产的东方电气集团公司等。在这些优秀龙头企业的带动下，凉山州从传统的资源开发型工业逐渐向现代制造业、服务业转变，随着风电开发日趋成熟，凉山州已筹划依托装备企业、电网企业和地方平台，组建运维公司，发力风电后市场。

而对于区内的攀枝花市，近十年来其机械制造业形成了集聚集群集中发展的布局。在攀枝花钒钛高新技术产业园区、仁和区南山循环经济园区、东区高梁坪工业园区，产业相对集中，关联发展。目前，攀枝花市机械制造业企业100余户中，规模以上企业43户，其中东区有13户，仁和区13户，钒钛高新技术产业园区10户，西区3户，盐边县3户，米易县1户，机械制造企业总资产近70亿元，从业人员1万余人，专业技术人员1300人。

3. 创新能力不断提升

经过近十多年的建设发展，仅攀枝花市机械全行业已获得专利技术100余项。如攀枝花东林汽车制动有限责任公司汽车应急（中央）制动器、汽车浮动蹄轴式平衡增力制动器两项发明专利居于国际、国内领先水平。积极依托各科研院所开展技术创新和研发工作，攀枝花机械制造企业与四川大学、重庆大学、西华大学、西南交通大学、昆明理工大学、四川信息工程学院、电子科技大学、攀枝花学院、攀枝花钢铁研究院等科研院所建立了长期稳定的合作关系，企业创新能力得到了增强。以四川鸿舰重机为首的重点企业建立了企业技术研发中心，围绕企业生产经营和产品需求市场，研究、创新适应市场需求的新产品。鸿舰公司大冶金设备领域的大包回转台、RH 真空处理装备、24m³ 渣罐等产品居于行业领先水平；长森工贸自主研发的钒钛低微合金钢铁钛分离机居国内领先水平。

4. 技术装备水平明显提高

凉山州依托东方电气集团凉山风电装备制造基地，针对西南山地高海拔、低风速、高湍流、高寒的风资源特点，东方电气风电公司还进行了系统性的技术装备方面的专项研发，使风机和叶片更加契合当地环境。为更好地研究和利用凉山州风能资源，东方电气风电有限公司正策划设立凉山研发中心，针对凉山州开展定制化风机开发，优化风场选型和布置，提高凉山制造产业技术水平。

攀枝花市在 2009 年以前，机械制造企业大部分都是沿用 20 世纪 70 年代的设备，设备的陈旧导致企业生产效率低下、产品合格率不高、设备完好率较低的状况，也在一定程度了制约了行业的发展。2009 年以来，随着攀枝花市委、市政府大力推进机械制造业快速发展和进一步加大产业结构、产品结构调整力度，企业通过改进工艺技术和技术装备升级改造，全行业的技术装备水平总体上得到了较大提高。目前攀枝花市机械制造企业已拥有 YE3120NC7 数控高速干切自动滚齿机、ZB5220-6 可调多轴立式钻床、NCV-855 立式数控铣、立式数控车床、柔性加工中心、XK5040 数控铣床、数控坐标等离子切割机、龙门埋弧焊机、AV-V4 数控埋弧机器人、系列数控镗床、大型立车、大型铣边机、全自动静压生产线和法迪尔克变频混砂机等较为先进的技术装备，这为攀枝花市机械制造业的快速发展提供较有力的技术装备支撑。

5. 形成一批特色产品

近年来，绿色的清洁能源产业正推动着凉山的产业转型升级，以凉山首个风电装备制造企业——东方电气风电凉山有限公司制造的"德昌造"风电主机、叶片等主要风电设备产品，除满足凉山境内的风电开发需求外，还发往四川攀枝花、雅安、广元以及云南等地，形成了"出川入滇辐射大西南"的格局。

攀枝花市经过五十多年的发展，机械制造产业已形成一批独具地方特色、有市场竞争力的拳头产品，如合金钢铸件、金属破碎机锤头、钒钛制动鼓、汽车发动机齿轮、履带板、矿山机械系列耐磨铸件（钢球、衬板）等。白云铸造金属破碎机锤头畅销美国、澳大利亚、加拿大、科威特等国家，在国外破碎机生产企业中享有良好的声誉；攀钢工程公司履带板在国内占有极大的市场份额并远销东北亚、东南亚、南亚和欧美市场；鸿舰重机大包回转台等冶金设备位于行业领先水平；富邦FB系列钒钛灰铸铁汽车制动鼓、长森钒钛低微合金钢铁钛分离机技术水平国内领先；东林制动汽车制动器已与中国重汽成都王牌汽车厂等企业建立了良好的合作关系。

6. 产品市场得到进一步拓展

随着企业技术装备水平的不断提高，特色产品不断增多，产品市场也得到了极大地拓展，东方风电凉山公司风电设备产品未来还将瞄准"一带一路"，布局东南亚市场。攀枝花机械制造产品从攀钢、攀煤等大企业以及攀枝花周边市场逐步拓展到国内、国际市场，冶金机械及配件先后进入达钢、德胜钢铁、昆钢、水钢等省内外钢铁企业；矿山机械及配件进入云南、贵州及周边的会理、会东等矿山企业；汽车零部件与红岩、二汽、东风、陕汽、中国重汽、北方重汽等国内整车及零部件企业进行配套；重轨、破碎机锤头、履带板、齿轮等产品已打入了国际市场。部分产品质量优良，在市场竞争享有良好的声誉。

13.1.2 发展基础

攀西区域的钒钛磁铁矿、稀土、石墨及其他资源优势，改革开放四十年以来工业经济发展建设成果、技术资源的积累以及人才的集聚，工业产品"品牌"的打造，国际国内市场的占有和扩大都为攀西实验区现代制造产业发展奠定了厚实而强大的发展基础。

1. 丰富的钢铁原材料

攀西区域内的攀枝花钢铁西昌基地及攀枝花攀钢本部已形成年产铁800万吨、钢600万吨和钢材550万吨的生产能力，其钢材主要包括重轨钢、轴承钢、齿轮钢、气瓶钢、汽车大梁钢等100多个钢种。钢铁料中天然含钒钛（钒为0.2%~0.4%，钛为0.2%~0.3%），具有微合金化特征。仅攀钢炼铁系统年产渣铁45万~50万吨，炼钢系统年产渣钢40万~50万吨。利用攀枝花区域内高钛渣生产企业的60万吨/年的高钛渣生产能力，每年可获得30万吨以上含钒钛半钢。攀钢本部在轧钢系统每年约有切头、边角余料等废钢30万~35万吨。

近年来，富邦公司、钢城集团瑞钢公司、朵实机械、旭鼎机械等地方企业也已形成了 207 万吨的钢铁资源生产能力。此外由于攀西所处的西南地区是我国铁矿资源的富集地区，川、云、贵地区除攀钢外还布局了 8 户钢铁企业，钢铁产能达到 3827 万吨，在攀枝花周边地区已形成了大量的钢铁材料，为攀西试验区机械制造企业提供了更多的原材料选择空间。

2. 独特的钢铁料性能

攀西钢铁材料因天然含钒钛，有微合金化特征，具有许多独特性能，在耐磨性、强度、硬度、韧性、耐腐蚀性等综合机械性能方面有突出的优势，使用性能优异，深受用户好评和称赞。在铸件中由于钒钛微合金化，能使铸件晶粒细化，珠光体层间距减少，屈服强度提高 10% 以上，抗拉强度提高 8%～15%，耐磨性能提高 20%～40%。

3. 较好的产业基础

攀西区域现代制造业发展具备了一定的发展基础：一是制造行业体系初具规模，形成了一定的加工制造能力，可开发生产大型冶金成套设备、矿山机械设备及备件、铁路设备及备件、汽车配件、工程机械铸锻件等产品；二是部分地方龙头企业脱颖而出，如凉山州东方电气风电凉山有限公司，攀枝花市如鸿舰重机、白云铸造、蓝天特钢、润莹齿轮、钢城起重机、恒达板簧、攀钢工程履带板等，已初步具备行业示范带动作用；三是已形成一批独具地方特色的产品并已成为占据市场的主打产品，如合金钢铸件、钒钛制动鼓、履带板、汽车板弹簧、汽车齿轮、异型钢模板、100 吨以内桥式起重机等。

4. 广阔的市场优势

攀西位于四川省最南端，作为四川省南向开放门户，机械制造产品可辐射云南、贵州等地，并可借助"中印孟缅经济走廊"走出去，辐射东南亚、南亚等地区。西南地区矿产资源丰富，攀西地区钒钛磁铁矿资源集中、储量巨大。据不完全统计，云贵川等西南地区有 1300 余家矿山企业，加之云贵川多山地，交通、电站等基础设施建设均需要大量工业装备及其关键耐磨件。攀西凉山、攀枝花及周边地区的矿山开采和矿山建设，需要大量工程机械和工程车辆，如挖掘机、装载机、潜孔钻机、破碎机、矿用自卸卡车等，这为攀西发展工程机械、矿山机械及其备品备件提供了巨大的市场。在"一带一路"倡议的推动下，我国将扩大工程机械产能输出。据有关机构测算,亚太区域未来10年间的基础设施投资需求,将达8万亿美元,潜在市场空间巨大。

13.1.3 制造产业发展机遇与挑战

攀西试验区现代制造业发展面临有利的政治、社会的大环境,如西部大开发战略的深入实施、国内区域产业转移、四川经济版图的重塑等,这些都成为助推攀西试验区发展制造业的利好因素。

1. 特色制造产业发展面临的机遇

(1) 全球制造业格局面临重大调整。面对第四次工业革命的浪潮,物联网和制造业服务化引发的以智能制造为主导的第四次工业革命将促进制造领域实现革命性的变革,特别是在美国、欧洲重回制造业的强大声势下,各经济大国已经展开激烈较量,相继提出了各自的发展战略。如美国的"先进制造业国家战略计划"、德国的"工业4.0"、日本的"科技工业联盟"、英国的"工业2050战略"、法国的"新工业法国"、中国的"中国制造2025"等,各个国家和企业都力争在新一轮国际竞争中尽快建立领先地位。

而新一代信息技术与制造业深度融合,正在引发影响深远的产业变革,形成新的生产方式、产业形态、商业模式和经济增长点。各国都在加大科技创新力度,推动三维(3D)打印、移动互联网、云计算、大数据、生物工程、新能源、新材料等领域取得新突破。基于信息物理系统的智能装备、智能工厂等智能制造正在引领制造方式变革;网络众包、协同设计、大规模个性化定制、精准供应链管理、全生命周期管理、电子商务等正在重塑产业价值链体系;可穿戴智能产品、智能家电、智能汽车等智能终端产品不断拓展制造业新领域。我国制造业转型升级、创新发展迎来重大机遇。

(2) 国内经济发展环境发生重大变化。随着新型工业化、信息化、城镇化、农业现代化同步推进,超大规模内需潜力不断释放,为我国制造业发展提供了广阔空间。各行业新的装备需求、人民群众新的消费需求、社会管理和公共服务新的民生需求、国防建设新的安全需求,都要求制造业在重大技术装备创新、消费品质量和安全、公共服务设施设备供给和国防装备保障等方面迅速提升水平和能力。全面深化改革和进一步扩大开放,将不断激发制造业发展活力和创造力,促进制造业转型升级。

（3）国内及攀西周边对机械产品需求扩大。我国目前正处于经济结构调整，产业转型升级，推动经济高质量、高效益发展的关键时期，国家"长江经济带"战略、"一带一路"倡议和2025制造强国、四川先进制造强省战略等发展重大机遇，对加快攀西试验区现代制造产业发展产生积极影响。基础设施建设、新农村经济建设、城市化进程，都对先进制造有着巨大的市场需求；随着世界产业格局的调整，为我国提供了参与产业再分工，成为世界机械制造中心的机遇，也为攀西特色制造业的发展带来了发展机遇。国务院部署，国家制订了《装备制造业调整和振兴规划》，随着规划的实施，国家将对机械制造产业在资金上给予支持，在税收、信贷政策上给予优惠，从而有利于攀西特色制造产业的发展。

四川省内及攀西周边蓬勃发展的现代制造业，如德阳重大装备制造业、绵阳电子制造、成都龙泉驿汽车城、昆明国际市场（第二个义乌市场、东盟市场）等将会产生强大的辐射作用，为攀西特色制造产业发展提供新的、更加广阔的发展空间。

（4）攀枝花制造战略助推产业转型升级发展。经济发展"新常态"要求加快转变制造业发展方式。新常态下，制造业发展速度、动力、结构和模式发生积极转换，从规模速度型粗放增长转向质量效率型集约增长。攀枝花市委、市政府提出的《中国制造2025攀枝花推进方案》，充分与国家、四川现代制造战略衔接，为全面打造攀西试验区特色制造产业，推动试验区产业结构转型升级，实现高质量高效益发展，注入了新动能、新活力，也为攀西试验区在新一轮国际国内制造业分工和开放发展中抢占更大市场提供机遇。

2. 特色制造产业发展面对的挑战

（1）从全球看。世界产业竞争格局正在发生重大调整，中国在新一轮发展中面临巨大挑战。全球金融危机发生后，发达国家纷纷实施"再工业化"战略，重塑制造业竞争新优势，加速推进新一轮全球贸易投资新格局。一些发展中国家也在加快谋划和布局，积极参与全球产业再分工，承接产业及资本转移，拓展国际市场空间。中国制造业面临发达国家和其他发展中国家"双向挤压"的严峻挑战，必须放眼全球，加紧战略部署，着眼建设制造强国，固本培元，化挑战为机遇，抢占制造业新一轮竞争制高点。

（2）从国内看。中国经济发展进入新常态，制造业发展面临新挑战。资源和环境约束不断强化，劳动力等生产要素成本不断上升，投资和出口增速明显放缓，主要依靠资源要素投入、规模扩张的粗放发展模式难以为继，调整结构、转型升级、提质增效刻不容缓。形成经济增长新动力，塑造国际竞争新优势，重点在制造业，难点在制造业，出路也在制造业。但中国仍处于工业化进程中，与先进国家相比还有较大差距。制造业大而不强，自主创新能力弱，关键核心技术与高端装备对外依存度高，以企业为主体的制造业创新体系不完善；产品档次不高，缺乏世界知名品牌；资源能源利用效率低，环境污染问题较为突出；产业结构不合理，高端装备制造业和生产性服务业发展滞后；信息化水平不高，与工业化融合深度不够；产业国际化程度不高，企业全球化经营能力不足。推进制造强国建设，必须着力解决以上问题。

(3) 从四川省看。与国内发达省市相比，特别是对比审视世界制造业发展趋势，四川制造业不优不强，规模以上制造业增加值占规模以上工业比重低于全国平均水平；医药、装备、汽车、计算机通信等资金、技术密集型制造业比重比经济发达省市低。科技创新能力不高，以企业为主体的制造业创新体系不完善，研发投入占主营业务收入比例低于全国平均水平；重大发明专利不多，关键核心技术与装备受制于人；产品水平不高，制造业知名品牌数量少、销售收入占比低。工业化、信息化融合滞后，自动化、信息化普及程度不高。制造业投入不足，投资增速降低；电子信息、汽车、装备制造等产业本地配套能力弱，产业生态环境发育程度低；生产性服务业发展不足，大部分企业处于价值链微笑曲线的底部加工环节，研发设计和销售服务等价值链高端环节缺乏有效介入，制造强省建设的任务紧迫而艰巨，面对发展中的挑战巨大。

(4) 从攀西区域看。制造产业底子薄、产业单一、制造业技术水平不高，更缺少知名品牌。凉山制造产业才刚刚起步，而攀枝花制造主要以初级机械加工为主，与省内发展地区差距较大。攀枝花机械产业发展较为滞后，制造企业竞争力较弱，缺乏龙头企业和整机产品，区域内机械产业的主要问题是企业规模小、技术创新能力弱，新产业研发能力不强，产品档次低，同时由于缺乏高端营销人才，市场拓展能力不强，除个别产品能拓展外地市场外，产品主要市场在攀枝花及周边地区。为此，攀西试验区既要解决制造业由小到大发展不充分的问题，更要解决制造业由低到高、由弱到强发展不足的问题，适时布局高端制造业，同步推动中低端制造业向产业链高端环节升级，实现规模与质效发展并重、结构与能力同步优化提升。

综观攀西试验区制造产业的发展现实和现实的发展形势环境，打造攀西特色制造产业基地，做强做大现代制造产业，必须紧紧抓住当前难得的战略机遇，积极应对挑战,加强统筹规划,突出创新驱动,制定特殊政策,发挥制度优势,动员各方面力量奋力拼搏,实现区域优势资源向高技术制造产业转变,基础原材料基地向新兴制造业基地转变。

13.2 特色制造产业存在的问题

攀西制造产业整体起步较晚、起点较低,产业基础相对薄弱,产业竞争能力较弱,面对当今国际国内制造产业革命性的大变革和激烈的市场竞争,在世界经济复杂多变的形势下,特别是从当下国际经济复苏整体乏力所暴露出来的问题和对世界产业经济格局产生的影响,结合国内、四川省及攀西区域制造产业的发展情势和现状,攀西试验区在打造特色制造产业建设发展中自身还存在不少问题,亟待需要通过创新驱动,技术引领,加快制造产业升级与发展。

13.2.1 攀西矿山资源丰富,但矿山机械依赖外地供应

据统计,近些年试验区内仅攀钢企业用于开发矿山资源的投资达到100多亿元,主要包括白马铁矿三期项目、东区表外矿资源综合利用工程、矿业公司马家田尾矿接替建设项目等,对矿山机械提出了大量的需求。专家分析,攀枝花年使用各类矿山机械金额为60亿~80亿元,而当地矿山设备95%都需要外购,主要是因为本地相关企业规模小、基础薄弱;攀枝花本地矿山机械制造企业如能够壮大规模,提升产品档次和质量,并由政府通过整合资源,以及制定相关政策鼓励矿山机械产品本地优先购买,攀枝花机械制造企业就可以为攀钢提供更多的矿山机械设备。凉山地处攀西矿产资源富集区,钒钛磁铁矿资源储量达96亿吨,对球磨机、破碎机、磁选机、浮选机、钢铁耐磨材料铸件等需求量也很大,同时,凉山州还是我国三大轻稀土原矿供应地之一,稀土矿的开采需要大量现代化设备的支撑,如破碎设备、筛分设备、工业制粉设备、移动破碎站等。攀西周边的云南、贵州矿产资源储量也非常丰富、种类繁多,由于多种矿产每年开采量巨大,对矿山机械有极大的需求。

13.2.2 钒钛耐磨材料得天独厚，磨球却从千里之外采购

中国铸件产量已连续14年居世界第一。冶金、矿山、火力发电、建材水泥、煤炭和农机等领域，由于物料的采掘、破碎、研磨和输送，耐磨材料和备件都有很高的消耗。在各种耐磨铸件中，球磨机铸造磨球的消耗量最大，为了保证工业中原材料生产企业的正常生产和运转，必须要有足够的耐磨备件持续供应，每年要消耗100多万吨磨球，几十万吨衬板、齿板。因此，耐磨材料产品具有广阔和持久的国内外市场。西南地区矿产资源丰富，据不完全统计，云贵川等西南地区有1300余家矿山企业，然而西南地区尚无大型耐磨材料铸件企业。攀枝花的钒钛磁铁矿的矿石硬度大、矿石颗粒棱角多且锋利，对矿山开采设备的耐磨性要求高，本地矿山开采装备对耐磨铸件的需求市场具有很大空间，但目前本地生产的耐磨铸件产品多为低端，缺乏市场竞争力。攀枝花钢铁耐磨件的消耗量很大，目前消耗的钢铁耐磨件少量地产、主要依靠外购。据行业人士调研，攀枝花地区磨球的年需求量约达15万~20万吨。

13.2.3 制造企业整体规模小，缺少技术型龙头企业带动

从攀西区域攀枝花市机械制造业企业来看，区域制造企业规模普遍较小，2017年100余户机械制造企业中，规模以上企业仅44户，总产值224.47亿元，缺乏能带动行业发展的龙头企业、骨干企业和核心企业。由于长期以来形成的企业"大而全""小而全"经营模式，企业之间无法形成有效的配套协作，导致大企业不强，小企业不专，其结果就是企业产品单一、附加值不高、市场竞争力不强、企业抗风险能力较弱，在正常情况下企业还能维持生产经营，一旦市场发生变化，企业将会陷入困境。

13.2.4 制造业产品结构不合理，系统成套能力较弱

攀西试验区制造业普通产品、低档产品、初级产品和高消耗产品多，精深加工、高附加值、高新技术产品少，产品结构远不能适应市场需求的变化。攀枝花市具备一定的零部件、元器件产业制造能力，如制动鼓、平衡式增力制动器、履带板、弹簧板、破碎机锤头、钛铸件等产品具有良好品质，并在行业内享有一定

知名度，但这些都属于配套型产品。区域总成类产品少，主机终端产品少，特别是大型成套装备少，还没有形成以大型主机制造为核心、上下延伸、专业化水平高、规模效应明显的产业链，系统成套能力较弱，影响了产业的综合经济效益和竞争力。

13.2.5 产业链延伸不足，企业之间配套协作能力差

从攀西区域现有制造产业看，攀枝花市机械制造企业产品主要集中在矿山机械（如磨球、衬板、振动筛等）、汽车零部件（制动鼓、齿轮、飞轮、弹簧板）以及各类非标铸件等。因为没有一户具有带动作用整机、整车企业，攀枝花机械制造企业客户基本上是市外的整机（或总成）企业以及市内的下游客户企业，企业各自为政，很少能够相互配套协作，这不利于优势产业、优势产品集聚发展。

13.2.6 企业自主创新能力较弱，缺乏市场开拓能力

攀西制造行业起步晚，全行业技术人才需求缺口较大，全行业技术水平普遍不高。虽然攀钢研究院、攀枝花学院、西昌学院、攀枝花市科技发展战略研究所以及部分企业有机械制造科技创新平台，但总体水平不高。大部分企业缺乏自主创新和市场开拓意识，科技创新能力不强，研发投入占主营业务收入比例不高，新产品开发能力较弱，不能开拓更为广阔的产品市场，不能最大限度地实现装备和资源的最大效益化，企业发展壮大的空间有限。

13.2.7 技术装备弱和竞争力不强，适应市场能力较差

由于区域内制造业装备水平普遍较低，缺乏先进的生产制造技术，如先进成形制造技术、快速成形制造技术、高效切削磨削加工技术、精密超精密加工技术、特种加工技术、微纳制造技术以及光电子器件及其制造技术等，仅靠现有的"大、黑、粗"产品，根本不能融入当今变化莫测的产品市场。

13.2.8 企业家素质不高，公共服务平台配套不足

尽管凉山从东方电气引进建设了装备制造产业，有了外部的智力技术支持，

但整体看,攀西区域内的制造行业企业家基本都是从攀枝花、凉山本土发展起来的,管理能力和水平还是相对不高。攀西试验区在制造业发展的公共服务平台建设方面也还比较薄弱,信息化服务平台、电子商务尚处于起步阶段;没有专门对外的公共配套项目,部分企业有热处理、表面处理、模具等中心,但水平较低,仅能满足企业自身需求;攀西钒钛产品检测能力不强而机械制造产品检测能力也较弱。

13.3 发展思路与战略目标

发展现代制造业,是攀西试验区产业升级、产业链延伸的必然,是符合产业演进规律的正道,根据"霍夫曼定理",工业化初期是以农业产品为主的轻工业的加工,工业化中期是重工业化,主要是原材料、能源等工业,工业化的中后期就是加工制造工业,这是机械及装备制造业发展的大好空间和时机。区域内的攀枝花市,其工业发展正处于工业化的中后期,加快推动基础原材料基地向新型制造业基地转变,顺应产业演进规律,符合试验区高质量发展的实际,建设攀西强大的特色制造业基地,上承钢铁钒钛、稀土、石墨等原材料基地,下启攀西试验区经济做大做强之门。目前试验区以原材料生产为主的工业产业结构,远远不能适应加快发展要求,亟须转型升级,转型升级的方向,就是大力发展特色制造产业。

13.3.1 特色制造业发展思路

以"三个拓展、三个转变"为基本思路,推动攀西试验区特色制造产业的跨越式发展。

三个拓展:从中低端向中高端拓展——在做精做优中低端产品、扩大中低端市场占有率的基础上,通过协同创新,推进企业向中高端市场进军,研制中高端产品,发展战略性新兴产业,促进产业结构优化、产业链向高端延伸。从零部件向整机拓展——抓住国家开展"工业强基"工程和国家、四川省"中国制造2025"的机遇,提高基础零部件、铸锻件的制造水平,并结合本地和周边市场需求,向整机配套系统拓展,向重型汽车整车、矿山冶金成套设备、工程机械整机拓展。从攀西区域向周边省市、全国、全球拓展——充分利用区域攀钢集团工程技术有限公司、四川省攀枝花钒钛产业园区、四川鸿舰重型机械制造有限责任公司、攀枝花市大西南实业有限公司、东方电气（凉山）风电凉山基地等制造企业的制造能力，积极参与区域合作，推进互联互通、产业协作、差异发展，努力向全国、国际市场拓展。

三个转变：从单打独斗向协同创新转变——充分发挥试验区所在地政府的引导作用，开展政、产、学、研、金一体化的协同创新体系，通过网络平台、供需对接等方式，开展资源整合，加强与外地企业及高校院所的科技合作，联合攻关、协同创新。从基础原材料基地向特色制造业基地转变——充分发挥比较优势，促进"以钢为纲"的传统发展方式向铁、钒、钛等多种元素综合利用转变，调整产业产品结构，发展含钒钛铸锻件、钒钛深加工产品和其他高端产品。从生产型制造向服务型制造转变——引导企业改变传统发展模式，推动系统集成、再制造、设备全生命周期维修服务、节能环保服务、电子商务、定制化生产等制造服务发展。

13.3.2 特色制造业发展目标

攀西试验区特色制造产业将与国家制造2050充分对接，重点围绕清洁能源装备和机械产品设计、产品制造与装配以及产品再制造等领域核心关键技术开展科技攻关，努力实现零部件向多元化整机拓展。

1. 总体目标

根据国际国内的制造产业的发展趋势，经过努力奋斗，到2030年，将攀西试验区打造成为"立足攀西、带动西南、走向全国、辐射东南亚"的新能源装备制造和特色机械产品制造基地、创新基地和服务基地，形成较为完善的风电装备及配套和钒钛特色机械制造产业链，总产值达到2600亿元。

2. 阶段目标

根据国家、四川省、攀西及攀枝花市制造产业的战略部署，攀西特色制造业分为以下发展阶段。

（1）通过实施工业强基、创新驱动工程，以质量提升、绿色制造为根本，做强做精现有产业，加快完善风电装备制造和钒钛特色机械制造产业链，到"十三五"末总产值达到500亿元。

（2）全面实施工业强基、创新驱动、智能制造、绿色制造、制造服务、企业培育、质量品牌七大工程，延伸产业链，零部件向整机拓展，使凉山州装备制造和攀枝花特色机械产业的制造、创新、服务能力大幅提升，成为攀西试验区经济增长的重要支撑，再经过十年努力，到2030年总产值达到2600亿元。

13.4 特色制造产业发展重点和主要任务

打造攀西特色制造产业基地，实现攀西区域经济振兴，必须坚持问题导向，统筹谋划，突出重点；必须凝聚全社会共识，加快特色基础原材料向特色制造产业转型升级，单一零部件向高端整机拓展，全面提高产业核心竞争力和经济发展质量。

13.4.1 发展重点

根据攀西资源特色，其制造产业的发展重点确定为矿山冶金机械、汽车及零部件、节能环保设备、新能源装备、钒钛生产设备和轨道交通装备六大产业以及支撑产业发展的基础材料产业。

1. 矿山冶金机械

（1）矿山机械。零部件：磨球、磨机衬板、颚板、锤头、破碎壁、轧臼壁、渣浆泵，以及履带板、斗齿、铲齿等；整机：干式球磨机、湿式球磨机、湿式棒式机等球磨机；还原窑、回转窑、冷却窑等钒钛化工设备；破碎机；皮带机、矿用自翻车等输送系列设备；分级机、浮选机、磁选机等选矿设备；矿山成套设备。

（2）冶金机械。零部件及大型工具：渣罐、铁水罐、高炉球磨铸铁冷却壁、热风炉炉箅子等；整机：连铸钢包回转台、电动倾翻渣罐车、烧结机、造球机、铸铁机、大方坯连铸机、RH真空处理系统全线及轧钢系统设备等。

攀西试验区发展矿山冶金工程机械产业的可行性。一是未来几年，在国家相关政策和规划的影响之下，西部地区交通、水利、城市建设、资源开发等开发项目迎来新一轮高涨；西部地区大型有色金属矿山建设，新老矿山的有序接替，矿产资源开采量的稳定增长需要高端矿山设备。欧美经济复苏，发达国家以及非洲地区对地面表层或地下矿床开采的项目增长，一定程度上推动我国矿山机械市场的发展。二是冶金机械的市场前景与钢铁产业的需求密切相关。我国钢铁产业经历粗放型扩张后，出现严重的产能过剩，亟待加快结构调整和产业升级，严格控制产能总量，加快淘汰落后产能，严格限制新增产能。因此，近年来国内对冶金机械的需求明显下降。市场对冶金机械结构调整和升级的倒逼力度在不断加大，淘汰落后产能将带动市场对高技术水平冶金机械的需求增加，带来新的市场机遇，急需高端冶金机械。三是攀西区域矿产资源丰富，从原矿的开采、加工到产品，都离不开机械设备，加上维修更换备件和设备的更新，仅攀枝花区域年使用各类矿山机械设备金额为60亿~80亿元，而攀枝花市矿山设备95%都是外购。攀西区域矿山机械的较大市场，如磨粉机、破碎机等。资源产业在攀西经济中占有很大的比重，资源的开采和处理对矿山、工程机械大量需求；攀西地形具有山高谷深，盆地交错分布的特点，城市、道路建设也需要大量工程机械。

2. 汽车及零部件

（1）零部件。传动系统：齿轮、变速箱、离合器、减速器、发动机飞轮总成、传动轴（万向节）、轮毂等；制动系统：制动鼓、制动盘、刹车片、制动凸轮轴、制动器总成等；行走系统：前桥、后桥、桥壳、车架总成、弹簧支架、半轴、减震器等。

（2）整车。重型矿用车及其他各类商务车、轿车。

攀西试验区发展汽车及零部件产业的可行性。一是汽车工业对相关产业具有巨大的拉动作用，日本生产1辆车，仅在制造业内的关联系数就达2.67，汽车产业增值，将会直接带动上下游关联产业的增值。产值约300亿元的车企，将带动上下游包括零部件供应商、销售体系等至少5倍的产值，直接相关产业的总产值估计在1500亿元以上。据预测，到2025年我国汽车市场可以达到4200万~5000万辆的规模。二是我国是世界第一大汽车制造国，也是巨大的汽车消费国，配套市场和备件市场巨大。乘用车属消费市场，属弱周期性产品。从汽车零部件行业多年运行态势看，企业总体运行平稳，只要经营得法发展快，容易形成规模。2025年之前，我国仍处于工业化和城市化同步发展阶段，公路、铁路、机场、港口、城市基础设施等大规模建设；我国资源分布极不平衡，运输强度很高；我国高速公路网的建设：西昌至宜宾高速、攀丽高速、攀大高速的建设；上述情况都将拉动重型汽车的需求。三是经过近几年的发展，攀枝花区域汽车零部件产业虽然已初露锋芒，主要产品有制动鼓、发动机齿轮、飞轮总成、平衡轴壳、发动机缸体、弹簧钢板等。但还没有真正形成产业，主要是规模小、产品单一、缺乏龙头企业的引领。攀西周边有重庆、成都等汽车制造基地，应充分利用含钒钛性能优势，大力发展汽车零部件产业，为成渝汽车产业配套。此外，攀西周边地区矿产资源丰富，应充分利用矿山开采对重型汽车的需求，发展重型汽车产业。

3. 节能环保设备

矿产资源高效综合利用设备：钒钛磁铁矿综合利用工艺与装备、尾矿处理回收综合利用设备、废残钛回收专用设备等。污染治理设备：与本地矿选、钒钛材料制备、冶金等生产过程相配套的烟气脱硫/脱硝工艺与装备、高效除尘设备、废液处理装置、垃圾分拣和处理成套设备、汽车尾气处理装置等。

攀西发展节能环保设备产业的可行性。我国节能环保设备产业尚处于快速成长阶段，市场前景较为广阔。2014 年 9 月，发改委、工信部、科技部、财政部和环保部五部委发布的《重大环保技术装备与产品产业化工程实施方案》提出："环保装备制造业年均增速保持在 20% 以上，到 2016 年实现环保装备工业生产总值 7000 亿元。" 2017 年、2018 年国家对环保提出了更高更严格的要求，未来，水污染管理、脱硝装备、垃圾处置装备、污泥处置装备等细分领域有较大增长空间；受 PM 2.5 以及环境约束指标提标的影响，大气污染领域的环境监测仪器仪表将快速增长。攀西攀枝花区域在对钢铁、煤炭等行业进行环境综合治理过程中，必然扩张对环保设备的需求。攀枝花已累计排放 7000 多万吨含钛高炉渣（22% ~25% 的 TiO_2），并仍以 300 万吨/年的速度继续堆积，如何提取高炉渣的钛，如何"变废为宝"，急需先进的资源综合利用装备。为此，攀枝花应抓住国家大力发展节能环保设备的大好机遇，高效清洁开发低品位难选矿、高效分离回收尾矿中残余有价金属元素，并对废石、废渣、废气等进行治理与回收利用，破解攀西地区资源开发过程中的环境问题，培育新的经济增长点。

4. 新能源装备

（1）新型储能设备。钒电池：钒电解液、钒电池本体、质子膜；钛酸锂电池：钛酸锂蓄电池关键材料、钛酸锂蓄电池；蓄电池储能电源：电池系统、充电系统、放电系统和蓄电池维护管理系统。

（2）风电设备零部件。风电塔筒、叶片、电机冷却水底座等，风电场设备检修维护。

(3) 光伏设备。太阳能电池组件、新型太阳能发电设备部件、光伏转换设备、屋顶光伏电站。

攀西试验区发展新能源装备的可行性。一是钒电池方面，钒电池制造在攀枝花区域具有一定的资源优势和产业基础。攀钢正在研究钒在蓄电池中的应用，拟投资 2500 万元建设 240 吨/年固体硫酸氧钒，1000m^3/年钒电解液；金勇工贸与绵阳九院正在合作建设年产 500 立方的钒电池电解液生产线。2016 年我国风电装机容量达到 1.5 亿千瓦，到 2020 年，风力发电装机容量达到 2 亿千瓦。钒电池作为风电场的重要的储能装备选择之一，其发展将成为扩大钒应用的一个重要突破口。如果未来钒电池关键技术得到突破性进展，能实现规模化推广应用，将是攀枝花本地丰富的钒矿资源（钒金属）的另一个需求增长极。二是钛酸锂蓄电池方面，技术发展已经接近产业化。在国家产业政策、科技项目和市场前景的推动下，我国锂离子蓄电池关键技术、关键材料和产品研究都取得了重大进展，从锰酸锂和磷酸亚铁锂单体蓄电池的性能、产业化基础和全生命周期内经济性考虑，已经基本具备了规模化推广应用和产业化的基本条件。三是钛酸锂蓄电池未来有巨大的市场空间，一方面钛酸锂蓄电池的高倍率放电特性，使其在发展混合动力汽车方面具有很强的竞争优势。《节能与新能源汽车产业发展规划》中，将现有汽车通过混合动力系统实现发展节能汽车的战略重点，混合动力汽车是推动汽车产业节能减排的主要途径之一。汽车产业推动节能减排为钛酸锂蓄电池产业发展提供了重要机遇。另一方面国家发展光伏和风能产业政策和面向边远贫穷地区"光伏扶贫"政策的推出，为具有长寿特点的钛酸锂蓄电池产业发展提供了良好的基础。因此，以汽车节能减排为目标的低混合度混合动力汽车和分布式"光—储""风—储""风—光—储"电源为目标，推动钛酸锂蓄电池产业发展，可进一步延伸本地钒钛产业链，提高本地经济效益培育新的增长点。四是风电设备零部件，攀西凉山州计划在全州 17 个县市共规划建设 125 个风电场，总规模达 1048.6 万千瓦，而攀枝花盐边县大面山正在建设西南地区最大的山地风电场。新能源设备制造前景广阔。

5. 钒钛生产设备

(1) 钒生产设备。转炉提钒工艺技术及装备，氧化钒（V_2O_5、V_2O_3）生产工艺技术及装备。

(2) 钛生产设备。钒钛磁铁矿选钛工艺技术及装备，海绵钛生产工艺技术及装备，硫酸法钛白粉生产工艺技术及装备，大型钛渣冶炼炉冶炼工艺技术及装备。

攀西试验区发展钒钛生产设备的可行性。攀西区域铁、钒、钛储量分别约占全国的20%、63%、93%，拥有含钒钛钢、钒钛生铁、海绵钛产业和产品优势。然而钒生产设备和钛生产设备都需要出区域外购买，随着打造知名国际钒钛之都建设的深入推进，对生产设备需求增大，同时，国家军事、国防建设不断发展壮大和社会建设发展需要的，钒钛特别是攀西区域含钒钢、特殊钢等优势材料，通过技术研发和攻关，创新制造品牌，加快发展制造钒、钛先进生产设备比其他地区更具先置条件和产品制造竞争优势。

6. 轨道交通装备

（1）养路机械装备。捣固稳定车、高效清筛机、带道砟分配功能的配砟整形车、道床综合处理车、钢轨打磨车和铣磨车、高速轨检车、物料运输车、轨道吸污车等，以及轨道电力牵引双源制、高原型和多功能组合式工程及养路机械装备。

（2）关键零部件。钢轨；为高速铁路客车、重载铁路货车、新型城市轨道交通装备等配套的轮轴轴承、转向架、钩缓、减振装置、大功率盘型制动装置、制动控制装置等。

攀西试验区发展轨道交通装备的可行性。近年来，国家加大了公路、铁路交通网络建设，随着国家路网八纵八横的全面推进，轨道交通装备需求会大量增长，而全国各城市地铁、轻轨和其他道路建设，各种先进智能交通建设装备市场广阔。攀西含钒钢及其他材料成为先进交通设备制造的基础，据铁道部的测算，每年大约需高速车轮28万吨，用钢量1万吨/年，高速铁路车轴2万~3万根，用钢量2.5万吨/年。未来5万~10年，根据铁路发展规划，需1.6万辆高速列车，改造重载列车5万~6万辆，普通线路车辆保有量7.8辆/公里，高速线路车辆保有量1.0辆/公里，因此，加快发展攀西试验区轨道交通装备制造产业正合时宜。

7. 基础材料

（1）高端耐磨材料及铸件。高端耐磨材料：含VADI、含VCADI等新型耐磨材料，高纯生铁；高端耐磨铸件：CADI磨球、ADI衬板、ADI齿板等抗磨件的耐磨铸件，ADI、CADI渣浆泵、输送弯管等过流零件。

（2）特种钢与锻件。汽车模具钢、汽车板簧钢、履带板钢、破碎机锤头钢、齿轮钢、轴承钢、螺栓钢，以及军工、汽车、船舶、发电、轨道交通等行业需要的定制化钢材和锻件。

（3）钛金属制品。石油化工用泵阀、钛—钢复合材料压力容器、钛油井管、钛钻杆；汽车轻量化用钛合金零部件；人工关节、齿科材料、血管支架等生物医疗用品；船舶和海洋工程用管件、阀件、紧固件；通用航空用钛合金零部件制造。

（4）石墨及石墨烯材料。以石墨深加工关键性核心技术突破和产业整合为着力点，加快推进石墨原材料生产基地建设。重点发展高纯石墨、高碳石墨、石墨锂电池负极材料、碱性电池用导电石墨、高导热柔性石墨、胶体石墨、硅化石墨等石墨材料产品。

攀西发展基础材料产业的可行性。特种钢是保障国家工业化和国防现代化不可缺少的重要基础材料，与国家重大工程建设和高端制造业息息相关，尤其是能源工业用超临界火电机组和核电装备用特种钢、交通装备用高品质汽车钢和高速列车用轴承钢、油气开采和储运输送用耐蚀合金、通用性资源节约型不锈钢、先进工模具钢、航空发动机用轴承钢、海洋工程用特种钢和国防军工用高品质特种钢。我国不锈钢年产 2000 万吨、轴承钢 300 万吨、齿轮钢 200 万吨，目前特种钢产量约占钢总产量 5%，产品基本面向国内市场，国际市场份额仅占 2%。攀西试验区钒钛生铁和铁液是可用于含钒钛钢铁耐磨材料铸件、其他含钒钛高性能钢铁铸件生产的高性价比的原材料，攀西利用含钒钛低微合金钢等优势原材料发展特色材料制造产业基础更坚实。

13.4.2 主要任务

实现攀西特色制造产业快速、持续发展，要重点围绕工业强基、创新驱动、智能制造、绿色制造、制造服务、企业培育等工程开展建设。

1. 提高制造业自主创新能力

（1）实施制造业创新中心建设。加强与国内外科技资源合作，共建、联建技术创新平台；以企业为主体建设产业研发中心，积极推进建立产、学、研、用、投一体的技术创新联盟。

（2）着力突破产业发展关键技术。制订产业前沿技术攻关计划，在轨道交通、钛材深加工、新材料和智能制造装备等重点领域突破一批关键核心技术；推进机械制造产品创新研制，积极推进首台套、首批次运用。

（3）推进科技与产业金融深度结合。实施"科技创新中心 + 龙头企业 + 产业金融"的平台组合行动，着力推动产业链、创新链和资金链"三链"融合。在攀西加快建设一批智能制造创新研发中心。

2. 提升制造业基础能力

（1）强化"四基"创新能力建设。着力解决影响基础原材料、基础零部件产品性能和稳定性的关键共性技术；建立工艺技术和制造方法创新体系，建立关键共性工艺技术和制造方法研究机构，开展先进成型、加工等关键制造工艺联合引进和技术攻关。

（2）促进整机和"四基"企业关联发展。在矿山机械、冶金机械、工程机械、矿用汽车等重点领域，实施"整机带基础""龙头拉中小"产业配套行动，鼓励攀西试验区区域装备制造、汽车零部件生产等龙头企业、外来投资整机企业采购本地配套产品、零部件和原辅材料，加快培育特色鲜明、配套能力强的成套装备产业链。

3. 加快信息化与工业化深度融合

（1）加快企业智能化改造。围绕制造业转型升级，实施"设备换芯""生产换线"和"机器换人"改造计划；加大生产设备和生产线的数字化、自动化改造力度。

（2）推进"互联网+协同制造"。重点在装备制造领域推进智能制造、网络化协同制造和服务型制造，打造网络化协同制造公共服务平台，着力构建攀西制造业网络化产业生态体系。

（3）加强智能制造基础能力建设。在攀西试验区推进基于企业、行业的工业互联网建设，着力提升设备、产品、人之间的数据连接、数据处理和数据分析能力，建设完善重点行业和领域的"工业云"公共服务平台和大数据中心。

4. 加强质量品牌建设

（1）提升质量管理水平。开展质量标杆和领先企业示范活动，普及六西格玛、精益生产、质量诊断等先进生产管理模式和方法；开展重点领域产品工艺优化行动，提升关键工艺过程控制水平。

（2）夯实质量发展基础。在攀西试验区建设制造业产品质量控制和技术评价中心、产品质量监督检验中心；鼓励和支持企业、科研院所、行业组织等参与国际、国家和行业标准制定。

（3）培育制造业品牌。引导攀西试验区企业增强品牌意识，提升品牌附加值和软实力；引导企业实施品牌战略，倾力打造知名工业品牌。

5. 全面推进绿色制造工程

（1）推进制造业绿色化改造。大力推广余热余压回收、废渣资源化等绿色工艺技术装备，加快应用清洁高效铸造、锻压、焊接等加工工艺，实现绿色生产。

（2）推进资源高效循环利用。支持攀西区域企业提高绿色制造能力，大幅降低能耗、物耗和水耗水平，全面推行循环生产方式；推进资源再生利用产业发展，提高大宗工业固体废弃物综合利用水平；大力发展再制造产业。

（3）积极构建绿色制造体系。支持攀西区域企业开发绿色产品，提升产品节能环保低碳水平；推进工业园区产业耦合，实现近零排放。

6. 深入推进制造业产品结构和产业结构调整

（1）开展新一轮技术改造。支持攀西区域企业开展以智能制造、绿色制造和"四基"能力提升为重点的新一轮技术改造；开展传统产品的信息化改造，提高传统产品的智能化、复合化水平；促进制造业向产业配套、专业化协作方向发展。

（2）优化制造业布局。优化调整制造业生产力布局，支持凉山德昌装备制造基地大力拓展新能源装备制造及配套制造产业，支持四川攀枝花钒钛高新区大力发展装备制造及优质原材料产业，攀枝花南山循环经济发展区发展以矿用车为主导的汽车零部件产业；攀西试验区建立园区之间的专业化协作体系，实现资源共享，构建产业整体竞争优势。

（3）培育制造业产业集群。打造制造业特色产业园区，培育矿山机械、汽车零部件等产业集群，促进产业集群主导产业规模化、集约化发展。

（4）发展壮大制造业企业群体。大力实施"小巨人"培育计划，支持中小企业做大、做强和创新发展；培育一批主业突出、竞争力强、成长性好、专业化高的中小企业。

7. 积极发展服务型制造业和生产性服务业

（1）推动"制造+服务"发展。引导和支持制造企业延伸服务链条，从主要提供产品制造向提供产品和服务转变；鼓励优势企业面向行业提供社会化、专业化服务。

（2）推进第三方服务业发展。加快发展研发设计、技术转移、创业孵化、知识产权、科技咨询等科技服务业，发展壮大第三方物流、检验检测认证、融资租赁、品牌建设等第三方服务业。

（3）强化公共服务平台建设。依托产业集聚区，建设生产性服务业公共服务平台，加快服务配套设施和能力建设，实现制造业和服务业协同发展。

8. 提高制造业开放发展水平

（1）推进制造业重点领域"引进来"。创新引进模式，引资、引技、引智相结合，由引进生产能力为主转变为引进核心技术、人才、资本为主；鼓励国内外知名企业在攀西试验区设立制造基地，积极承接国内产业转移。

（2）推进制造业优势企业"走出去"。鼓励矿山机械、冶金机械等产能向东南亚地区转移，支持钒制品、钛合金、轨道交通等开展国际国内技术合作，提高国际化经营能力。

13.5 加快特色制造产业发展的具体措施

加快现代制造产业发展是推进新型工业化和实现富民强国的现实要求，"一带一路"、长江经济带、中国制造2025的提出，为当下和今后产业经济发展指明了方向和路径。发挥攀西试验区区域优势，坚持创新驱动、质量为先、绿色和谐、结构优化的发展要求，把结构调整作为加快转变经济发展方式的主攻方向，积极推动产业结构的调整升级和产品结构的优化升级，不断延伸产业链，提升产业层次，全力加快攀西试验区现代制造业基地建设。

13.5.1 深化体制机制改革

深化行政审批制度改革，提高产业服务水平。简化技术改造审批程序和环节，鼓励"零新增地"技术改造项目。积极发展混合所有制，推动国有资本与非国有资本交叉持股、相互融合，增强制造领域国有资本的影响力、带动力。强化产业政策与财政、税收、金融、土地等政策联动，发挥产业扶持资金的杠杆作用、结构性减税政策效应，引导产业结构优化升级和协调发展。

13.5.2 加大财税金融支持力度

贯彻落实国家支持制造业发展的各项财税优惠政策。综合运用财政、金融等政策，引导社会资金优先投向制造业发展的重点领域；整合市级财政专项资金，重点支持制造业转型升级、智能化改造；转变现行财政支持方式，充分发挥财政资金的导向和放大作用，利用各种基金，如得天基金、兴攀基金、钒钛产业基金等政府主导基金，带动金融资本加大对制造业的投入；依法加强对创新和实验阶段财税支持，依法加大对重点突破领域企业研发投入费用税前加计扣除力度；加强中小企业信用担保体系建设，依法依规建立攀西区域中小微企业信贷风险补偿基金；支持担保机构联合担保，鼓励担保机构与省级再担保机构合作，提高制造业融资担保比例。

13.5.3 支持重点项目建设实施

实行项目推进责任制，抓好一批符合国家产业政策、产业关联性强、技术含量高、市场竞争力强、经济效益好的投资项目。对一些重点项目，及时解决产业和项目推进中存在的问题，确保项目的落实和产业的健康发展。统筹布局攀西试验区装备制造、机械制造业及其他制造产业，对列入攀西区域重点发展的制造项目开辟"绿色通道"，在企业办理项目备案、规划、土地、环保、安全、林业等相关手续时实行"特事特办、急事急办"，并加大对项目办理过程中的督办力度。

13.5.4 加大要素保障力度

坚持效率优先、兼顾公平，加快生产要素价格市场化改革，充分发挥市场在资源配置中的决定性作用，为制造企业合理配置公共资源。强化供地需求管理，在用地计划指标中优先支持优质技术改造项目和先进制造业项目；积极争取和利用国家、省上现行优惠政策，为制造企业做好电力和运输保障；加强全市成品油分销体系建设，保障成品油供应；加强试验区各园区集中供水、供气设施建设，保障制造企业水、气供应。

13.5.5　加强人才队伍建设

加强制造业人才发展统筹规划和分类指导，组织实施制造业人才培养计划，实施企业经营管理者素质提升计划，打造优秀的高级管理人才队伍；开展现代学徒制和企业新型学徒制试点示范，强化工匠精神意识。鼓励企业与学校合作，培养制造业急需的科研人员、技术技能人才与复合型人才；加大制造业领军人才和紧缺人才引智力度；积极营造大众创业、万众创新良好氛围和环境。

13.5.6　健全组织实施机制

建立攀西试验区推进制造产业发展联席会议制度，两市政府相关部门和有关单位参加，统筹推进装备制造产业持续发展，协调解决推进过程中的重大问题。成立装备制造产业专家咨询委员会，作为智力咨询机构，为推动制造产业发展提供智力支持；建立装备制造产业推进的监督考核机制，加强对实施情况的跟踪分析，做好各项工作和政策措施落实的监督检查。

第14章　攀西试验区服务业发展

为了加快推进试验区建设，促进区域协调发展，不断提高人民生活水平，加快服务业建设步伐，尤其是生产性服务业建设速度是加速推进攀西战略资源创新试验区的有效途径和战略选择，对于试验区产业结构调整和产业升级，提高经济发展质量和效益，增强自主创新能力以及扩内需、稳增长、调结构具有非常重要的意义。

14.1　资源型城市转型与服务业发展

资源型城市是指依托自然资源的开采而兴起，资源型产业占比高，经济发展具有较强资源导向性的一类城市。与其他城市相比，资源型城市更容易因功能性锁定、认知性锁定和政治性锁定而陷入刚性专业化陷阱[1]，其发展方式转变和经济结构调整面临更大的阻碍。在资源类产品价格波动加剧、产能过剩严重、生态环保压力加大的背景下，资源型城市向可持续发展方向的转型日渐紧迫。针对此问题，目前理论界基本形成两大相互补充协调的转型思路：一是通过对传统资源型优势产业的深化、重组、延伸、改造等方式实现产业升级；二是积极培育接续产业，尤其是服务业，形成多元化的产业结构，降低对资源型产业的依赖[2]。在我国经济整体步入工业化中后期，服务业步入快速发展通道的现实环境下，大力发展服务业促进资源型城市转型受到了更多的关注。

城市转型并非一个线性过程，而是伴随着发展动力、发展模式和路径的非线

---

[1] G. Grabher. The Weakness of Strong Ties: The Lock-in of Regional Development in the Ruhr Area [J]. *The Embedded Firm: On the Socio-economics of Industrial Networks*, 1993: 255-277.

[2] 张复明. 资源型经济：理论解释、内在机制与应用研究 [M]. 北京：中国社会科学出版社，2007: 225-230.

性转变，要实现这种转变需要一种内在推动力。产业结构作为城市的一个主要子系统，其梯次演进的过程恰恰在推动城市转型中扮演起着内在推动力的作用。正如配第－克拉克定律所揭示的，在经济发展与产业结构间存在高度相关性和对应关系。随着经济发展水平的提高，劳动力依次从农业转向制造业，并进一步转向商业和服务业[1]。库兹涅茨和钱纳里对更大样本的分析证实了这一现象[2][3]。此后，这一经验规律获得较广泛的认同，服务业比重的高低成为衡量一个国家或地区经济发展水平的重要指标。从我国服务业发展的整体趋势来看，也基本符合配第－克拉克定律的理论预期。改革开放以来，我国服务业占比从1978年的24.7%上升到2016年的51.6%。但进一步的分析表明，我国服务业的比重和收入水平并非在任何阶段都是高度正相关的，在某些阶段服务业占比甚至出现小幅下降，而呈现U型的两波段特征[4]。此外，魏作磊等通过国际比较发现，尽管我国的经济增长速度更快，但服务业比重与同等收入水平的经济体相比明显更低[5]。这为我们重新理解服务业发展与经济发展水平、产业结构转型间的关系提供了新的契机。

事实上，经济学理论对服务业的普遍关注兴起于第二次世界大战之后，其研究对象主要集中于已基本完成工业化，逐渐进入后工业阶段的发达经济体。即以克拉克为代表的研究者实际上重点考察的是产业演进的第二波段。在此阶段，经济增长的动力机制已完成从工业拉动向服务业拉动的转化，服务业的快速发展更多地表现为工业化完成的结果，而非推动其转型的主要动力。但在工业化的初期和中期阶段，经济增长的动力主要来源于工业部门，服务业在经济发展中仅起着被动作用的观点也被一些经济学家所坚持[6]。如果从这个角度进行理解，也就不难解释我国服务业在20世纪90年代中期和21世纪前十年，相对于工业发展的"滞后"以及在最近数年的快速发展。因为正是在这一时期，我国整体开始了从工业化中期向后期的过渡。对于我国的资源型城市而言，由于绝大部分尚属于工业化中前期，在这种现实条件下，一概地将发展服务业视为推动其经济转型和产业结构优化的主要路径，就很可能是以偏概全。因此必须针对不同类别的资源型

---

[1] Colin Clark. The Conditions of Economic Progress [M]. London: Macmillian, 1940.
[2] [美] 西蒙·库兹涅茨. 各国的经济增长：总产值和生产结构 [M]. 常勋，等译. 北京：商务印书馆, 1999: 161 - 165.
[3] [美] 霍利斯·钱纳里. 发展的型式: 1950—1970 [M]. 李新华，等译. 北京：经济科学出版社, 1988: 60 - 81.
[4] 肖文, 樊文静. 中国服务业发展悖论：基于"两波"发展模式的研究 [J]. 经济学家, 2012 (7): 88 - 95.
[5] 魏作磊, 胡霞. 我国服务业发展水平偏低吗？[J]. 经济学家, 2005 (1): 37 - 43.
[6] 陈凯. 服务业在经济发展中的地位和作用：国外理论书评 [J]. 经济学家, 2005 (4): 112 - 118.

城市探讨服务业对于城市转型的意义及其作用机理。以此为基础才有可能提出切实可行的促进资源型城市转型的对策建议。

从国内现有研究来看，已有不少文献对服务业发展促进城市转型的机理和路径等予以关注。随着社会分工的不断深化，服务业尤其是现代服务业在拓展和优化城市空间布局、提升城市能级和竞争力、优化城市产业结构、提供就业岗位等方面的作用已基本形成共识①。对于资源型城市而言，通过将资源勘探、工业设计、物流运输、市场营销等环节从产业流程中细分出来，一方面促进生产性服务业的发展并创造新的就业机会；另一方面亦有助于资源型企业降低生产成本和组织成本，支撑其向产业链和价值链的高端演进②，从而推动城市转型。然而仔细审视这些研究成果，我们亦能发现其不足。首先，从研究视角来看，多数的文献都在认同这一转型思路具有普适性的前提下，专注于探讨资源型城市服务业发展的现状、存在的问题与对策③，但对不同类别城市的差异缺乏关注；其次，研究的重点主要集中于生产性服务业或现代服务业，对发展传统服务业或劳动密集型服务业的意义要么持否定态度，要么重视不足。事实是，对于部分陷于转型困境的资源型城市而言，恰恰是传统的劳动密集型服务业创造的就业机会为城市走出困境提供了"缓冲器"和"解压阀"的作用。最后，除极少数文献之外④，大量研究均属个案分析，通过较大样本的分析对全国资源型城市服务业发展进行的专门研究还属少见。有鉴于此，本节一方面将研究的对象大幅扩展，以求涵盖中国资源型城市服务业发展的整体态势，同时，亦不预设前提，而是在客观呈现不同区域、类型、发展阶段和增速的资源型城市服务业发展差别的基础上，揭示其产业结构演进的内在特质，意在为制定适合不同类别的资源型城市转型路径提供参考。

14.1.1 研究对象、数据来源与分类方法

1. 研究对象

国内对资源型城市的界定近年来发生了较大的变化。2002 年，国家计委宏

---

① 郑琼洁，李程骅. 现代服务业与城市转型关系的审视与思考 [J]. 城市问题，2011 (12): 9-15.
② 曲艺，李鲲，张建蕊. 生产性服务业在资源型城市转型中的作用机制及对策 [J]. 对外经贸，2013 (10): 81-83.
③ 刘好香，李志红. 郴州市资源型城市服务业发展的现状与对策 [J]. 韶关学院学报（社会科学版），2009 (2): 89-92.
④ 张旺，申玉铭，曾春水. 十五以来中国资源型城市服务业发展研究 [J]. 经济地理，2012 (8): 57-63.

观经济研究院课题组确定了 47 座地级资源型城市；其后国家发展改革委在 2008 年和 2009 年分两批次确定了 49 座资源枯竭型城市（新增江西省景德镇市和湖北省黄石市）。从这一界定可以看出，在 21 世纪初，国家对资源型城市的界定实际上侧重于资源型城市中问题表现突出、转型要求迫切的枯竭型城市。2012 年，国家发展改革委发布《全国资源型城市可持续发展规划（2013—2020）》，资源型城市的数量大幅度增加，其中地级市数量达到 126 个，并新增了三个城市分类即成长型、成熟型和再生型。本节即以《全国资源型城市可持续发展规划（2013—2020）》中划分的地级市为基础，在剔除资源再生性较强的 6 座森工城市（含大兴安岭地区）、3 座 2010 年新设地级市（安徽亳州市、云南普洱市和贵州毕节市）、10 个民族自治州和地区后，纳入分析的资源型城市数量达 107 座，基本实现对全国地级资源型城市的全面覆盖。

2. 数据来源

按照我国目前的统计体系，尚缺乏对服务业的精确界定，在研究中通常以第三产业数据作为替代，本节同样采用这一处理原则。数据主要来源于历年《中国城市统计年鉴》，尤其是 2006 年、2011 年及 2016 年版本，研究时段完整涵盖我国"十一五"和"十二五"两个五年规划期，同时引用了部分资源型城市的统计年鉴和统计公报。此外，因缺少各城市生产总值的缩减指数，各城市增加值均采用现值，未进行平滑缩减（在本节的分析中，由于主要采用结构性数据，因此这种处理方法不会对结论产生大的影响）。各表中的平均值均为各城市全市（而非市辖区）数据的算术平均值。

3. 城市分类原则及分布情况

本节将全部 107 个资源型城市按分布区域、城市类型、经济增速、工业化发展阶段不同分类。

在区域分布中，按照国内通常的区域划分原则，划分为东部、中部、西部和东北四大区域。从区域分布来看，我国资源型城市主要集中在中西部地区，二者合计占到了资源型城市的 68%。

城市类型主要依据《全国资源型城市可持续发展规划（2013—2020）》划分为再生型、成熟型、衰退型和成长型 4 类。其中，再生型城市已基本摆脱对资源型产业的依赖，初步实现城市发展的转型，服务业重点趋向于现代服务业；成熟型城市处于稳定发展阶段，资源型产业在产业结构中处于支柱或主导地位，在我国的资源型城市中,成熟型城市占比达54%;衰退型城市正面临资源枯竭、生态环境压力加大的现实约束,主要分布在中部和东北地区;成长型城市则处于资源型产业快速发展阶段,资源保障充分,经济增长速度快,主要分布在西部地区。

经济增速主要以样本城市在2005—2015年的平均增速为基准。增速高于基准20%的划分为高增长城市,低于基准20%的为低增长城市,二者之间为中速增长。

对工业化阶段的判断,本节主要采用库兹涅茨标准,以样本城市2015年的产业结构数据作为划分依据。A(第一产业增加值)占比大于20%,且A小于I(第二产业增加值)的为工业化初期阶段;A占比小于20%,且I大于S(第三产业增加值)的为工业化中期阶段;A占比小于10%,且I大于S为工业化后期阶段;A占比小于10%,且I小于S为后工业化后期。具体分类的城市分布情况详见表14-1。

表14-1　　　　　　　　　中国资源型城市分布情况

按区域不同划分	东部地区	中部地区	西部地区	东北地区
	20座	36座	37座	14座
按城市类型不同划分	再生型	成熟型	衰竭型	成长型
	14座	58座	21座	14座
按经济增速不同划分	高增长	中速增长	低增长	
	29座	43座	35座	
按工业化阶段不同划分	工业化初期	工业化中期	工业化后期	后工业化阶段
	18座	76座	7座	6座

资料来源:作者整理计算。

14.1.2　资源型城市服务业发展的整体态势及特征

按照上述分类原则,主要通过资源型城市服务业增加值占比,对2005—2015年各类型资源型城市服务业的发展态势进行分析。分类型城市服务业增加值占比结果见表14-2。该表的最后两行,提供了同期国内城市和全部资源型城市的对应指标均值作为分析比较的基准。

表14-2　　不同分类下的资源型城市服务业增加值占比及其变动（2005—2015）

划分依据	类型	2005/(%)	2010/(%)	2015/(%)	2005—2010/个百分点	2010—2015/个百分点	2005—2015/个百分点	变动趋势
按区域	东部地区	31.7	34.6	40.1	2.9	5.5	8.4	单边上升
	中部地区	33.8	33.4	38.8	-0.4	5.4	5	U型
	西部地区	34.4	32.2	36.1	-2.2	3.9	1.7	U型
	东北地区	32.7	32.8	39.5	0.1	6.7	6.8	单边上升
按类型	再生型	32.4	35.3	42.3	2.9	7	9.9	单边上升
	成熟型	33.7	33.1	37.7	-0.6	4.6	4	U型
	衰退型	34.2	31.3	37.2	-2.9	5.9	3	U型
	成长型	32.1	34	37.5	1.9	3.5	5.4	单边上升
按增速	高速增长	35.2	34.8	37.4	-0.4	2.6	2.2	U型
	中速增长	33.6	33.1	36.5	-0.5	3.4	2.9	U型
	低速增长	31.8	31.8	40.9	0	9.1	9.1	单边上升
按阶段	工业化初期	38.2	34.4	39.3	-3.8	4.9	1.1	U型
	工业化中期	31.5	31.4	36.4	-0.1	5	4.9	U型
	工业化后期	37.4	40.5	46.3	3.1	5.8	8.9	单边上升
	后工业化	38.6	42.5	48.1	3.9	5.6	9.5	单边上升
资源型城市平均		33.4	33.1	38.2	-0.3	5.1	4.8	U型
全国城市平均		39.92	32.8	46.72	-7.12	13.92	6.8	U型

资料来源：依据各年度《中国城市统计年鉴》，经作者整理计算所得。

整体而言，在整个研究时段，资源型城市与全国城市的服务业增加值的比重均低于全国城市均值，从变化趋势上看又都表现出明显的阶段性特征。总体上都经历了一个U型的两波段调整过程，"十一五"期间缓慢下降，"十二五"期间则快速上升。在变化幅度上，资源型城市则小于全国城市平均水平。两阶段综合的结果导致，在2015年时，资源型城市的服务业占比与全国平均水平的差距进一步拉大了，从2005年的低于全国平均水平6.5个百分点，扩大至2015年的8.5个百分点。

分类别来看，资源型城市服务业发展表现出明显的分异。其主要的发展趋势有两种：第一种呈单边上升趋势，且后期增幅均高于前期。按整体增幅从高到低依次为再生型、后工业城市、低增长城市、工业化后期、东部地区、东北地区和成长型。对这七类城市而言，服务业的发展态势较为符合配第—克拉克定律的理论预期，服务业已成为拉动经济增长的主要因素。第二种表现为先降后升的 U 型走势，且上升幅度均大于下降幅度，服务业占比整体有所提升，但提升幅度远远小于前述七类城市。按整体增幅大小从高到低依次为中部地区、工业化中期、成熟型、衰退型、中速增长、高速增长、西部地区和工业化初期城市。对这八类城市而言，服务业的发展相对于工业部门仍显滞后，正处于产业结构演进和经济增长动力机制转换的过渡期，甚至不排除服务业占比进一步下降的可能。其中，对西部地区、高速增长、工业化初期和工业化中期的资源型城市而言，其资源型产业尚处于扩张或高速成长阶段，工业部门对经济增长的贡献最大，盲目地采取重点扶持服务业发展的政策很有可能偏离城市的比较优势进而降低城市的发展绩效。对这些城市而言，其服务业的快速发展有待于工业化的完成，从而为之奠定良好的产业基础和发展空间。

前面的分析也表明，本节所列的四大影响因素均与资源型城市服务业发展存在相关性，但从因果关系来看，影响最直接的还是城市所处的工业化阶段。在制定不同类别的资源型城市转型发展战略时，应将工业化阶段的差异放置在首要位置予以考量。

14.1.3 服务业就业结构与产出效率的变化趋势及其特征

服务业就业结构占比是反映服务业发展的另一重要指标，可以更好地刻画服务业对于城市就业的影响。此外，本节通过构建服务业产出效率指标用以评估资源型城市服务业劳动生产率的相对变化，以间接反映服务业内部行业结构的演进。产出效率指标的取值等于服务业增加值占比与服务业就业占比的商值。若该值等于1，表明单位服务业从业人员的劳动生产率与该城市的平均劳动生产率相等；大于1则表明单位服务业从业人员的劳动生产率高于该城市的平均劳动生产率；反之则反是。在进行动态分析时，该值的上升表明服务业劳动生产率的相对提升。需要注意的是，该指标作为一个结构化指标，并不能反映服务业劳动生产率绝对值的变动，也不能用于不同城市服务业劳动生产率的直接比较。

1. 资源型城市服务业就业结构的变动趋势与特征

表 14-3 的第 3~5 列列出了 2005 年、2010 年和 2015 年按前述四大分类体

系统计的资源型城市服务业就业结构占比，第6~8列列出了分阶段的累计变动百分点。

表14-3　不同分类下的资源型城市服务业就业占比及其变动（2005—2015）

划分依据	类型	2005/(%)	2010/(%)	2015/(%)	2005—2010/个百分点	2010—2015/个百分点	2005—2015/个百分点	变动趋势
按区域	东部地区	48.3	50.7	50.3	2.4	-0.4	2	倒U型
	中部地区	49.2	51	50.6	1.8	-0.4	1.4	倒U型
	西部地区	56.8	58	56	1.2	-2	-0.8	倒U型
	东北地区	43.9	40	39.8	-3.9	-0.2	-4.1	单边下降
按类型	再生型	44.5	48.7	47.5	4.2	-1.2	3	倒U型
	成熟型	53	53.6	53.2	0.6	-0.4	0.2	倒U型
	衰退型	43.7	42	40.5	-1.7	-1.5	-3.2	单边下降
	成长型	59.6	63.1	61.1	3.5	-2	1.5	倒U型
按增速	高速增长	50.7	53.4	52.3	2.7	-1.1	1.6	倒U型
	中速增长	53.5	54.8	54.3	1.3	-0.5	0.8	倒U型
	低速增长	48	47.2	45.9	-0.8	-1.3	-2.1	单边下降
按阶段	工业化初期	58.5	57.6	57.4	-0.9	-0.2	-1.1	单边下降
	工业化中期	48.7	50.1	49.4	1.4	-0.7	0.7	倒U型
	工业化后期	55.6	52.5	50.4	-3.1	-2.1	-5.2	单边下降
	后工业化	51.1	57.1	52.8	6	-4.3	1.7	倒U型
资源型城市平均		50.9	51.9	51	1	-0.9	0.1	倒U型
全国城市平均		52.56	51.78	50	-0.78	-1.78	-2.56	单边下降

资料来源：依据各年度《中国城市统计年鉴》，经作者整理计算所得。

整体来看，在三个考察时点，资源型城市服务业的就业结构与全国城市的平均水平较为接近，均维持在50%左右，且就业结构变化的幅度要远低于增加值占比的波动幅度。对所有的城市而言，服务业都已成为吸纳劳动力就业的主要产业。

分区域来看，在三个考察时点，除西部地区外，其余城市的服务业就业占比均低于全国城市平均水平和资源型城市平均水平，其中东北地区占比最低。动态分析来看，东部地区在"十一五"期间上升了2.4个百分点，增幅最大，而东北地区则下降了 3.9 个百分点,发展差异明显。在"十二五"期间,各区域的占比均出现了下降,降幅最大的则是西部地区。综合来看,各区域在整个研究时段的服务业就业结构存在较大的差异。

分类型来看,在各个时点,成长型城市服务业就业占比在整个研究时段最高,其后依次为成熟型、再生型和衰退型。从动态上看,衰退型城市保持单边下降趋势,而其他类型均表现为倒 U 型趋势。整体来看,再生型城市就业占比累计增幅最大,其次为成长型,成熟型则基本保持稳定,衰退型城市则出现了明显的下降。

分增速来看,在各时点,就业结构占比从高到低依次为中速增长、高速增长和低速增长城市。动态来看,中高速度增长城市服务业就业占比同样表现出倒 U 型特征,低速增长城市则呈现单边下降趋势。截至 2015 年,不同增长速度的资源型城市间,服务业就业结构的占比差异拉大了。

从工业化阶段来看,处于工业化初期的城市服务业就业比重最高,工业化中期最低。从变化趋势来看,工业化初期和工业化后期城市就业占比持续下降,而工业化中期和后工业化城市则呈现出倒 U 型趋势。

2. 资源型城市服务业就业结构变化的特征

从整体来看,服务业已成为资源型城市吸纳就业的主渠道,其重要性更胜于服务业对经济增长的贡献。其次,从变化的趋势来看,同样存在两种发展趋势。一种呈倒 U 型曲线,按整体变化幅度从高到低依次为再生型、东部地区、后工业化、高速增长、成长型、中部地区、中速增长、成熟型和西部地区。另一种呈单边下降趋势,按整体变化幅度从高到低依次为工业化后期、东北地区、衰退型、低速增长和工业化初期城市。与增加值占比整体上升趋势不同的是,就业结构占比在不同的资源型城市间变动趋势有升有降。其中增幅最大的前三类城市依次为再生型、东部地区和后工业化城市;降幅最大的前三类城市依次为工业化后期、东北地区和衰退型城市。

在前面的分析中,不同类别的城市服务业增加值的变动可以主要用城市所处的工业化阶段予以说明。然而上述分析发现,单纯用工业化阶段难以解释服务业就业的结构性变化。结合前面关于服务业增加值变动的分析可以发现,再生型、东部地区、后工业化等类型的资源型城市其服务业增加值和就业结构占比的变化方向一致,而工业化后期、东北地区、衰退型城市则呈现出服务业增加值占比上升而就业结构下降的变化趋势。这表明,伴随着三次产业结构的整体演进,服务业内部各行业间同样在进行调整。要对此作出合理的解释，就必须进一步探讨服务业内部结构的变化。

3. 资源型城市服务业产出效率变化趋势与特征

服务业本身具有很强的异质性，既包括传统的劳动密集型部门，也包括资本—技术密集型产业；既包括提供最终服务的生活服务业，也包括主要提供中间服务的生产型服务业；既可通过市场机制提供服务，也有通过非营利性机构、公共部门提供；既有生产率提升缓慢甚至停滞的部门，也有借助现代信息技术手段和技术创新生产率提升迅速的部门。此外，不同类型的城市占主导地位的服务业态存在极为巨大的差别。

为简化分析，本节将服务业内部划分为劳动密集型服务业和资本—技术密集型服务业。前者主要包括现有统计体系中的批发—零售业、交通运输—仓储—邮政业、住宿—餐饮业、租赁—商业服务、居民服务—修理等类别。大部分是传统的生活服务业，对从业人员的素质要求较低，单位从业人员的劳动生产率较低。其余服务业则划分为资本—技术密集型，从业态来看，以现代服务业和生产性服务业为主。

当一个城市的服务业以劳动密集型为主时，就可能出现增加值占比较低而就业占比较高的情况。进一步地，可通过服务业产出效率的大小及其变动趋势来评估服务业内部的行业结构及其演进。静态地看，该值越大则表明服务业产出效率越高，业态以资本—技术密集型为主。动态而言，当服务业产出效率指标提升较大时，则表明服务业内部向资本—技术密集的现代服务业和生产性服务业的转换更加迅速。通过这一指标，在上文中看似违背产业演进一般规律的诸多趋势将会得到较充分的解释。分类别资源型城市服务业产出效率指标及其变动详见表14-4。

表14-4　不同分类下的资源型城市服务业产出效率及其变动（2005—2015）

划分依据	类型	2005 /（%）	2010 /（%）	2015 /（%）	2005—2010 /个百分点	2010—2015 /个百分点	2005—2015 /个百分点	变动趋势
按区域	东部地区	65.6	68.2	79.6	2.6	11.5	14.1	单边上升
	中部地区	68.7	65.5	76.6	-3.2	11.2	8.0	U型
	西部地区	60.5	55.5	64.4	-5.0	8.9	3.9	U型
	东北地区	74.6	82.0	99.2	7.4	17.2	24.6	单边上升

续表

划分依据	类型	2005/(%)	2010/(%)	2015/(%)	2005—2010/个百分点	2010—2015/个百分点	2005—2015/个百分点	变动趋势
按类型	再生型	72.8	72.3	88.9	-0.5	16.6	16.1	U型
	成熟型	63.6	61.7	70.9	-1.9	9.2	7.3	U型
	衰退型	78.4	74.5	91.9	-3.9	17.4	13.5	U型
	成长型	53.9	53.9	61.4	0	7.6	7.6	单边上升
按增速	高速增长	69.4	65.1	71.4	-4.3	6.3	2.1	U型
	中速增长	62.8	60.5	67.3	-2.3	6.8	4.5	U型
	低速增长	66.3	67.3	89.2	1.0	21.9	22.8	单边上升
按阶段	工业化初期	65.3	59.7	68.4	-5.6	8.7	3.1	U型
	工业化中期	64.8	62.7	73.7	-2.1	11.0	8.9	U型
	工业化后期	67.3	77.1	91.8	9.8	14.7	24.5	单边上升
	后工业化	75.5	74.4	91.1	-1.1	16.7	15.5	U型
资源型城市平均		65.7	63.8	74.9	-1.9	11.1	9.2	U型
全国城市平均		76.0	63.3	93.4	-12.7	30.0	17.4	U型

资料来源：依据各年度《中国城市统计年鉴》，经作者整理计算所得。

首先，从整体趋势来看，资源型城市产出效率的变化与全国城市趋同，均呈U型特征，但变化幅度均低于全国城市平均水平。分类别看，则呈现出两大趋势：东部、东北、成长型、低速增长和工业化后期城市表现为单边上升趋势，其余类型城市则呈U型演化。分阶段来看，在"十一五"期间，除东部地区和东北地区、低速增长和工业化后期城市之外，其余类型的资源型城市服务业产出效率均出现了下降；在"十二五"期间，所有类别的资源型城市服务业产出效率均呈上升趋势，但即使效率提升最大的低速增长城市也低于全国城市平均水平。这表明，资源型城市服务业的产出效率的提升速度落后于全国平均速度，服务业内部的效率提升效果并不明显。

其次，资源型城市服务业产出效率变化的内部差别更加明显。东北地区、工业化后期、低速增长和再生型城市的增幅最大，分别居各分类城市首位。表明这几类城市服务业内部的产业结构正加速向资本—技术密集的现代服务业和高端服务业迈进，产业结构进一步优化。与此相对应，高速增长型、工业化初期、西部地区、成熟型城市服务业产出效率则分居各类城市的最后，在为期10年的时间里几乎未见明显的提升，服务业内部的产业结构优化过程相当缓慢，传统服务业、生活服务业等以劳动密集为特征的服务业仍处于主导地位。

此外，上述分析还表明，在影响资源型城市服务业产出效率提升的诸因素中，工业化阶段依然居于主导地位。在提升幅度最大的四类城市中，大部分均处于工业化的中后期；与此相对应，在效率提升最慢的四类城市中，则大部分处于工业化初期和中期阶段。

14.1.4 结论及其讨论

本节以服务业增加值占比、就业占比和产出效率三个指标为主，分析了2005—2015年中国资源型城市服务业的演进趋势及其特征，得出以下基本结论。

从发展趋势来看，资源型城市的产业演进在路径上与全国基本保持一致，但存在一定的滞后。从资源型城市内部来看，不同类别的资源型城市服务业从增加值、就业结构和服务业产出效率三个角度来看均存在显著的差异。这些差异的存在与区域分布、城市类型、经济增速、发展阶段等因素均存在较强的相关性，但尤以城市所处工业化阶段的影响最为显著。事实上，其余几类影响因素都与工业化水平之间存在一定的因果关系。这提示我们，在设计促进资源型城市转型的相关对策时，应将城市所处的工业化阶段放置在首要的位置予以考虑。

比较分析的结果也有助于扩展我们对服务业在经济转型中的地位和作用的认识。经典的配第一克拉克定律阐述的产业演进模式实际上描述的仅仅是处于工业化后期或后工业化经济体的经验规律。当我们将考察的时限延伸至产业演进的整个过程时，如果以服务业增加值占比为主要的衡量指标，则配第一克拉克定律将表现为一个U型曲线。在前面的分析中，可以发现大部分处于工业化后期和后工业化阶段的城市已运行在这条U型曲线的上升段，同时服务业产出效率也在快速提升，表明这些城市经济增长动力的转换已基本完成，服务业成为拉动经济增长的引擎，服务业内部也日益转向资本—技术密集型行业。其余城市则正处于经济增长动力转换的过渡期，服务业占比经历了一个先降后升的发展过程，但增速则较前一类城市低，且产出效率的改善并不明显。对这些城市而言，服务业的发展以量的扩张为主，服务业在经济发展中起着被动的作用，传统劳动密集型服务业是其主要业态，其吸纳新增就业的功能更胜于拉动经济增长的功能。

基于我国资源型城市服务业发展整体滞后的现实，通过加快服务业发展促进资源型城市转型具有较大的潜力和现实可行性，但不同类别资源型城市服务业发展的不同态势提醒我们，产业政策的制定要坚持因地制宜、分类施策的原则。依据分析，我们给出以下政策建议。

产业政策的制定应以客观甄别不同类别的资源型城市所处的发展阶段为前提，尤其应将工业化发展阶段作为政策设计的首要因素。具体而言，对于尚处于工业化初期和工业化中期的资源型城市而言，服务业发展尚处于结构演进的第一波段，服务业发展中表现出的"两低一高"特征（低增加值占比，低产出效率和就业占比高）属正常现象，服务业在经济发展中尚处于相对被动的地位，业态以劳动密集的生活服务业为主。随着工业化进程的推进，工业部门快速扩张，劳动生产率和劳动生产率的增速更快，大量要素向工业部门集中导致服务业增加值占比甚至就业占比的下降乃是资源配置效率优化的表现。对于这两类城市而言，其经济转型的主攻方向应是规范资源开发秩序、提高资源综合利用水平、延伸产业链条，同时配套发展生产型服务业，将资源型企业的"内部分工"转换为"社会分工"，进而提高服务业的产出效率。

对处于工业化后期和后工业化阶段的城市而言，则应重点扶持现代服务业和生产性服务业的发展，但必须指出的是，相对于资源型城市在发展资源型产业的比较优势而言，由于现代服务业具有更强的极化趋势，尤其是金融业、医疗、软件信息服务业等均具有更强的聚集倾向，往往已完成在省会城市和中心城市的布局，资源型城市如一味追求服务业的高端化，则很可能放弃了自身的比较优势和产业基础而难以持续。依据城市现有产业基础，重点发展资源勘探、工业设计、现代物流、职业培训、电子商务等服务业，有效支撑资源型产业和制造业的升级，形成互动融合的产业格局可能更为重要。

对于资源衰竭型城市而言，鉴于其传统的资源型产业已难以为继，就业问题突出，生态环境压力大，服务业的发展一方面需从就业导向出发，大力发展劳动密集型服务业以缓解就业压力，为城市转型赢得时间，同时应重点选择若干具有比较优势的现代服务业作为接续替代产业予以扶持，培育城市新的增长动力，逐步增强可持续发展能力。

我国资源型城市众多，其发展阶段、资源禀赋、产业结构和区位条件各方面都存在巨大差异，其转型目标、方式和途径也必然有所差别。对于处于特定时段的城市而言，如何将服务业的发展与资源型产业和制造业的升级、城市空间布局的优化重组以及城市的转型战略有机结合，促进服务业与城市转型升级的良性互动，比单纯提升服务业比重和片面追求服务业高端化更为重要。

14.2 攀枝花市与周边城市服务业发展比较分析

为了更准确了解试验区发展状况,我们将试验区主要城市攀枝花市、服务业与区域内周边同类城市进行横向比较,通过对比分析,详细了解试验区服务产业发展的水平和当前所处的阶段,找到差距与问题所在,为促进服务业的发展找准干预的方向和切入点。在比较的主要城市选择上,充分考虑可比性:如人口总量都在百万规模以上,人均产值在同类档次之上,地理位置毗邻且经济发展关联性较强等。基于此考虑,选择了周边凉山、丽江、大理、楚雄、内江、宜宾和泸州七个州市与试验区主要城市攀枝花市进行比较研究。

14.2.1 服务业发展规模比较

1. 服务业增加值比较

服务业的迅速发展已经成为现代化经济的重要特征,是社会化生产和产业结构高级化的必然趋势,是劳动生产率的提高和社会不断进步的必然结果。服务业不仅在发达国家已经占据国民经济的主体,而且在发展中国家发展也很快,在我国经济发展中所起的作用也越来越大,并且已经成为一个各方面都共同关心的问题。以上八个州市的服务业在总体规模上,均呈现出良好的发展势头。从图14.1各州市2002—2016年的服务业增加值的数据可以看出以下几点。

(1)攀枝花市服务业增加值同周边的其他七个市州一样增长迅速。在2002—2016年15年期间,攀枝花市的服务业增加值在绝对数值上实现了7.6倍的增长,而周边的其他七个市州的增长也都达到5~10倍。但以2016年的数据进行比较可以看出,在规模总量上,攀枝花市的服务业增加值不高,总量发展水平仅高于丽江市比周边其他市州都要低,如宜宾在2016年服务业增加值达到468.59亿元,差不多达到攀枝花市的2倍。

(2)攀枝花服务业总量发展水平与周边其他市州相比,发展差距在近些年来逐渐被拉大。从最初来看,攀枝花的服务业发展规模与楚雄州较为接近,与其他市州差距不大,总量规模可以处在同级数量档上差距不大。但在近几年来,攀枝花服务业产值总量与周边其他市州相比,差距在逐渐拉大,落在了后面。楚雄州近来年服务业发展较快,从落后于内江到现在与内江市基本持平。凉山州在2008年之后无论是在总体发展规模还是发展的速度来看,明显高于其他七个州市,其增长的走势最为陡峭,到2016年其规模总量达到439.06亿元。

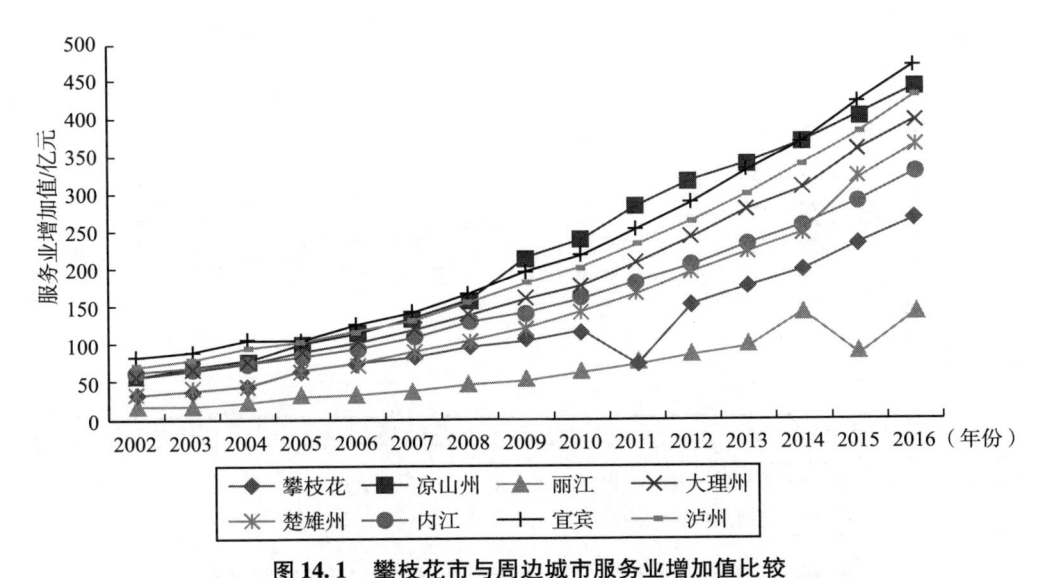

图14.1 攀枝花市与周边城市服务业增加值比较

说明:数据来源于各年的《四川省统计年鉴》《云南省统计年鉴》及各地市州的统计年鉴。

2. 服务业占GDP比重比较

随着经济的发展,服务业在国民经济中的比重会不断上升,这也是经济结构优化的重要标志。但从图14.2中可以看出,攀枝花市、凉山州的服务业占GDP比重在过去的15年中没有明显的提高。与攀枝花市、凉山州类似,周边其他6个市州的服务业占GDP比重均没有出现明显上升。这反映出了攀枝花市和周边其他市州一样面临同样的问题,就是区域发展特征和资源禀赋所决定的服务业发展过于缓慢,服务业发展面临的诸多瓶颈制约因素长期以来未能得到有效突破,服务业发展的潜能未能得到真正的释放,试验区服务业发展也同样存在上述问题。而在占比数值上,攀枝花市一直处于20%~30%,凉山州一直处于30%~40%,比周边其他市州都要低,如丽江市和大理州的服务业占比要高出攀枝花市两级数量档,2016年丽江的占比达到45.65%和大理州的占比达到48%,其服务业产值几乎达到总产值的半壁江山,服务业在经济中发挥着主要的引擎作用,与国外的70%~80%的比重差距就更大,这在一定程度上反映出实验区经济结构调整步伐较为缓慢，服务业没有发挥出对区内经济应有的拉动作用，未来实验区在服务业上具有巨大的发展空间，但同时说明实验区经济结构需要不断优化调整变得更为迫切。

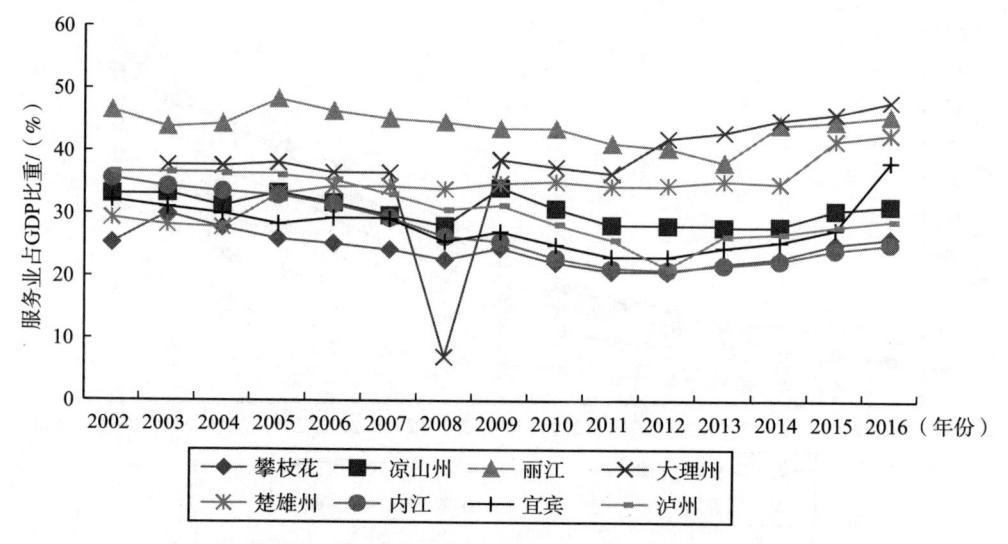

图 14.2　攀枝花市与周边城市服务业增加值占 GDP 比重比较

说明：数据来源于各年的《四川省统计年鉴》《云南省统计年鉴》及各地市州的统计年鉴。

14.2.2　服务业发展速度比较

过去较长一段时期以来，受思想观念的束缚，服务业的发展未受到应有的重视，服务业没有得到应有的发展，在总产值中的比重不高，发展速度较慢，但是随着发展环境的变化以及受国际上发达国家经济转型的启示，服务业的发展在我国日益受到重视。各省及地市州的服务业在"十二五"时期发展速度不断加快。通过选取服务业增长率指标，比较分析攀枝花与周边市州在服务业发展上的快慢程度。从图 14.3 中可以看出，攀枝花市与周边其他七个地市州在近几来年服务业发展速度变化趋势上大致相当，从 2008—2016 年的平均增长率也较接近，平均增长率均为 9% 左右。攀枝花在近十年期间内的年均增长率为 12.11%，略高于内江、宜宾、泸州，与凉山州和大理市服务业的年均增长率持平。所以，从服务业发展速度的比较来看，攀枝花市服务业的发展速度与周边其他城市相比，并不具有明显的优势。从另一方面看，攀枝花市服务业的增长速率基本与总产值的增长速度基本较为一致，服务业增速要略快于本地区总产值的增速，这也符合一般的规律，就是在经济发展过程中，当城市经济发展达到一定程度后，其服务业增速均快于地区总产值的增速，且两者变动方向一致。

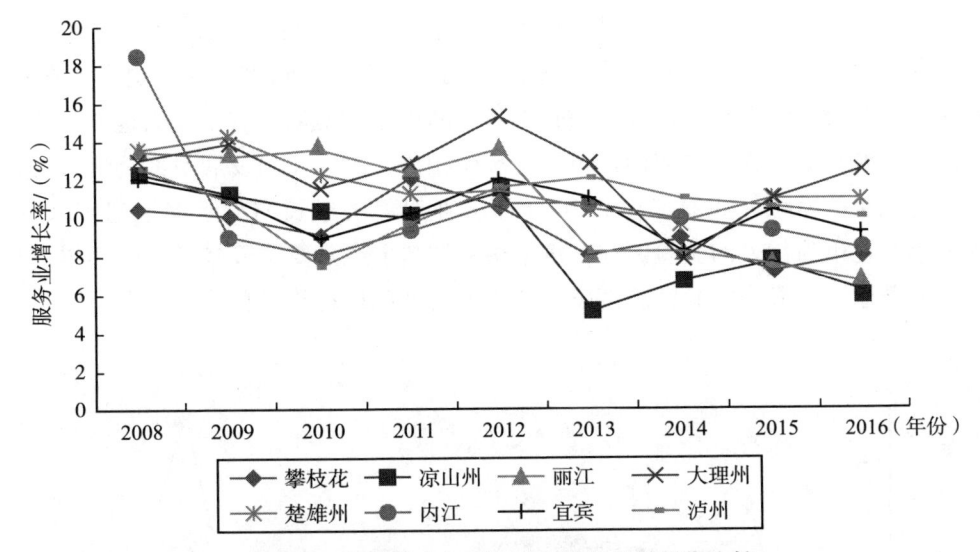

图 14.3　攀枝花市与周边城市服务业增长率比较

说明：数据来源于各年的《四川省统计年鉴》《云南省统计年鉴》及各地市州的统计年鉴。

14.2.3　服务业功能比较

服务业的高度发展是社会经济现代化的一个重要特征，是产业结构优化的标志。服务业在优化产业结构、提高人口素质，提高就业水平，加快城市化进程，促进经济发展以及全面建成小康社会等方面具有重要功能。

1. 服务业对经济增长的贡献比较

地区经济增长以地区总产值及人均产值的不断增加为标志，在现代核算体系中，服务业的产值是总产值中重要的构成部分，因此，服务业的快速发展就成为地区经济增长的重要动力和增长的源泉，而且随着经济的不断增长，总产值及人均产值的不断增加，服务业产值在总产值中的比重也会不断地提高，这是服务业对经济增长促进作用的重要体现。从攀枝花市与周边其他七个市州的服务业发展及经济增长趋势来看，服务业产值都是在逐渐增加，但是其对经济增长的贡献率却没有呈现出不断上升的趋势，由图 14.4 能直观看出，服务业对本地区经济增长的贡献率均呈现起伏变化特点，相比较而言，攀枝花市的服务业对本区域经济增长的贡献率要大大低于周边其他市州，特别是丽江及大理州，反映出丽江及大理州的服务业要比攀枝花市发达。攀枝花的服务业对全市经济增长的贡献率一直以来都较低，一般都为20%左右的贡献率，在2013年之前，贡献率只有15%左右，而在最近三年，这一贡献率逐渐上升，到2016年达到25.4%，提升了不少，反映攀枝花市服务业在全市经济增长中发挥的作用在增加，有望成为地方经济增长新的重要引擎，当然这与丽江市和大理州相比，服务业的发展对经济增长的贡献还有不小的差距，如丽江市2016年服务业对经济增长的贡献率达到42.6%。说明攀枝花市为代表的实验区在经济结构的调整上还需要一段较长的时间推进过程，服务业真正成为实验区经济发展的重要动力源还有待时日。

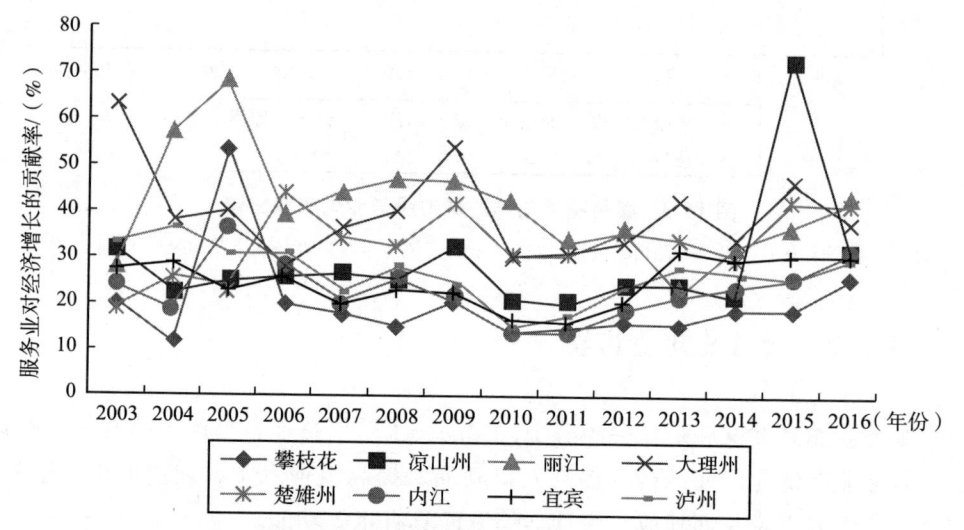

图 14.4　攀枝花市与周边城市服务业对经济增长贡献率比较

说明：数据来源于各年的《四川省统计年鉴》《云南省统计年鉴》及各地市州的统计年鉴。

2. 服务业对就业的贡献比较

在日益增加的就业压力下，大力发展服务业是缓解就业问题的有效途径，特别是随着一些传统产业对就业的吸纳能力逐渐减弱的情况下，大力提高以服务业为代表的新兴产业对就业的吸纳能力，对本地区就业的提高和经济的发展具有重要的意义。由于攀枝花市周边云南的几个市州无法查得相关数据，这里只对攀枝花市和周边四川省内的五个市州状况进行比较。由图 14.5 可以看出，攀枝花市的服务业就业比例在比较的周边五个市州中最高，且每年都保持一定提升，如在 2015 年攀枝花市的服务业就业比重达到 37.43%，吸纳了全市三分之一以上劳动力的就业，这一比例要高出如周边的泸州市近十个百分点，2015 年泸州市的服务业就业比例只有 28.1%。从中可以看出，服务业的发展对以攀枝花市为代表的试验区总体经济的健康稳定发展有着不可替代的重大的影响，试验区服务业的快速发展，不仅可以创造大量的工作岗位促进区域内就业水平的提高，而且在增加区域内收入水平及拉动区域内消费上均发挥着重要作用。

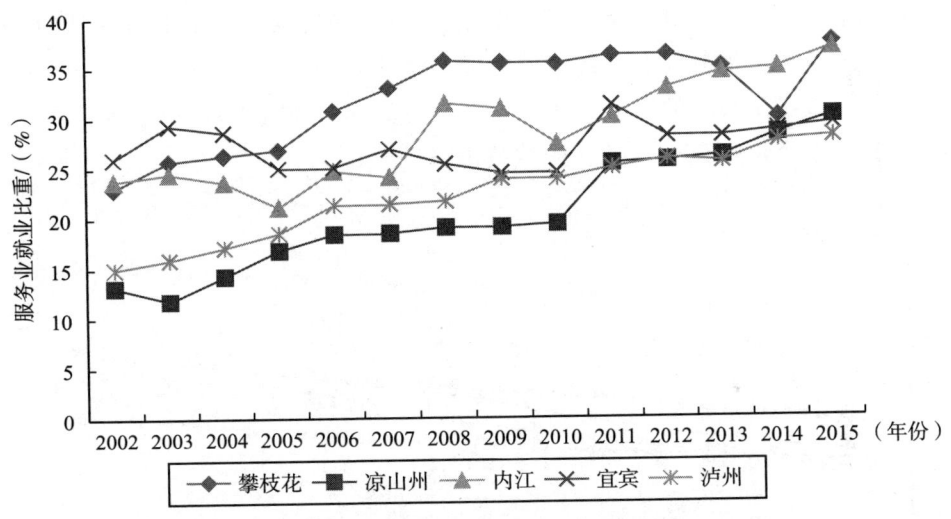

图 14.5 试验区与周边城市服务业对就业的贡献率比较

说明：数据来源于各年的《四川省统计年鉴》及各地市州的统计年鉴。

3. 服务业对城市化进程的影响比较

城市化和服务业都是工业化发展的产物，二者是相辅相成、相互促进的。城市化是指乡村分散的人口、劳动力和非农业经济活动不断进行空间上的聚集而逐渐转化为城市的经济要素。由于服务业具有非储存性，即生产和消费的同时性，所以服务业对人口的集聚效应非常高。只有当生产要素和人口集聚到相当的规模，产生对生产服务和生活服务强大的市场需求，才足以支撑服务行业的不断产生和独立化。而城市化使得生产要素和人口呈现聚集，因而对服务业的需求出现聚集，使服务业的发展有了必要的需求基础。城市化过程诱发了服务业新兴行业的出现和推动传统产业的发展。城市化的发展也使得如交通、通信、金融、保险等各种新兴的需求得以出现,这就使得服务业有了新行业的加入,而这些新行业本身又为传统产业提供必要的服务,使传统产业快速发展。城市化进程的加快必然会导致服务业快速发展和产业内部分工更加专业化。与此同时,服务业发展也必然会促进城市化的进一步发展。服务业的发展是实现城市经济集聚效应的保证,城市集聚效应是通过服务业来实现的。服务业的发展为生产和生活提供更多的便利条件,交通、通信、金融、保险等行业的发展不仅有利于生产集聚,同样也有利于人口集聚。通过把实验区内攀枝花市与其周边七个地市州的相关数据比较,分析服务业对本地区城市化进程的影响差距,反映出服务产业的发展所产生作用贡献的不同。城市化进程选用城镇化率指标来反映。由图14.6可以看出,攀枝花市与其周边的其他七个地市州的城市化率在过去的15年期间里均呈现出上升趋势,其中攀枝花的城市化进程最快,在2016年城镇化率达到65.34%,明显高于其他七个市州30%~48%的城镇化率。

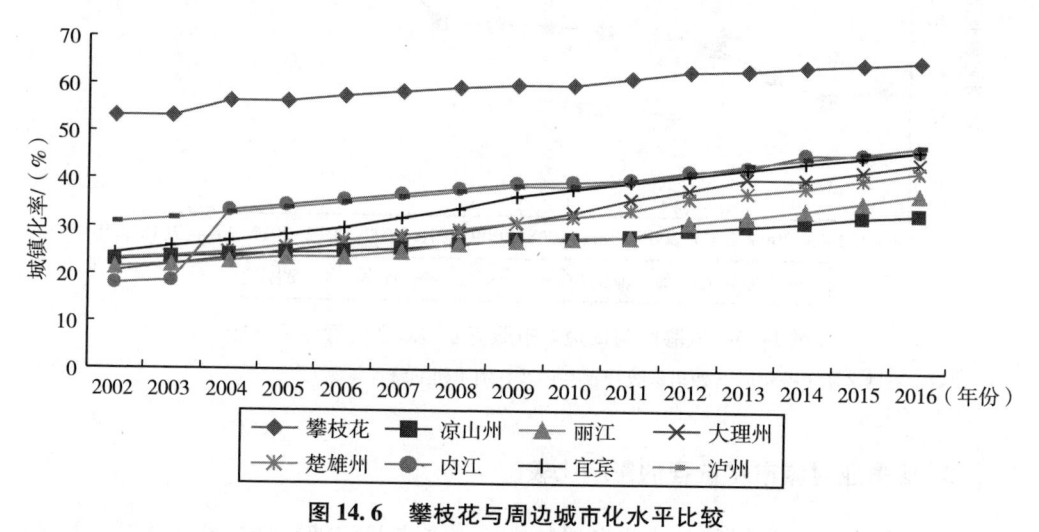

图14.6 攀枝花与周边城市化水平比较

说明:数据来源于各年的《四川省统计年鉴》《云南省统计年鉴》及各地市州的统计年鉴。

进一步从表14-5中相应的各市州的服务业占总产值比重数据来看,攀枝花市与周边其他七个地市州一样,其服务业与城市化却都没有表现出如预期般的良好的互动与促进作用,攀枝花市的高城镇化率与服务业较低的比重形成了鲜明的对照。这也反映出了试验区在服务业发展过程中存在与区域内城镇化不协调的问题,服务业与城镇化未有效地实现相互促进发展。

表 14-5 攀枝花市与周边城市服务业对城市化进程比较

年份	攀枝花		凉山州		丽江		大理州	
	服务业比重	城镇化率	服务业比重	城镇化率	服务业比重	城镇化率	服务业比重	城镇化率
2002	25.32	53.4	33.14	22.7	46.5	21.5	37.5	20.6
2003	29.99	53.2	33.3	23.3	43.9	22.1	37.7	22
2004	27.75	56.4	31.2	23.9	44.34	22.9	37.6	23.5
2005	25.91	56.6	33.3	24.5	48.3	23.6	38.1	25
2006	25.18	57.6	31.7	25	46.4	23.8	36.5	26.5
2007	24.2	58.6	29.7	25.4	45.3	25	36.5	27.5
2008	22.6	59.6	28	26.4	44.6	26.7	37.2	29
2009	24.45	60	34.1	27.4	43.6	27.2	38.6	31
2010	22.11	60.1	30.8	27.5	43.3	27.8	37.4	33
2011	20.7	61.6	28.2	28.2	41.2	28.2	36.38	36
2012	20.66	63	28.1	29.6	40.47	31.4	35.9	38
2013	21.95	63.4	27.85	30.6	38.18	32.6	36.7	40.3
2014	22.8	64	28	31.4	44.19	33.9	37.5	40.5
2015	25.2	64.7	30.6	32.4	44.77	35.6	39	42.2
2016	26.1	65.3	31.3	33	45.65	37.4	40.6	44
年份	楚雄州		内江		宜宾		泸州	
	服务业比重	城镇化率	服务业比重	城镇化率	服务业比重	城镇化率	服务业比重	城镇化率
2002	29.3	23.1	35.61	17.9	32.14	24.2	36.62	30.8
2003	28.2	23.8	34.33	18.5	31.03	25.8	36.58	31.6
2004	27.8	24.6	33.56	33.5	30.03	26.8	36.37	32.7
2005	33.1	26	32.88	34.7	28.32	28.3	36.1	34
2006	34.3	27.2	31.45	35.8	29.27	29.8	35.37	35.2
2007	34.3	28.4	29.3	37	29.1	32	33.04	36.4
2008	33.9	29.6	26.3	38.1	25.5	34	30.57	37.6
2009	34.8	31	25.5	39.3	27.1	36.6	31.3	38.8
2010	37.4	32.2	22.9	39.4	25	38	28.3	38.8

续表

年份	楚雄州 服务业比重	楚雄州 城镇化率	内江 服务业比重	内江 城镇化率	宜宾 服务业比重	宜宾 城镇化率	泸州 服务业比重	泸州 城镇化率
2011	34.35	33.8	21.2	40.2	23.1	39.4	25.8	39.9
2012	34.5	36.2	20.9	41.8	23.1	41.1	21.2	41.7
2013	35.2	37.5	21.7	42.7	24.56	42.5	26.4	43.3
2014	34.8	38.7	22.4	45.6	25.5	43.9	26.8	44.8
2015	41.7	40.4	24.2	45.6	27.5	45.1	28	46.1
2016	42.7	42.3	25.2	46.7	38.3	46.6	28.9	47.5

说明：数据来源于各年的《四川省统计年鉴》《云南省统计年鉴》及各地市州的统计年鉴。

14.2.4 结论及启示

通过以上试验区主要城市攀枝花市服务业与凉山州、内江、宜宾、泸州、大理州、丽江、楚雄州七个地市州的比较，可以得到：从服务业发展规模来看，攀枝花市服务业发展在八个地市州中处于仅高于丽江市的低位；从服务业增长速度来看，八个城市发展速度相当，在过去的15年期间，发展速度增长均不明显，攀枝花市在这期间的年平均增长率为11.4%左右，与其他市州相比，速度一般，处于中间位置；从服务业对经济增长的贡献来看，尽管服务业产值每年都在增加，但对经济增长贡献差异大，丽江市和大理州的服务业对GDP的贡献率较高，达到40%以上，而攀枝花市的贡献率相对要低得多，在八个市州中处于最低的水平，只有20%左右；从服务业对就业的贡献来看，攀枝花市的服务业就业比例在川内比较的五个市州中处于最高，且每年都在保持增长，2015年这一比例达到37.43%，全市三分之一的劳动力工作是由服务业提供的。与此相比，泸州市这一比例在2015年却只有28%，反映出攀枝花市服务产业对全市的就业贡献作用较为突出；从服务业与城市化的关系来看，攀枝花市的城市化水平最高，要高于其他市州20~30个点，但服务业发展对城市化的促进作用均不够明显，反映出服务业与城市化两者之间相互促进的内在作用机制在实验区内没有有效地发挥出来。

总体而言，试验区主要城市攀枝花市同周边几个市州一样，目前产业发展阶段处在一个大致相当的位置，都是以工业化和大规模生产为标志的第二阶段向以服务业快速发展为标志的第三阶段转变的过程中。在无论是服务业规模、增速、对产出贡献上，攀枝花市同其他七个市州相比，均处于落后位置，与地区经济的发展阶段不相匹配。2016年攀枝花市人均GDP按2016年官方汇率折算已超过1.2万美元，按一般规律，在这个阶段，服务业的比重应该要达到60%以上，而实际却不到30%，所以，攀枝花市的服务业发展水平远远偏低，未来还有很大的发展空间和潜力。

14.3 资源型城市生产性服务业影响因素——以攀枝花市为例

发展现代生产性服务业对于资源型城市的转型升级具有重要意义。依据资源型城市的特点，选取了经济发展水平、工业化程度、第三产业整体发展情况、经济开放程度、城镇化进程、基础设施状况等指标，对资源型城市生产性服务业发展进行实证分析。结果表明：资源型城市的生产性服务业发展与其经济发展总水平和工业化水平间存在较强的联动关系，城镇化水平的提升对资源型城市生产性服务业发展有明显的促进作用，而经济开放程度和基础设施状况对资源型城市生产性服务业的发展影响不显著。据此提出促进资源型城市生产性服务业发展的建议。

生产性服务是指那些被其他商品和服务的生产者用作中间投入的服务[1]。随着社会分工的不断细化，生产性服务业得到快速发展，在国民经济中的地位和作用不断上升[2]。一些发达国家和地区的发展实践表明，发展生产性服务业能够有效降低社会成本，提高资源配置的效率，是转变经济发展方式、优化产业结构的重要途径。资源型城市是指伴随资源开发而兴起的城市或者在其开发过程中，由于资源开发促使其再度繁荣的城市[3]。我国资源型城市众多，且都面临发展转型的重要任务。大力发展生产性服务业是解决经济"新常态"下资源型城市面临的经济增长缓慢、内生动力不足、企业负担过重、就业压力巨大等一系列问题的重要途径[4]。资源型城市生产性服务的发展，尽管具有较好的制造产业基础，但与

---

[1] Coffey W. J. The Geographies of Producer Services [J]. *Urban Geography*, 2000, 21 (2)：170 – 183.
[2] 陈保启，李为人. 生产性服务业的发展与我国经济增长方式的转变 [J]. 中国社会科学院研究生院学报，2006 (6)：86 – 90.
[3] 张米尔，武春友. 资源型城市产业转型障碍与对策研究 [J]. 经济理论与经济管理，2001 (2)：35 – 38.
[4] 李哲，李镕臣. 资源型城市产业转型的困境分析与路径选择 [J]. 经济研究导刊，2015 (27)：19 – 20.

发达的高水平现代生产性服务业还相距甚远。影响生产性服务业发展的因素繁多，资源型城市又具有自身的特点，如何识别自身发展特征与诸多影响因素对资源型城市生产性服务业发展的综合影响，并测定相应的影响程度，对于促进资源型城市生产性服务业的发展具有重要的理论及现实意义。

目前，国内外对于生产性服务业的研究主要集中在以下几个方面：一是区位选择研究[①]～[⑦]，认为生产性服务在区位选择上，与市场需求密切相关并追求产业聚集效应，如金融服务、保险服务、法律服务等类型的生产性服务企业一般都选择开办在都市商业区，像房产中介、财务会计等则会选择租金相对便宜一些的区域，像电脑软件服务、研发与设计、工程咨询等生产性服务企业则一般选择进入城市郊区设立的高科技园区。二是影响因素研究[⑧]～[⑪]，认为科学知识、专业知识、高素质的人才资源、完备的信息通信设施、完善的交通基础设施以及良好的市场竞争环境、经济发展水平、专业化分工程度、城市化水平、经济开放程度、服务业效率、工业结构、工业化程度以及制造业的集聚程度、服务业开放程度以及信息技术水平是生产性服务发展的主要影响要素。三是生产性服务业与制造业关系的研究，认为生产性服务业与制造业相互依存、相互促进，一方面工业化的推进和产业结构的升级和优化有助于生产性服务竞争力的提升和专业化程度的加强，制造业专业化分工的深化将产生对生产性服务的大量需求，推动了生产性服务业的快速扩张；另一方面生产性服务业的发展为制造业注入了新的活力，有效地提升了其劳动生产率和核心竞争力，有助于深化社会分工，提高经济效

---

① Herbert G Grubel, Michael A Walker. Service and the Changing Economic Structure [J]. *Services in World Economic Growth Symposium Institute*, 1989, 23 (5): 11 - 18.
② Geo W. The Growth of Producer Services Industries: Sorting through the Externalization Debate [J]. *Growth and Change*, 1991 (22): 118 - 141.
③ 贺天龙, 伍检古. 珠三角生产性服务业集聚的实证研究 [J]. 中国市场, 2010 (10): 66 - 69.
④ 李普峰, 李同升. 西安市生产性服务业空间格局及其机制分析 [J]. 城市发展研究, 2009 (3): 87 - 91.
⑤ 韩元军. 国外生产性服务业研究的新进展 [J]. 中国流通经济, 2011 (2): 7 - 11.
⑥ 邓丽姝. 生产性服务业的经济服务功能——以北京市为例 [J]. 中国流通经济, 2013 (7): 62 - 69.
⑦ 陈殷, 李金勇. 生产性服务业区位模式及影响机制研究 [J]. 上海经济研究, 2004 (7): 52 - 57.
⑧ Harrington J. W. Empirical Research on Producer Service Growth and Regional Development: International Comparisons [J]. *The Professional Geographer*, 1995, 47 (1): 66 - 74.
⑨ Francois J. F. Producer Services, Scale, and the Division of Labor [J]. *Oxford Economic Papers*, 1990, 42 (4): 715 - 729.
⑩ 万千欢, 千庆兰, 陈颖彪. 广州市生产性服务业影响因素研究 [J]. 经济地理, 2014, 34 (1): 89 - 93.
⑪ 杜德瑞, 王喆, 杨李娟. 工业化进程视角下的生产性服务业影响因素研究 [J]. 上海经济研究, 2014 (1): 3 - 16.

率。四是生产性服务业与经济增长关系的研究，认为生产性服务业特别是金融保险业、通信服务业以及商务服务业正日益成为发展最快的领域，通信服务业以及商务服务业对于工业化经济体的地区生产总值的增长十分重要，并在发达国家经济体的发展过程中扮演着越来越突出的地位和作用。对发展中国家而言，生产性服务业对经济增长表现出明显的推动作用，并且这种作用表现出明显的上升趋势，不过生产性服务业在经济增长中的作用与贡献会存在区域的差异性，与区域经济发展阶段和发展水平密切相关，经济发展程度越高的区域，生产性服务业的作用和功能也就越突出。

综合以上几个方面的研究来看，当前国内外对生产性服务业的整体的研究比较充分，对生产性服务业的区位因素、与经济发展和制造业的关系等方面都做了大量的研究，从研究方法上看，做量化的实证分析较为常见，研究地区集中在一些经济发达地区，对于欠发达地区的生产性服务业的发展研究相对较少，特别是一些资源型城市的生产性服务业发展问题，当前研究不多。而资源型城市的生产性服务业的不断发展，不仅能够吸收大量劳动力，加快经济增长，带动区域经济发展，而且是调整优化区域产业结构，增强产业竞争力的重要手段。因此，对资源型城市生产性服务业的研究，不仅对产业本身而且对整个地区经济的发展都具有非常现实的意义。

本节根据国民经济行业分类和统计年鉴的分类，结合装备制造业的特点，将生产性服务业界定为：交通运输、仓储及邮政业，信息传输、计算机服务和软件业，金融业，房地产业，科学研究、技术服务和地质勘查业以及租赁和商务服务业。在资源型城市中，选取试验区主要城市攀枝花市作为典型分析对象，基于2003—2015年的相关数据，进行量化实证分析，旨在找到影响资源型城市生产性服务业发展的关键因素，进而提出加快资源型城市生产性服务业发展的对策。

14.3.1 实证分析

1. 模型构建与描述

对于资源型城市生产性服务业影响因素的选取主要基于以下两个方面：①通过对相关文献的分析，综合借鉴了相关影响因素；②资源型城市本身普遍具有的经济结构单一、经济总量不高、服务业相对不发达的特点及数据的可得性。本节选取了经济发展水平、工业发展状况、第三产业整体发展情况、经济开放程度、

城镇化进程、城市基础设施状况这六个方面的因素。从上述各因素出发选择模型变量，构建的模型为

$$Y_t = \beta_0 + \beta_1 \ln PGDP_t + \beta_2 GYZJZBZ_t + \beta_3 SCBZ_t \\ + \beta_4 WZBZ_t + \beta_5 CZHL_t + \beta_6 \ln GLLCS_t + \mu_t$$

其中，μ_t 为随机误差项；Y_t 表示资源型城市在第 t 年生产性服务业就业人员占城镇就业人员的比重，反映资源型城市在第 t 年的生产性服务业的发展水平，为模型中的解释变量；$PGDP_t$ 表示第 t 年的人均国内生产总值，反映资源型城市在第 t 年的经济发展水平；$GYZJZBZ_t$ 表示在第 t 年工业增加值占当年地方生产总值的比重，反映资源型城市在第 t 年的工业化水平；$SCBZ_t$ 表示第 t 年第三产业产值占当年地方生产总值的比重，反映资源型城市在第 t 年第三产业的发展情况；$WZBZ_t$ 表示城市在第 t 年实际使用外资占当年地方生产总值的比重，反映资源型城市在第 t 年经济开放程度；$CZHL_t$ 表示第 t 年城镇化率，反映资源型城市城镇化进程对生产性服务业的影响；$GLLCS_t$ 表示城市第 t 年的公路里程数，反映资源型城市基础设施状况。

2. 模型结果输出及检验

（1）数据平稳性检验。本节选取攀枝花市这一典型的资源型城市作为分析对象，运用该市 2013—2015 年各指标的相关数据进行量化分析。为避免伪回归，在模型估计之前对模型中七个变量时间序列进行 ADF 检验数据的平稳性，检验结果见表 14-6。

表 14-6　　　　　　　　　　ADF 检验结果

变量	ADF 统计量	τ 临界值（1%）	平稳性
Y	-3.4189	-2.9372	平稳
PGDP	-3.9113	-2.8861	平急
GYZJZBZ	-2.1631	-1.9958	平稳
SCBZ	-4.4428	-2.8861	平稳
WZBZ	-6.0714	-2.2937	平稳
CZHL	-6.0111	-2.8861	平稳
RD	-2.46746	-1.9958	平稳
GLLCS	-3.28619	-2.9372	平稳

从以上检验结果可以看出，各变量时间序列数据在 1% 显著性水平是平稳的。

（2）模型参数及各检验统计量输出结果。利用 Eviews 软件对上模型进行 OLS 回归，结果见表 14-7。

表 14-7　　　　　　　　　　模型输出结果

变量名	系数	检验统计量	数值
C	10.5787	$R-squared$	0.941486
$\ln PGDP$	8.310552	$Adjusted\ R-squared$	0.853715
$GYZJZBZ$	0.058891	$F-statistic$	10.72664
$SCBZ$	0.612337	$Durbin-Watson\_stat$	2.197790
$WZBZ$	-0.075286	C	-112.8089
$CZHL$	0.361108		
$\ln GLLCS$	-0.438098		

由以上结果得出模型为

$$Y_t = 10.5787 + 8.3105\ln PGDP_t + 0.0588 GYZJZBZ_t + 0.6123 SCBZ_t \\ - 0.0753 WZBZ_t + 0.3611 CZHL_t - 0.4381\ln GLLCS_t$$

从以上模型输出结果看，模型的拟合优度指标，即可决系数值较高，反映拟合性较好，在显著性水平 α 为 5% 的条件下，t 统计量值（即变量的显著性检验），F 检验及 DW 检验均可通过，说明模型较为可靠。

14.3.2　结果分析及政策建议

1. 结果分析

（1）对攀枝花这样的资源型城市而言，其生产性服务业发展与地区经济发展水平息息相关。全市人均 GDP 的提高对全市生产性服务业发展有明显的促进作用，随着人均产值的增加，生产性服务业的就业比重会随之增加，说明其生产性服务业发展状况较大程度上取决于地区的经济发展水平。

（2）攀枝花市的生产性服务业发展与其经济发展模式之间存在正向的联动关系。从上述模型能够看出，工业化水平与第三产业发展水平对生产性服务业发展呈现出一定程度的同步关系。城市工业化水平的不断提高及第三产业的快速发展是促进生产性服务业发展重要的推动力,两者对生产性服务的发展具有较强的带动作用。

(3)经济开放程度与生产性服务业发展关联性不强。模型实证结果反映出,外资的引进与使用,地区经济开放程度对全市的生产性服务业发展没有产生实质性的带动及拉动作用,因为资源型城市对外资的引力不强,外资利用总规模偏低,而且外资主要还是流向于制造产业。

(4)城市城镇化水平的提高对生产性服务业发展有明显的贡献。随着城市化进程的加快,生产性服务业的就业人员比重也随之增加,说明城镇化对生产性服务发展具有较好的带动效应。

(5)城市基础设施的改进对生产性服务业的发展促进作用不明显。计量模型反映出对攀枝花这样的资源型城市来说,生产性服务业的发展受基础设施条件方面的约束不紧密,这也间接反映出了资源型城市与其他城市相比,其生产性服务业发展所具有的不同特征,其发展主要以传统生产性服务业为主,而对基础设施依赖性较强的现代生产性服务业,如现代物流服务、商贸流通服务、信息技术网络服务等在生产性服务业中占比微不足道,这也恰好反映出资源型城市在生产性服务业发展中的短板所在。

2. 政策建议

由以上分析所引出的对资源型城市生产性服务业发展的政策含义主要有以下几个方面。

(1)立足自身产业基础,进一步完善产业体系,促进制造业与生产性服务业协同发展。资源型城市的生产性服务业发展与其原有的经济发展模式间存在较强的联动关系,而资源型城市所具有的较好的工业制造业基础,是其发展生产性服务业的先天性条件,这一点也被许多发达地区生产性服务业发展的实证研究所证实。因此,资源型城市应重视制造业与生产性服务业的协同发展,立足于生产制造业的产业优势,加快以计算机网络服务、电子商务、科研服务和综合技术服务等现代生产性服务产业的发展,推动生产性服务业向产前、产中、产后延伸,努力实现现代化生产性服务业的跨越式发展。

(2)实施制造业主辅分离,扩大生产性服务业需求。资源型城市应依托传统产业优势,通过剥离支柱产业在生产、管理和技术中的优势服务环节,发掘具有价值链增值较高、竞争力较强的核心业务,通过现代信息技术把这些生产过程中的关键业务实施改进,在科技服务、商务服务、商贸流通、现代物流、科技服务、供应采购上培育形成一批生产性服务业新主体。通过主辅分离明确在涉及房产、土地使用权及其他资产缴税项目,探索建立便于企业主辅分离的税收和补贴政策。引导企业着重提升核心竞争力,优化管理流程,延伸产业链,提高技术开发、品牌营销、人力资源管理、现代物流等生产性服务活动在产业价值链中的比重,利用资源开发的自我积累功能,适时向产业链的深化方向发展,从而带动生产性服务业的快速发展。

(3) 深化产城融合,进一步发挥城镇化对生产性服务业发展的聚集效应。实证分析表明,资源型城市的城市化率水平的上升对生产性服务发展具有明显的促进作用。从西方国家发展实践来看,高城镇化率会促使城市经济重心由制造业转向服务业,进入后工业化时代,服务业尤其是生产性服务会替代制造业成为新的支柱产业,也成为城市经济高度发达的标志。因此,对于资源型城市,要充分发挥城镇化的聚集效应,抓住"四化"深入融合的契机,不断改革创新户籍、住房、医疗等制度,加快城镇化建设,提升城镇对人力、资本等要素的吸引力,为生产性服务业发展提供优质的空间载体。

(4) 扩大对外开放,强化对外协调合作,提升产业竞争力。实证分析反映出的资源型城市生产性服务业发展与其经济开放程度没有表现出应有的关联作用,反映出资源型城市在对外开放引资中,流向生产性服务业比重不高,生产性服务业发展本身对外协调合作欠缺。生产性服务业的发展,必须要强化跨区域合作观念,加强各地区之间的联系,进而取长补短,形成规模效应。要积极支持和引导外资及民间资本投向生产性服务业产业,积极引进生产性服务业大项目,培养一批具有国际水平、高技术含量的示范性生产性服务企业,促进生产性服务业集聚区的形成;鼓励企业积极参与国际交流与合作,学习借鉴国外先进的经营方法和管理理念,增强发展的动力与活力,积极开展跨国、跨地区的服务活动,建立营销网络,与国外知名的生产性服务企业在技术推广、科技研发、人才培养方面开展广泛合作。

14.4 攀西试验区生产性服务业发展

生产性服务业除了具有服务业的一般特点以外,还具有中间投入性、产业关联性、人力资本和知识资本的高度密集性、集聚性等显著特征,可以全方面地支撑制造业的各个环节，改善产业结构，实现国民经济的良性循环，提高交易效率、降低交易成本，还可以促进城市的集散、服务和创新等功能的发挥。攀西战略创新试验区的建设与发展离不开生产性服务业支撑，生产性服务业为试验区工业生产过程的连续性、促进工业技术进步、产业升级和提高生产效率提供了重要的保障，也促使生产性服务业与试验区内制造业的融合发展，获得更好的经济效应。生产性服务业的创新成为企业技术创新的重要活动，并为企业和社会带来良好的经济效益和社会效益，最终起到促进经济高质量、持续性增长的重要作用。

14.4.1 攀西试验区生产性服务业的发展情况

通过五年的建设，攀西战略创新试验区的生产性服务业取得了快速的发展，但从内部结构、从业人员、服务质量等方面仍存在不少的问题。

（1）从服务业内部结构来看。试验区生产性服务业的整体规模逐年扩大，但总量还很小，生产性服务业增加值占服务业增加值的比例不到40%，生产性服务业增加值占GDP不到10%，与发达国家生产性服务业占服务业的70%以上的平均比重，还有较大的差距。同时，生产性服务业占服务业的比例呈下降趋势，表明生产性服务业的发展不及于消费性服务业的发展。

（2）从生产性服务业从业人员来看。从从业人员总数来看，逐年呈现不断上升趋势；从从业人员的比重来看，其占服务业从业人员的比例只有35%左右，占社会总从业人员的比例只有15%，与发达国家60%的比例有较大差距。同时表明在生产性服务业增加值增长不及于消费性服务业增加值增长的情况下，生产性服务业具有更强就业吸纳能力。

（3）从生产性服务业内部结构来看。试验区生产性服务业内部结构仍不合理。交通运输、仓储和邮政等传统生产性服务业仍然是主导产业，信息传输、计算机、软件业和科研、技术、地质勘探等现代服务业约占生产性服务业的比重的18%左右，并有逐年下降的趋势。金融保险业由于工业企业快速发展的首要需求是融资服务，有了较快的发展，其他生产性服务业发展缓慢。根据试验区主要城市各年度服务业企业30强的分布来看大都属于传统服务业，而信息技术、计算机、科研等现代服务业的企业家数较少，无法满足工业的快速发展，无法提高工业部门的效率。

（4）第二产业对生产性服务业的有效中间需求不足，生产性服务业的发展不能满足第二产业发展的要求，服务业和制造业的融合趋势发展不明显。以制造业为主的工业快速增长没有构成生产性服务业的有效中间投入需求，致使生产性服务业的发展落后于工业的发展速度。

（5）试验区生产性服务业发展质量有一定的提高，但发展空间还很大。从试验区生产性服务业发展质量指标看，人均生产性服务产品占有量和生产性服务密度两项指标在"十二五"都有了较明显提升，攀西战略创新试验区的发展要求相比还有更大提升空间。

14.4.2 攀西试验区生产性服务业发展思路

以全面深化改革为统领，抢抓国家实施"一带一路"倡议，深入推进西部大开发，加快推进供给侧结构性改革等发展机遇，贯彻落实"一干多支、五区协同"区域发展新格局的战略部署，以加快攀西战略创新实验区建设为契机，以"创新驱动发展""两化互动发展"为动力，以服务业综合改革试点为突破口，立足于产业基础条件，深入挖掘各种比较优势，坚持市场化、专业化、品牌化和集群化发展方向，通过加强引导和政策扶持，加快体制、机制、技术和政策创新，促进工业企业主辅分离，推进生产性服务业与先进制造业融合互动发展，全面提升物流、电子商务、金融、信息、科技、商务等生产性服务业整体规模和服务功能，重点推进国际物流、多式联运、物流园区、供应链集成、信息平台等重点工程建设，加快推进试验区产业结构调整和经济发展方式转变，推动生产性服务业实现跨越式发展。

14.4.3 攀西试验区生产性服务业发展重点领域

重点发展现代物流、电子商务、金融、商务服务业、信息服务业等生产性服务业，以此促进试验区生产性服务业快速发展。

1. 现代物流业

抢抓攀西战略资源创新开发试验区、全国性综合交通枢纽和生产服务型国家物流枢纽承载城市建设机遇，以提高物流效率、降低物流成本、减轻资源和环境压力为重点，以市场为导向，以改革开放为动力，以先进技术为支撑，狠抓物流园区和交通基础设施建设，积极营造有利于现代物流业发展的政策环境，着力建立和完善现代物流服务体系，加快提升物流业发展水平，基本形成布局合理、技术先进、便捷高效、绿色环保、安全有序的现代物流服务体系，为攀西战略资源创新开发试验区建设提供重要支撑。

（1）加快试验区物流信息平台建设。采取市场化运作、政府支持的方式，支持龙头物流企业建设衔接企业、消费者与政府部门的区域物流信息服务平台，提供物流信息标准查询、对接服务，形成集物流信息发布、在线交易、数据交换、跟踪追溯、电子商务、安全认证、智能分析等功能为一体的物流信息服务，促进货源、车源和物流服务等信息的高效匹配。结合现代电子传输和物联网等现代信息技术，在制造企业、物流企业大力推广电子商务、电子数据交换、射频识别技术、全球定位系统、地理信息系统等信息技术的应用，全面提升企业物流信息技术水平和服务水平。以试验区物流信息平台为基础，推动区域物流信息平台的建设，争取实现与毗邻市州信息平台的信息共享。建立物流信息采集、处理和服务的交换共享机制，加强物流信息资源开发利用与交换共享，逐步推进建立区域性公共物流信息服务平台。

（2）推进试验区物流园区建设。结合产业需求和区位特点，依托交通枢纽、国家级和省级开发区、产业集聚区，不断推进一批大型综合物流园区建设，创新物流园区开发模式，引进大企业和社会资本参与投资建设和运营，支持物流园区建设转运、立体仓储、智能分拣等基础设施和物流信息平台，完善服务功能，提升管理和服务水平。

（3）提升物流产业集中度。鼓励生产制造企业开展物流业务外包。积极引导生产制造企业、商贸企业释放物流需求，鼓励其分离、分立、剥离物流业务，创新物流管理流程。促进第三方物流发展。按照"扶大、扶优、扶强"原则，重点引导、支持和培育发展，推动现有物流企业加快资源、功能整合和服务延伸，扩大物流服务网络，提高物流供给能力和服务质量。采取政府推动和市场运作的方式，积极引导企业通过资产重组、兼并和相互持股等方式，整合试验区现有物流资源，组建第三方物流企业集团，提高物流企业集中度和竞争能力。支持钒钛、钢铁、矿产、煤化工、新型材料、机械制造等专业化物流企业加强产业集中度，提高对工业生产的服务配套能力。积极引进国内外知名第三方物流企业，组建跨区域的专业化、社会化大型第三方物流集团。

（4）聚力降低物流成本。大力发展多式联运。加快发展公路甩挂运输，推进多式联运甩挂、企业联盟及无车承甩挂等模式发展，大力推广综合运输方式，推动以集装箱多式联运为核心的中转场建设，构建以公铁联运为主，铁水、陆水联运为辅的多式联运集疏运网络体系，促进各种运输方式无缝衔接，提升运输效率。全面推广共同配送。整合试验区物流需求和资源，全面推广共同配送，提高城市共同配送率。通过集中化处理，提高车辆的装载效率，节省物流处理空间和人力资源，实现社会资源的共享和有效利用。提高物流作业效率的同时，有效降低运作成本。

（5）推动"互联网＋"高效物流与智慧物流发展。大力推进"互联网＋"高效物流，实现互联网融合创新与物流效率提升的良性互动。推动构建物流信息共享体系，鼓励跨区域、跨行业物流平台资源整合与信息共享，大力发展"互联网＋"高效运输、"互联网＋"智能仓库、"互联网＋"便捷配送、"互联网＋"智慧物流等多种形式的高效物流新模式，促进货源、车源、物流服务等信息的高效匹配，实现车辆、网点、用户等精准对接。推动综合物流信息以及物流资源交易、车货匹配、安全监管等信息平台建设，引导物流活动数据化、物流信息标准化、物流数据开放化、物流信息平台协同化。强化物联网等新技术应用，推广电子标识、无线射频识别、可视化等技术在物流领域的应用。升级改造仓储、分拣、配送等物流环节的设施设备，提高物流仓储配送智能化和物流作业自动化水平。打造信息通畅、运行高效、服务优质的智慧物流系统，服务智慧城市建设。

（6）促进绿色物流系统建设。优化运输结构，合理配置各类运输方式。大力发展甩挂运输、共同配送、统一配送等先进的物流组织模式，提高储运工具的信息化水平，减少返空、迂回运输。鼓励采用低能耗、低排放运输工具和节能型绿色仓储设施，推广集装单元化技术。鼓励包装重复使用和回收再利用，提高托盘等标准化器具和包装物的循环利用水平，构建低环境负荷的循环物流系统。以现有再生资源市场为依托，加大废弃物回收物流处理设施的投资力度，加快规划建设攀西区域回收物流中心——钒钛产业园回收物流中心，提高回收物品的收集、分拣、加工、搬运、仓储、包装、维修等管理水平，实现废弃物的妥善处置、循环利用、无害环保。

2. 电子商务

以试验区电子商务产业发展平台建设为重点，加强电子商务支撑体系建设，不断提高产业组织化程度和资源配置能力，进一步发挥电子商务在攀西战略试验区的推动作用。

（1）建设国家钒钛交易所。在攀枝花钒钛交易中心的基础上，完善"电子交易＋现代物流＋供应链融资"运营模式，重点打造钒钛产品的宣传推广中心、交割服务中心、仓储物流中心、融资服务中心，为产业链上的各类企业提供交易窗口、仓单业务、仓储业务、交割业务、物流业务、融资业务、会员业务等服务项目。鼓励和推动试验区钒钛企业整体应用电子商务交易平台，采用现货、期货等多种交易手段，实现钒钛、钢铁等工业品网上交易结算，完善钒钛产业供应链和价值链体，逐步形成在国内外具有重要影响力的国家钒钛交易所。

（2）培育电子商务细分平台。围绕钢铁、钒钛、机械、化工等传统优势产业和太阳能、生物等特色资源，支持试验区龙头企业整合行业资源建立垂直细分的第三方电子商务服务平台，开展行业电子商务应用。扶持本土行业第三方电子商务平台结合行业发展特点和电子商务新技术、新产品、新市场和新应用，不断优化商业模式，进一步开拓市场，与行业内的制造、批发和零售等企业进行嫁接，聚合行业资源优势，增强企业核心竞争力。

（3）构建跨境电子商务交易平台。在加快国家钒钛交易所建设的同时，加快构建攀枝花跨境电子商务交易平台。深入对接中国（成都）跨境电子商务综合试验区建设，推进攀枝花跨境电子商务平台、跨境电商基地、跨境电商物流系统建设，重点发展B2B，开辟攀枝花陆运电子商务新通道，充分利用各类专业市场，加大市场采购贸易方式培育力度，挖掘钒钛、钢铁、机械制造、新能源、特色农产品等产业优势，通过跨境电子商务开辟东南亚、南亚、中亚等国家市场，推进试验区产品服务全球化，使跨境电商成为推动试验区快速发展的新抓手。

（4）加快西南国际物流信息平台建设。通过整合资源，推进运营模式创新，完善电子商务、物流信息服务功能，充分实现信息的联网共享。创新互联网金融、物流金融、供应链管理等高端物流服务，打造现代化物流信息平台。

（5）支持生产企业发展电子商务。支持生产企业依托自身品牌通过第三方零售平台开设旗舰店、专卖店，开展网络直销、网上订货等业务，开拓网络零售渠道。积极发展面向生产企业的电子商务外包服务业务。指导大型骨干生产企业发展供应链电子商务，提高供应链协同和商务协同水平，带动产业链上下游企业共同发展。鼓励有条件的企业自建电子商务平台。

3. 现代金融业

现代金融业以国家新一轮金融改革为契机，不断推进包括产业链金融在内的金融创新，做大、做强地方金融机构，努力构建开放高效、服务优质、运作协调的金融服务体系，为建设区域性金融中心夯实基础，为攀西战略资源创新开发试验区提供金融支撑。

（1）加快金融集聚区建设。创造良好的软硬件环境，积极推进试验区金融集聚区建设，吸引银行、证券、金融中介服务等企业总部聚集，吸引更多的银行、保险和证券公司开办业务，建设区域金融机构集聚中心和区域金融市场中心，形成空间集聚效应。

（2）完善产业金融服务体系。支持民间资本开办金融机构，支持证券、保险等非银行金融机构和第三方支付、互联网金融等新型金融业态发展，大力建设融资平台、资本市场、产权交易平台。鼓励省内外金融机构在试验区开展各类融通业务，支持试验区经济发展。鼓励社会资金投资建立融资担保公司，完善融资担保体系，扩大融资担保规模。

（3）加快融资租赁业发展。优化发展环境，着力构建融资租赁公共服务平台体系。加快建立融资租赁信息服务平台、融资租赁征信服务平台、融资租赁资产交易平台三大平台，推动设立一批融资租赁机构，为企业提供量身定做的融资解决方案。引导融资租赁机构围绕重点产业，为基础设施、产业转型升级、发展平台提供金融服务。加强信贷政策扶持力度，政府可设立融资租赁专项基金，实行融资租赁财政补贴。优先支持符合国家产业政策导向型的租赁项目。

（4）推动物流金融发展。鼓励银行业金融机构联合物流企业，通过应用和开发各种金融产品，有效地组织调剂物流领域中货币资金的各种存款、贷款、投资、信托、租赁、抵押、贴现、保险、有价证券发行与交易，以及金融机构所办理的各类涉及物流业的中间业务等。鼓励第三方物流企业开展物流金融业务，发展代收货款、垫付货款、仓单质押、保税仓业务、物流保理等物流金融业务模式。

（5）发展产业投资基金。鼓励吸引各类产业基金来试验区发展。政府从资源出让价款中拿出部分资金，引导区内外战略投资者和民间资本，设立产业发展基金，积极参与投资大型项目或区内外资源型企业的并购重组；以区内外有实力的企业为主导，民间资本积极参与，设立"风险投资基金"，重点投资处于种子期、成长期的科技型企业和战略性新兴产业，推动科技创新和产业结构升级；充分发挥政府的组织和协调作用，积极引导以民间资本为主体的私募股权基金、担保基金、债券基金等的设立，鼓励这些基金广泛参与试验区的建设和发展。

4. 科技服务业

紧紧围绕攀西战略创新资源开发试验区产业发展的关键核心技术研发和科技服务需要，加快人才引进和培养，促进钒钛、钢铁、石墨、稀土科技创新、科技服务和成果转化，大力发展工业设计服务、科技中介服务、创业孵化服务、检验检测服务和科技金融服务等。

（1）加强科技服务平台建设。加强国家级钒钛工程技术中心、国家钒钛制品质量监督检验中心建设。围绕钒钛、石墨、稀土、机械等重点产业布局一批高水平研发中心、重点实验室、工程（技术）中心等科技创新平台，争创国家或省级平台。加强科技资源开放服务，建立健全高校、科研院所以及检验检测机构的科研设施和仪器设备开放运行机制，引导国家重点实验室、工程（技术）研究中心、大专院校和各类科研、检测机构等向社会开放服务。鼓励研发类企业专业化发展，积极培育市场化新型研发组织、研发中介和研发服务外包新业态。支持发展产品研发设计服务，促进研发设计服务企业积极应用新技术提高设计服务能力。

（2）积极发展工业设计服务业。以攀钢集团设计院、攀枝花钢铁研究院、攀枝花学院、西昌学院等科研机构，设立组建工业设计服务中心，为攀西地区的工业企业提供工业流程、大型设备定制、安装、调试以及交钥匙工程等服务。

（3）大力发展检验检测认证服务业。依托国家钒钛制品质量监督检验中心，加快发展第三方检验检测认证服务，鼓励不同所有制检验检测认证机构平等参与市场竞争。加强计量、检测技术、检测装备研发等基础能力建设，发展面向设计开发、生产制造、售后服务全过程的观测、分析、测试、检验、标准、认证等服务。支持具备条件的检验检测认证机构与行政部门脱钩、转企改制。加强技术标准研制与应用，支持标准研发、信息咨询等服务发展，构建技术标准全程服务体系。

（4）大力发展科技孵化服务业。着重抓好科技孵化园和科技企业孵化器建设，构建以专业孵化器和创新型孵化器为重点、综合孵化器为支撑的创业孵化生态体系。加大对孵化器的引导和扶持，引导企业、社会资本参与投资建设孵化器，鼓励多种类型孵化器的发展，积极探索建立种子基金或孵化基金。整合创新创业服务资源，支持建设"创业苗圃+孵化器+加速器+产业园"的创业孵化服务链条，为培育新兴产业提供源头支撑。

（5）积极发展科技中介服务业。大力发展知识产权代理、法律、培训等服务，提升知识产权分析评议、运营实施、评估交易、保护维权、投融资等服务水平，构建全链条的知识产权服务体系。鼓励发展科技战略研究、科技评估、科技招投标、管理咨询等科技咨询服务业，积极培育管理服务外包、项目管理外包等新业态。支持科技咨询机构、知识服务机构、生产力促进中心等积极应用大数据、云计算、移动互联网等现代信息技术，创新服务模式，开展网络化、集成化的科技咨询和知识服务。加强科技信息资源的市场化开发利用，支持发展竞争情报分析、科技查新和文献检索等科技信息服务。发展工程技术咨询服务，为企业提供集成化的工程技术解决方案。

14.4.4 攀枝花市生产性服务业发展对策

1. 加大财税支持力度

加大专项引导资金支持力度，积极争取中央、四川省支持生产性服务业发展的专项资金，增加试验区生产性服务业专项资金容量，重点支持科技服务、商务服务、电子商务等发展滞后领域。根据生产性服务业产业融合度高的特点，完善促进生产性服务业的税收政策，研发设计、检验检测认证、节能环保等科技型、创新型生产性服务业企业，可申请认定为高新技术企业，享受15%的企业所得税优惠税率。

2. 拓展企业融资渠道

鼓励商业银行按照风险可控、商业可持续原则，开发适合生产性服务业特点的各类金融产品和服务，积极发展商圈融资、供应链融资等融资方式。支持节能环保服务项目以预期收益质押获得贷款。研究制定利用知识产权质押、仓单质押、信用保险保单质押、股权质押、商业保理等多种方式融资的可行措施。建立生产性服务业重点领域企业信贷风险补偿机制。支持符合条件的生产性服务业企业通过银行间债券市场发行非金融企业债券融资工具融资。支持商业银行发行专项金融债券，服务小微企业。对符合条件的中小企业信用担保机构提供担保服务实行免征营业税政策。鼓励融资性担保机构扩大生产性服务业企业担保业务规模。对于研发设计、信息服务、节能环保服务等新兴产业，支持企业探索通过PPP等新模式进行融资。

3. 实施优惠价格政策

建立完善主要以市场决定价格的生产性服务业价格形成机制，规范服务价格。建立科学合理的生产性服务业企业贷款定价机制，加大对生产性服务业重点领域企业的支持力度。加快落实生产性服务业用电、用水、用气与工业同价。对工业企业分离出的非核心业务，在水、气方面实行与原企业相同的价格政策。符合条件的生产性服务业重点领域企业,可申请参与电力用户与发电企业直接交易试点。加强对生产性服务业重点领域违规收费项目的清理和监督检查。

4. 促进产业协同发展

基于制造业与生产性服务业互动融合理论,重视制造业与生产性服务业的协同发展。立足于生产制造业的产业优势,加快计算机网络服务、电子商务、科研服务和综合技术服务等信息产业的发展,使制造业以信息技术为支撑,推动生产性服务业向产前、产中、产后延伸,努力实现信息技术和软件产业的跨越式发展。生产制造业企业还要注重关键产品和核心技术的研发,加快以知识、技术密集型的生产性服务业向制造业的渗透融合进程,使制造业产业链进一步得到延伸,提升制造业产品的科技含量和附加值。同时,扩大生产性服务业专业化的领域和范围,建立生产性服务业的集聚区,创意产业园区以各类园区和企业为基础,着重发展具有自主知识产权的新兴服务业,使服务业实现产业结构的优化升级。

5. 推动制造业主辅分离

鼓励制造业主辅分离,扩大制造业对生产性服务业的需求,加快实施工业企业主辅分离计划,通过主辅分离来明确在涉及房产、土地使用权及其他资产缴税项目,探索建立便于企业主辅分离的税收和补贴政策。引导企业着重抓核心竞争力,优化管理流程,延伸产业链,剥离商贸流通、现代物流、供应、采购、营销、研发、科技服务、设备检修、后勤服务业等,培育形成一大批生产性服务业新主体。鼓励条件成熟的企业先行先试,通过抓好典型来普及推广。

6. 强化区域协调合作

生产性服务业的发展,必须要强化跨区域合作观念,加强试验区各地区之间的联系,进而取长补短,形成规模效应。打破垄断格局,增强市场竞争性,允许多种所有制经济参与竞争,对优先发展的生产性服务企业放宽注册资本的限制,建立对生产性服务业发展有利的管理体制;加大开放力度,推进产业结构升级。积极引进生产性服务业大项目,培养一批具有国际水平、高技术含量的示范性生产性服务企业,促进生产性服务业集聚区的形成,大力推进产业结构的升级换代;鼓励区域间技术和人才的自由交流,推动科研水平和教育水平的提升,为生产性服务业储备大量的技术和人才;鼓励企业开展跨国、跨地区的服务活动,建立营销网络,与国外知名的生产性服务企业在技术推广、科技研发、人才培养方面的合作。

第 15 章 攀西试验区生态文明建设

攀西试验区地处长江上游川滇黔三省结合部,是长江经济带上生态环境相对脆弱的区域,也是长江上游重要的水源涵养和水土保持区。试验区作为我国长江上游重要生态屏障的保护区域之一,按照党的十八大、十九大提出的生态文明建设战略要求,切实加强生态建设和环境保护,突出绿色低碳发展理念,强化战略资源保护和科学开发,节约集约利用资源,大力推进节能降耗、循环经济和清洁生产,着力把攀西试验区打造成为绿色、循环、清洁和可持续的现代产业集聚区域,对于保护长江流域生态环境和推动攀西试验区自身健康可持续发展都具有十分重要的作用。

15.1 试验区生态文明建设状况

加快攀西试验区生态文明建设,就是要构建统筹的经济与生态和谐可持续发展的格局,建设资源节约和环境友好的社会,实现人与自然的和谐共处,为试验区科学发展、跨越发展奠定基础。为此,自 2013 年 3 月国家发展改革委正式批准设立攀西国家级战略资源创新开发试验区以来,试验区紧跟发展步伐,全面推进各项建设,按照国家批复要求和省委省政府统一部署,着力创新资源开发体制机制,加强科技攻关和创新体系建设,推进产业产品结构调整,组织实施重点生态环保工程,加快基础设施规划建设,相关领域取得积极进展。

15.1.1 生态文明建设取得的成效

试验区建设五年来,始终把生态文明建设摆在试验区建设工作的重要位置,着力将创新、协调、绿色、开放、共享的发展理念贯穿发展全局,从规划布局、产业培育，体制机制创新到统筹区域城乡建设，把发展与环境保护有机结合，全力打造和谐共荣、绿色开放的试验区。

1. 突出规划引领，实施整体推进

试验区科学编制《生态工业园区建设规划》，将3.1万平方公里的范围作为生态建设创建区，从完善基础设施、实施节能减排、打造产业链、发展循环经济等方面推进生态园区建设工作。与此同时，充分发挥试验区的示范引领作用，以各园区为核心，进行总体规划和实施，在试验区范围内推进生态文明建设的各项工作。以安宁河谷为重点的生态治理工程、矿山生态修复、重金属污染治理等一批生态环保工程顺利实施，出台试验区市、州《健全生态保护补偿机制实施方案》，建立川滇环境监察、监测联动机制，全面推行"四张清单"和"一河一策"的"河长制"管理制度。通过实施金沙江、雅砻江等流域两岸生态脆弱区及干热河谷区破损山体植被恢复工程、山水林田湖保护示范工程、"水污染、大气污染、固体废物污染综合整治三大战役"治理工程等一批环保治理项目，发展环境日益优化，2017年，区域林地保有量达220.8万公顷、森林蓄积达1.33亿立方米，森林覆盖率提升至48.74%，新建成国家湿地公园1个，攀枝花区域城市空气质量优良率约99%，城市污水处理率93.3%，地表水和饮用水水源地水质达标率保持100%，成功获批国家森林城市，国家园林城市创建、国家环保模范城市创建也稳步推进。西昌、雅安等城市空气质量也名列全省前列，试验区可持续发展能力显著增强。

2. 加大硬件投入，打牢环境基础

近年来，试验区大量投入生态建设资金，完善基础硬件设施，采取集中治理水、大气、土壤污染的方式，通过能源结构调整，推进清洁生产技术改造，提高能源利用效率和污染治理水平。试验区每年都将污水管网、污水泵站等基础设施建设列入改造工程，分区、分片逐步实施。在重点行业进行污染整治与燃煤锅炉改造工程，2017年完成试验区攀钢3#、4#焦炉烟气治理、2#转炉一次除尘系统改造、冷轧酸再生装置升级改造；关闭取缔试验区蜂窝煤生产企业，压减煤炭，化解试验区过剩产能；发展和鼓励使用清洁能源，加强高污染燃料禁燃区管理，试验区城市建成区全面推行煤改气、煤改电，加快缅气入攀工程，完成楚雄—攀枝花天然气管道施工、监理招标，加快推进控制性工程辅助工程。加强对试验区内冶炼、烧结、球团、火电、水泥、焦化、钛白粉等重点行业环保设施运行管理，以沿江沿河工业企业、废水排放工业企业、城市污水处理厂为重点，强化企业排污监管，加大环境监管力度，严厉打击违法排污，确保各类污染物稳定达标排放。

3. 加快产业升级，建设低碳园区

以高质量发展为目标，推动高端制造集聚发展，自2013年起，淘汰落后企业280家，回购土地3500亩，腾出空间发展战略性新兴产业；目前，试验区已经培育了太阳能光伏、汽车部件、节能环保、机械制造、钒钛钢铁、稀土高性能材料等高新技术产业群，集聚了一批国际国内龙头企业。新兴服务业快速发展。在工业研发、大数据平台、大物流进一步升级的基础上，服务外包、电子商务、文化创意等新兴服务业快速发展。实施高效立体农业，推进攀西特色农产品基地建设，烟草、茶叶、芒果、枇杷等经济作物规模化发展，抓好攀西特色农产品整体认证，挂牌成立农产品质量监督管理站。目前，试验区产业结构日趋合理，以低碳经济为主导的生态产业园逐渐形成，为进一步降低碳排放强度，攀西试验区从低碳工业、低碳交通、低碳建筑和增加碳汇四个方面进行新的规划。

4. 推进节能减排，发展循环经济

坚持严格管理与高效服务相结合，推动节能减排工作。积极推广节能减排新工艺新技术，攀钢等骨干钢铁企业建成了干式TRT余压发电、捣固焦、干熄焦等，烧结烟气脱硫、转炉煤气回收利用等全面推广。积极推进强制性清洁生产审核及验收工作，对试验区钢铁、水泥、有色金属冶炼等重点企业进行清洁生产审核，采用先进适用的技术、工艺和装备，实施清洁生产技术改造。根据试验区《淘汰落后生产能力工作实施方案》，关闭了宏冶线材工贸有限责任公司、西区书童金属加工厂等13家企业，关闭了一批落后生产线和设备，进一步削减了全区污染物排放总量。在此基础上，以再制造产业为重点，大力推动循环经济发展，实现资源和效益的最大化。试验区积极推进再制造产业的集群式发展和产业链分工协作，并从旧件回收、拆解清洗、再制造加工、废弃物综合利用、最终产品市场销售等方面与区内外企业进行有效对接，形成循环化改造联动并进的格局。

15.1.2 生态文明建设中存在的问题

攀西试验区始终坚持经济发展与生态文明建设同步推进，把生态优先绿色发展的理念贯彻到试验区的建设中,在生态文明建设方面取得一些成绩,但同时也出现了一些问题,这些问题一定程度上影响试验区生态文明的建设进程。

1. 保护生态与经济增长的矛盾

环境保护与经济增长如何协调同步,对试验区发展至关重要。从攀西区域的发展历史来看,环境保护与经济增长的矛盾一直存在,与其他地区牺牲环境质量来实现经济增长的现象不同,试验区不仅是长江上游特别是金沙江黄金水道建设和长江上游经济带,也是长江上游重要的生态屏障保护区,保护与发展尤为突出。从发展初期看,试验区坚守生态底线,非常注重环境保护,在产业规划和招商引资中遵循生态优先的原则,从长远看,在产业引进时遵循严格的生态环保约束条件,有利于园区形成自身特色营造优美的园区环境。然而,严格的环保准入也大大提升了产业进入门槛,缩小了项目引进的范围,对于初创阶段的园区产业规模迅速实现发展壮大带来了难度。

2. 试验区城市历史形成的特质对环境影响

攀西试验区资源丰富,特别是攀枝花市区域,作为资源型重化工业城市,受产业结构现状、资源禀赋特征等因素影响,环境空气质量持续改善压力非常大;另外,攀枝花城区与工业区交错分布于金沙江两岸,狭长的河谷地带,较密集布局烧结、球团、钢铁冶炼、焦化、钛白粉、火电、水泥等行业,大气污染物排放相对集中,尤其是冬春两季环境空气质量受不利气象条件影响明显。

3. 土地资源趋紧与环境容量约束加剧

攀西试验区,特别是攀枝花区域山高坡陡,后备土地资源相对不足。攀枝花以工业立市,但城市发展的环境容量和承载力非常有限,工业、农业和城市发展互相影响,互相制约,容易产生环境问题,如何有效解决资源环境保护与经济社会发展之间的矛盾是攀枝花市面临的突出问题。

4. 重大技术尚未突破对生态环境影响较大

技术创新进展缓慢,一些关键技术仍未突破,制约产业向高端发展。传统的开发利用技术和方式对资源、能源依赖高、消耗大,也带来生态建设和环境保护等方面的问题,节能减排任务艰巨。部分钒钛磁铁矿当做普通铁矿利用、产业链条短、产品档次低等问题还未从根本上得到改善。

5. 体制机制不活与生态建设专项支撑不够

体制机制不活，攀西在开发上还存在开放水平、创新活力不够的问题，在要素配置、技术引进、区域合作、布局调整等方面还存在一些壁垒。如：生态补偿机制，应进一步完善重点生态区域补偿机制，加快金沙江干热河谷区生态恢复和治理、苏保区矿山迹地生态修复与治理等一批生态治理项目建设；增强要素保障方面，应积极争取铁路运费优惠，扩大直购电交易和执行富余电量政策范围，进一步降低企业生产经营成本。

15.2 试验区生态文明建设面临的发展环境

纵观国内外工业发展史，大部分发达国家在经济发展中经历了"先污染后治理"的过程，发展中国家的经济发展同样正遵循发达国家的路径。然而，在全球自然资源大量耗竭，环境承载力面临严重瓶颈的情况下，"先污染后治理"的发展之路已不可持续。目前，我国经济持续、快速成长的最大瓶颈就是资源和环境的难以为继，经济发展越早的地区，也越早遇到资源、环境的发展瓶颈。在这种背景下，中国提出了生态文明的全新发展理念，传统发展模式必须摒弃，生态文明之路才是实现中国长远发展的必然选择，党的十八大报告更是将生态文明提升至中国特色社会主义建设"五位一体"的战略高度，强调建设生态文明，形成节约能源资源和保护生态环境的产业结构、增长方式和消费模式，加强生态文明制度建设，推进国家经济结构的战略转型，还青山绿水于大自然。攀西试验区区域作为长江上游生态屏障保护区、金沙江地区的矿产资源型城市，要实现经济发展与生态文明良性循环，生态文明建设也是试验区今后实现可持续发展的必然选择和方向。

攀西试验区作为传统发展模式的典型地区，经过五十多年的发展，无论资源禀赋、地理位置、经济基础、发展条件等方面，在长江上游地区具有重要的战略地位。然而，作为以钢铁、钒钛、稀土等资源性产业闻名全国的地区，攀西遇到的传统发展模式困境更加突出和急迫，传统资源产业粗放、单一、高耗能消耗性发展模式的弊端已充分凸显，区域土地、能源、运输、环保等要素制约趋紧，要解决目前攀西区域经济社会发展面临的各种问题，在新常态下实现新的发展，必须走高质量发展之路、走生态文明之路。

攀西试验区作为生态文明建设的重要载体，当下及今后一段时期，随着我国经济发展由高速增长转向高质量增长，国家推动"一带一路"和长江经济带建设，深入实施西部开发战略，以及战略性新兴产业培育发展，钒钛、稀土、碲铋资源综合利用前景广阔。试验区的重要城市攀枝花市被列为首批全国区域工业绿色转型发展试点城市，抓住发展机遇，坚守"绿水青山就是金山银山"的发展理念，把环境保护放在园区产业发展的优先位置，推进绿色制造和生态建设，把与生态文明和谐共荣融入试验区建设发展和管理运营的全过程，加大污染治理和区域生态修复，创新发展模式，推动了试验区发展动力从资源依赖到技术支撑、从投资拉动向创新驱动的根本性转变，实现资源、经济与生态协调发展。

15.3　试验区生态文明建设的总体思路

生态文明建设不仅是新时代国家经济社会发展的重大战略，也是指导各区域经济社会实现健康、绿色、可持续的发展的根本保障。

立足于攀西试验区自然气候、资源优势和产业基础的特色，把生态文明建设与打造世界级钒钛产业和制造基地、与建设中国干热河谷特色农林产业示范区、与建设国际阳光康养旅游目的地、与打造宜居宜业的四川南向门户战略相结合，通过综合配套改革，开展"两种体制"（经济体制和生态文明体制）改革和"两型社会"（资源节约型和环境友好型）建设，促进经济转型升级，形成有利于保护长江生态环境和长江上游生态文明的新区域，让攀西区域充满生机和活力，成为民众心目中的创业家园、创新家园、富裕家园、美丽家园。

15.3.1　生态文明建设的战略定位

按照新的发展理念，结合发展实际，推进绿色制造和生态建设，注重节能降耗、循环经济和清洁生产，加大污染治理、矿区生态修复，把攀西试验区建设成为引领全国生态文明建设的先导区。

（1）建设长江上游重要生态安全屏障区。统筹攀西试验区生态建设、环境保护、资源利用与经济社会发展，加大干热河谷生态修复，加强重点流域和地区环境综合整治，大力发展循环经济，提高资源节约集约利用水平，推动绿色发展，构建生态屏障，保障长江上游生态安全。

(2) 建设国家生态文明示范区。把攀西试验区建设成为长江上游生态文明示范区，促进该地区形成低碳的产业结构、发展方式、消费模式和生活方式，打造人与自然和谐发展的生态文化，培育以生态经济为主体的经济发展模式，增强生态功能区生态服务功能，引导不同地区开展横向生态补偿，促进经济效益、社会效益和生态效益三者相统一。

15.3.2 生态文明建设的发展目标

紧紧围绕党中央提出的"全面建成小康社会"和"全面深化改革开放"的目标，依托"建设长江经济带"的国家战略，着力生态文明体制机制创新，深化区域综合配套改革，激发区域发展内生动力，建设美丽大攀西，努力走出一条符合试验区实际的改革发展之路，为破解基础性资源富集地区资源开发与保护困局、实现区域跨越式发展和全面建设小康社会起到示范带动作用。

到2025年，攀西区域在经济体制和生态文明体制机制进一步创新，初步实现重要产业转型与结构升级，初步建成长江上游重要生态安全屏障区和国家生态文明示范区。全面完成国务院要求的关闭淘汰小钢铁、小冶炼、小采选和落后产能，节能减排达到国内先进水平，重点企业达到国内先进水平；完成一批矿区生态修复和污水处理重大工程，矿区生态保护得到加强，环境质量显著改善。

到2035年，攀西区域综合配套改革进一步深化，国家生态文明示范区质量进一步提升、长江上游重要生态安全屏障区进一步巩固完善，攀西试验区对于长江上游经济带建设和带动长江上游内陆腹地发展的带动示范作用进一步增强。试验区污染治理和生态保护得到加强，节能减排达到国际先进水平，一批矿区生态修复和污染治理重大工程发挥出应有的社会功效，空气清新、水质优良，呈现长久的天蓝水清的生产、生活环境。

15.3.3 生态文明建设的路径

试验区要实现资源、经济与生态协调发展，走一条科学的发展路径显得尤为重要。在分析攀西试验区生态文明建设问题和总结国内外发展区生态文明建设经验的基础上，通过改革创新，加快推进攀西试验区生态文明建设进程。

路径一：科学规划布局，突出生态化理念。科学布局生产、生活和生态空间，统筹推进生产、生活、生态协调发展。"要按照人口资源环境相均衡、经济社会生态效益相统一的原则,控制开发强度,调整空间结构,促进生产空间集约高效、生活空间宜居适度、生态空间山清水秀,给自然留下更多修复空间,给农业留下更多良田,给子孙后代留下天蓝、地绿、水净的美好家园"(中共中央文献研究室,2017)。在规划工作的开展中,严格遵循以人为本的基本理念,大力推行生态产业和生态文化向试验区区域民众的生产和生活方式贯穿;将生态园区、生态社区和生态住宅与理想居住环境高度统一;竭力打造优美宜居的生活空间,实现人与自然的和谐相处。构建大绿带、小组团的试验区规划格局,注重绿地和水系的合理规划,保留和尽量恢复攀西区域原始的生态与植被。在实践中,应通过创新和绿色发展,适度集中和压缩生产空间,适度扩大生态空间,提高生活空间的舒适度和便利性及其与生态空间的融合度(叶堂林、潘鹏,2017),更好地满足人民对生活品质和生态环境的要求。

路径二:加快生态文明体系构建,创建生态园区。"要加快构建生态文明体系,加快建立健全以生态价值观念为准则的生态文化体系,以产业生态化和生态产业化为主体的生态经济体系,以改善生态环境质量为核心的目标责任体系,以治理体系和治理能力现代化为保障的生态文明制度体系,以生态系统良性循环和环境风险有效防控为重点的生态安全体系。"[1]健全自然资源资产管理体制,加强自然资源和生态环境监管,推进环境保护督察,落实生态环境损害赔偿制度,完善环境保护公众参与制度。以绿色发展为理念,加快推进产业结构、空间结构、能源结构、消费方式的绿色转型发展。着力建设攀枝花钒钛铬钴钢铁基地、凉山钒钛稀土产业基地、雅安石棉汉源碲铋产业基地,使其三大基地中的攀枝花钒钛产业园区、高新技术产业园区、西昌钒钛产业园、冕宁稀土高新产业园、德昌循环经济产业园、石棉工业园成为特色型、创新型、生态型工业园区。

路径三:注重制度建设,建立和完善生态文明的考核机制和奖惩机制。根据市场供求和资源稀缺程度,建立推进体现自然价值和代际补偿的资源有偿使用和生态补偿制度。转变试验区生态产业的财政补贴方式,将攀西试验区目前财政补贴方式从投资补贴向消费补贴方式转变。消费补贴可以促进企业的差异化发展,研发具有差异化和高品质的生态产品,促使试验区区域各开发区的生态产业实现差异化。生态文明考核制度是转变发展观念最重要的制度安排,建设试验区生态文明,重要的是完善政府官员的政绩考核机制,促使各级领导认真推进生态文明工作。生态文明建设与试验区各级官员的政绩考核体系挂钩,构建职责明确、处

---

[1] 资料来源:习近平出席全国生态环境保护大会并发表重要讲话,中华人民共和国中央人民政府网。

罚分明的生态文明考核指标和奖惩办法，大幅提高生态文明建设在考核指标体系中的分值比重。按照国家环保要求，根据排污收费抵消治理成本的原则提高惩罚标准，对违法超标排污行为加倍或顶格缴纳排污费。对于发生重大环境事故或特别重大环境事故的，大幅提高环境违法行为的罚款金额，涉及违反刑法的，追究其刑事责任，严格法纪。

15.4 试验区生态文明建设重点工程

在攀西试验区创新生态文明建设，推进绿色发展，必须突出推进一批保护长江上游生态屏障的重大工程，重点实施矿区生态修复工程和矿区生态环境监测预警，强化城乡环境综合整治，抓好资源节约和综合利用，有效改善和提高长江上游区域的大气、水质、土壤等环境状况，为国家全流域打造长江黄金水道，建设长江经济带打下良好而坚实的生态环境基础。

15.4.1 干热河谷生态退化及矿山生态修复工程

开展攀西试验区区域金沙江、安宁河流域干热河谷生态退化区的生态修复，是推进生态文明建设的重要内容。目前，区域干热河谷生态恢复与治理面临着诸多问题，主要体现在地方发展与生态保护矛盾依然突出，工矿废弃地恢复难以有效开展；干热河谷生态修复难度大，供水维护成本高。

1. 构建干热河谷生态修复体系和生态产业体系

金沙江中下游、安宁河流域是全国典型性和代表性的干热河谷区域，具有发展特色农业的优势条件，也面临生态脆弱的巨大压力。因此，需要根据资源环境承载能力，统筹谋划人口分布、经济布局、国土利用和城镇化格局，控制开发强度，规范开发秩序，逐步形成人口、经济、资源环境相协调的国土空间开发格局。

金沙江干热河谷区域（安宁河流域）是《全国主体功能区规划》的限制开发区中的重点生态功能区，被列入国家重点生态功能区转移支付资金项目支持生态保护和修复，应结合国家政策完善相关政策措施，建立国家、地方和社会企业的多元投入机制。金沙江干热河谷区生态修复，要在遵循自然规律的前提下，立足当地自然地理和气候条件，以解决水利设施为基础，以防治水土流失和植被恢复为核心，以发展生态产业为载体，调动各级政府和社会力量，整合国家重点生态功能区转移支付项目、石漠化治理工程、水土流失综合治理等生态修复和治理工程，生物措施和工程措施相结合，构建金沙江、安宁河干热河谷区生态修复体系和生态产业体系。

2. 加强矿山迹地生态恢复与废弃地土地复垦

实施矿区生态修复工程，与重大产业化项目同步规划、同步实施。矿山迹地生态恢复与土地复垦，涉及矿山、土地、环境、林业、农业等多个方面，要明确矿山迹地生态恢复与废弃地土地复垦的管理机构和职责，整合各类资源和资金，制定矿山废弃地生态恢复和废弃地土地复垦的专项治理规划；研究矿山迹地生态恢复和废弃地土地复垦新技术，并开展工程示范；建立健全矿山生态环境恢复治理保证金制度，多渠道筹集社会资金。重点推进试验区攀枝花、白马、红格、太和等钒钛磁铁矿区、冕宁、德昌稀土矿区的环境治理和生态修复工程。

3. 创新干热河谷生态修复模式

干热河谷是在特殊的地理地形和气候条件下形成的，由复杂的地理环境和局部小气候综合作用的结果，具有发展特色农产品的独特优势。另外，人类活动干扰容易形成脆弱的生态系统。攀西试验区在积极探索干热河谷半山地区，将咖啡、辣木、檀木、石榴、芒果、茶叶等特色种植与生态治理结合，修复破坏的植被已经取得了一定的经验。但随着试验区建设的拓展，对生态修复应不断总结和探索干热河谷生态修复与特色农林产业结合的模式，因地制宜推进干热河谷生态修复和可持续生态农业发展。深入开展干旱半干旱地区生态综合治理试点工程和森林治理精准提升工程，持续改善试验区生态环境。

4. 推进干热河谷生态修复和阳光康养旅游相结合

在农业耕作、管理、加工处理等全过程中注重生态与环境的保护，将攀西区域干热河谷特色农林产业发展与干热河谷生态修复统筹推进；结合国际阳光康养旅游目的地建设，研究运动康养、医疗康养、产业康养和休闲观光农业的发展战略、发展规律、发展政策、管理标准，建立休闲观光、运动、医疗等产业体系，加快创意农业产业发展。

15.4.2 城乡环境综合整治工程

改善和提高攀西试验区区域城乡环境，持续强化环境综合整治不仅是经济发展的基础性工作，也是生态文明建设的重要组成部分。攀西区域的凉山州是我国以彝族为主要民族的地区，攀枝花市是全国唯一以花命名的城市，攀西城市都在立足于阳光特色，以"阳光康养、美丽花城"为定位，提出了打造特色鲜明、生态自然的"花城"景观构想，开展了生态区县、美丽乡村创建，加强了农村环境污染连片整治。根据长江上游（攀枝花段）生态保护需求，要进一步着力生态环境改善与经济发展共赢，关注重点行业和区域，持续推进城乡环境综合治理。

1. 持续推进城乡环境绿化和美化

按照攀西试验区城乡景观规划与目标、美丽乡村建设以及国际康养旅游目的地发展规划，继续推进城市休闲核心区、重点项目地（景区）、重点地区和交通干道的绿化美化工作，有序开展城市和乡村人居环境与容貌的综合治理，逐步实现从初步治理到完善提高，从专项治理到长效治理，打造攀西特色的城乡环境面貌。

2. 持续推进循环经济、低碳发展

强化试验区各开发区工业企业内部的物流循环，实行清洁生产和资源的再生循环利用，提高资源综合利用率；对企业从事《环境保护、节能节水项目企业所得税优惠目录》规定的环境保护、节能节水项目，包括公共污水处理、公共垃圾处理、沼气综合开发利用、节能减排技术改造等项目给予优惠政策。在污染者付费、责任共担、集中治理和全过程控制等基本原则指导下，以大型工业企业（如钢铁钒钛、火电厂）的脱硫特许经营以及工业开发区的废水、废物处理为突破口，建立实施企业环境污染的第三方治理机制。

3. 持续加强大气、水、土壤污染防控和防治

根据试验区承载力，继续制定实施大气、水环境主要污染物总量控制，提出结构减排、工程减排、管理减排等措施。结合《四川省大气污染防治行动计划实施细则》，建立健全空气质量监测各种管理制度和质控制度，按照《关于加强可吸入颗粒物（PM10）浓度常态化管控的通知》及环境空气质量常态化管控要求，对可吸入颗粒物（PM10）、细颗粒物（PM10）浓度、优良率进行常态化管控。实施"碧水行动"计划，优化重要入河排污口布局和重要支流的治理方案，严格执行国家钒钛产业政策和重点行业环境准入及排放标准，实施工业污染防治，把重金属污染物排放和主要污染物排放总量控制指标作为项目建设和运行的前置条件，实现工业污染源全面达标排放；实施环境风险全过程管理，加强危险废物污染防治，实施一批"三废"利用工程，重点是废酸（碱）再生和固体废弃物的回收利用，对暂时无法回收的含重金属的废弃物必须做到安全处置。对试验区内土壤污染重点行业企业及其空间位置、土壤污染问题监控，对土壤环境影响突出的工业园区进行持续不断的整治，严控新建重金属项目，推进现有涉重企业完成清洁生产工艺改造，推进涉重金属环境治理。

加强和完善试验区区域城市污水处理设施运行和配套管网建设，改善水质，确保饮用水安全。完善水环境监测系统，提高水环境监测、预警与应急能力。加强对试验区区域农业面源污染的调查与监测，掌握面源污染现状、类型，分析其形成机理、迁移转化特征及规律，建立试验区全域农业面源污染预测预警机制，完善农业环境安全的评估体系，同时，加强农业面源污染控制技术综合试验区建设，开展新型高效肥料、高效低毒农药、生物防控技术、畜禽粪污低成本治理技术、秸秆农膜等农业废弃物循环利用技术研究开发，开展农业面源污染控制工程技术研究和工程示范。

15.5　试验区生态文明建设机制和保障措施

按照党的十八大确定的中国特色社会主义"五位一体"总体布局以及党的十九大强化"生态文明建设"的战略要求，生态文明建设同经济建设、人居环境建设相辅相成，要通过深化改革，创新体制机制，建立系统完整的生态文明制度，为推进生态文明建设提供有力保障。攀西试验区经济和生态文明体制机制改革，以国家长江经济带建设、保护长江上游生态环境为抓手，探索和创新资源开发和生态恢复补偿机制、产业结构升级引导机制、资源开发惠民利民长效机制和跨行政区域合作模式等方面的改革，形成经济发展与资源环境保护的良性互动关系，实现攀西试验区可持续发展。

攀西试验区改革要整体推进、重点突破，建立适应新时代发展要求的市场化的体制机制，重点应加快推进试验区资源产权制度改革，积极探索市场化生态补偿模式，推动资源税收制度、生态环境财政制度和生态补偿投融资体制的改革。

15.5.1 加快推进资源环境产权制度改革

对攀西试验区资源环境产权体系中资源环境归属的主体、份额以及所有权、使用权、收益权、处置权等各种权力的归属作出明确的界定和制度安排，形成资源环境产权界定制度；确立相应的资源环境产权交易和利益补偿机制，通过资源环境的合理定价、有偿使用和市场交易，实现资源环境的合理配置，确立包括生态环境外部经济的贡献者和受益者之间直接的"横向利益补偿机制"，以及以国家为主体的间接的"纵向利益补偿机制"；厘清矿产资源开发中的环境成本，明确试验区采矿企业从每年的销售收入中提取一定比例资金用于矿山环境的恢复和生态补偿，逐步使采矿企业合理负担其开发过程中的各种成本，形成"完全成本价格"。

15.5.2 积极探索市场化生态补偿模式

在攀西试验区积极探索试点资源使（取）用权、排污权、节能量交易等市场化的生态补偿模式。加快建立试验区区域土地权、取水权等自然资源取用权出让、转让和租赁的交易机制；探索建立区域内污染物排放指标有偿分配机制，逐步推行政府管制下的排污权交易，运用市场机制降低治污成本，提高治污效率；引导鼓励生态环境保护者和受益者之间通过自愿协商实现合理的生态补偿。

15.5.3 加快推进资源税收制度改革

攀西试验区应根据煤炭、钒钛磁铁矿、稀土等资源税从价计征的要求，及时对土地使用税、部分矿产品资源税适用税额进行调整；进一步改革资源税的分配机制，加大党中央共享资源税的地方财政返还力度，在资源税留存地方部分提取适当比例的资金用于生态补偿。

15.5.4 建立生态环境财政制度

按照国家关于完善生态补偿机制的要求，进一步调整优化攀西试验区区域的财政收支结构。加快开征水土流失费、水电资源开发补偿费等非税收入；适度加大地方财政转移支付中生态补偿的力度；加大对区域性、流域性污染防治，以及污染防治新技术新工艺开发和应用的资金支持力度；优先支持区域性、流域性重点环保项目；重点支持矿山生态环境治理，推动矿山生态恢复与土地整理相结合，实现生态治理与土地资源开发的良性循环。

15.5.5 建立健全生态环境建设投融资体制

积极探索生态建设、环境污染整治、自然资源与城乡土地开发相结合的有效途径，在自然资源和土地开发中积累生态环境保护资金；积极引导社会各方参与，探索多渠道多形式的生态补偿方式；积极争取国债资金、开发性贷款以及国际组织和外国政府的贷款或赠款进行生态建设和环境污染整治，支持鼓励社会资金参与，努力形成多元化的生态环境建设投融资格局。

15.5.6 建立试验区生态文明建设评估考核指标体系

试验区区域是推进生态文明建设的具体实践单位和载体，准确衡量试验区生态文明建设的水平和成效，对试验区可持续发展和生态化建设尤为重要，因此，必须建立一套科学的完善的生态文明建设评价体系，用于客观、真实地反映其生态文明建设成效。建立符合试验区发展要求的生态文明评价指标体系，可以全面地把握试验区经济与环境、社会的发展状况，量化试验区的生态文明建设成效，而且可以根据指标体系制定、实施相应的调整措施，指导基层开展具体的生态文明实践，促进试验区区域各项事业全面、协调、可持续发展。

根据生态文明的内涵和基本特征，综合考虑攀西国家战略创新开发试验区的特色，以试验区生态文明建设水平为综合目标，从生态环境、生态经济、生态人居、生态管理四个方面构成评价体系的核心，具体指标见表15-1[1]~[4]。

---

[1] 刘业业,崔兆杰,于斐.园区生态文明建设水平评价指标体系[J].环境科学与技术,2015(12):276-282.
[2] 徐仙英,张雪玲.中国产业结构优化升级评价指标体系构建及测度[J].产业与区域经济,2016(8):47-51.
[3] 邢苗,张建刚.五大发展理念下产业结构转型升级评价指标体系构建与测评[J].中国市场,2017(32):16-21.
[4] 夏绿林.长沙经济技术开发区产业生态化发展对策研究[D].长沙:中南大学,2013:72.

表 15−1　　试验区中工业园区生态文明建设水平评价指标体系

目标层 A	准则层 B	要素层 C	指标层 D	指标类型	单位
试验区区生态文明建设水平指数	生态环境（B1）	生态资源（C1）	生物多样性指数（D1）	正向指标	
			绿地覆盖率（林、草、水域）（D2）	正向指标	%
			生态用地比例（D3）	正向指标	%
		环境质量（C2）	环境功能区达标率（D4）	正向指标	%
	生态经济（B2）	产业结构（C3）	第三产业增加值占试验区区生产总值比例（D5）	正向指标	%
			高新技术产业产值占工业总产值比例（D6）	正向指标	%
			主导产业优势度（D7）	正向指标	%
			高技术产业发展系数（D8）	正向指标	系数
			生态产业关联度（D9）	正向指标	%
		经济质量（C4）	资源产出增加率（D10）	正向指标	%
			工业增加值年均增长率（D11）	正向指标	%
			固定资产的投资效果系数（D12）	正向指标	系数
			能源产出率（D13）	正向指标	万元/t 标准煤
			水资源产出率（D14）	正向指标	万元·m^{-3}
			单位工业用地工业增加值（D15）	正向指标	亿元·km^{-2}
			新产品研发效果系数（D16）	正向指标	系数
			科技创新投入强度（D17）	正向指标	%
			清洁能源比例（D18）	正向指标	%
		循环利用（C5）	工业用水重复利用率（D19）	正向指标	%
			余热余压回收利用率（D20）	正向指标	%
			产业链关联度（D21）	正向指标	%
			工业固体废物综合利用率（D22）	正向指标	%
		污染控制（C6）	单位工业增加值 COD 排放量（D23）	逆向指标	kg·万元$^{-1}$
			单位工业增加值 SO$_2$ 排放量（D24）	逆向指标	kg·万元$^{-1}$
			单位工业增加值 NH$_3$−N 排放量（D25）	逆向指标	kg·万元$^{-1}$
			单位工业增加值 NO$_x$ 排放量（D26）	逆向指标	kg·万元$^{-1}$
			危险废物处理处置率（D27）	正向指标	%
			单位工业增加值碳排放量（D28）	逆向指标	t·万元$^{-1}$

续表

目标层 A	准则层 B	要素层 C	指标层 D	指标类型	单位
试验区区生态文明建设水平指数	生态人居（B3）	生态消费（C7）	人均生活用能年碳排放量（D29）	逆向指标	$kgC \cdot a^{-1} \cdot 人^{-1}$
		生态建设（C8）	新建绿色建筑比例（D30）	正向指标	%
			基础设施完善度（D31）	正向指标	%
			人均公共绿地面积（D32）	正向指标	$m^2 \cdot 人^{-1}$
	生态管理（B4）	制度管理（C9）	生态制度完善度（D33）	正向指标	%
			环境管理制度与能力完善度（D34）	正向指标	%
			重点企业清洁生产审核实施率（D35）	正向指标	%
			生态工业信息平台的完善度（D36）	正向指标	%
			服务功能完善度（D37）	正向指标	%
		公众意识（C10）	生态文明认知率（D38）	正向指标	%
			公众对生态环境的满意度（D39）	正向指标	%

1. 生态环境

主要反映试验区区域总体的生态环境状况。良好的生态环境是人和社会持续发展的根本，生态文明建设的目标是为了协调经济发展与资源、环境之间的矛盾，所以生态环境状况是衡量试验区生态文明水平不可或缺的指标。主要包括生态资源和环境保护两方面，具体为生物多样性指数、绿地覆盖率、生态用地比例和环境功能区达标率等。

生物多样性指数根据《区域生物多样性评价标准》进行计算。

绿地覆盖率指绿化植物的垂直投影面积占项目规划总用地面积的比值。

生态用地是指为了保证生态安全，维护生态系统的科学性、完整性所需要的生态保护用地，主要包括各种保护区、农田区、森林、公园、山地、河流、水库、湿地等。

$$生态用地比例（\%）= \frac{生态用地}{试验区面积}$$

环境功能区达标率是指园区内水、空气、土壤、噪声是否达到功能区标准，根据所在区域的功能区划分，以试验区的监测数据为依据，判断是否达到相应的执行标准。

2. 生态经济

主要描述试验区区域经济运行状况。生态经济是衡量试验区区域经济发展水平和企业规模的重要指标，也是生态文明建设的物质基础。主要包括产业结构、增长质量、循环利用和污染控制 4 个方面。其中工业增加值年均增长率、工业用水重复利用率、工业固体废物综合利用率、单位工业用地工业增加值、能源产出率、水资源产出率计算方法参考《综合类生态工业园区标准》。资源产出增加率、单位工业增加值 COD、单位工业增加值 SO_2、单位工业增加值 NH_3-N、单位工业增加值 NO_x 计算方法参考《国家生态文明建设试点示范区指标（试行）》。

高技术产业发展系数反映产业结构高技术化水平。该指标是指高新技术产业的主营业务收入占规模以上工业企业主营业务收入的比重。指标值越大，说明产业结构的高技术化水平越高。

固定资产的投资效果系数反映固定资产投资效果，指标数值越大，表明固定资产投资的经济效益越好，计算公式为

$$固定资产的投资效果系数 = \frac{试验区生产总值逐期增长量}{上一年试验区固定资产投资完成额}$$

能源产出率反映能源的利用效率水平，该指标值越大，说明单位能源创造的生产总值越高，即能源利用效率高。计算公式为

$$能源产出率 = \frac{试验区生产总值}{能源消耗总量}$$

水资源产出率反映水资源利用效率水平，指标值越大，说明单位水资源消耗量下创造的增加值越高，计算公式为

$$水资源产出率 = \frac{农业、工业增加值}{农业、工业用水总量}$$

新产品研发效果系数反映新产品研发投入的产出效果，指标值越大，说明新产品研发的投入产出水平越高，计算公式为

$$新产品研发效果系数 = \frac{新产品产值}{新产品开发经费}$$

科技创新投入强度衡量高技术产业的创新能力。计算公式为

$$科技创新投入强度 = \frac{高技术产业 R\&D 经费内部支出 + 技术获取和技术改造经费支出}{高技术产业主营业务收入}$$

$$单位工业增加值碳排放量 = \frac{试验区二氧化碳排放总量}{工业增加值}$$

其中二氧化碳排放源包括能源直接排放、外部输入的电力和蒸汽的间接排放、工业生产过程和其他间接排放（固体废弃物处理处置和污水处理过程），CH_4、N_2O 折算成 CO_2 当量，计算方法参照政府间气候变化专门委员会（Intergovernmental Panel on Climate Change，IPCC）指南。

生态产业链关联度是描述企业之间资源交换和能量的最大化利用程度，反应园区的产业链网络和发展水平，借鉴群落食物网结构的关联度计算方法，可得园区产业关联度的计算公式为

$$C = \frac{2L}{S(S-1)}$$

其中 C 为园区产业关联度，L 为园区内的产业关联链数，S 为园区内的产业数量。

3. 生态人居

推进生态文明建设要坚持以人为本，优美宜居的生活环境和低碳的生活方式是生态文明建设的重要内容。生态人居准则层包括生态消费和生态建设两个方面，主要描述人居生活方式和生活环境状况。

生态消费表征试验区居民的生活消费水平，用指标人均生活用能年碳排放量表示。由于数据的难获得性，在此只计算直接能源消费。生活用能主要考虑了炊事、供暖以及私人交通工具等直接能源消耗，具体计算公式为

$$C = \sum E_i \times NCV_i \times A_i$$

其中 C 为年生活用能碳排放量（kg/a），E_i 为各类能源的年消耗量（kg），NCV_i 为各种能源的平均低位发热量（kcal/kg），A_i 为各类能源的碳排放系数（kgC/kcal）。

$$人均生活用能年碳排放量 [kgC/(a·人)] = \frac{生活用能年碳排放量}{人数}$$

生态建设包括新建绿色建筑比例、基础设施完善度和人均公共绿地面积。新建绿色建筑比例计算方法参考《国家生态文明建设试点示范区指标（试行）》。基础设施完善度为定性指标，计算方法是：将此指标分为差、较差、一般、较完善、完善5个等级，分别进行打分评价，考虑方面主要包括道路交通、给排水设施、供热、供电、垃圾处理方面的完善程度。

4. 生态管理

主要从制度管理和公众意识两个方面进行阐述，反映公众的参与情况和制度

保证情况。只有制度管理和公众意识到位，才能将国家政策有效地落实，才能营造良好的氛围，是生态文明建设不可或缺的指标。制度管理方面包括生态制度完善度、环境管理制度与能力完善度、服务功能完善度，皆为定性指标，通过划分等级的方法进行评分。生态文明的认知率和公众对生态环境的满意度主要通过调查问卷的方式进行评价。

上述评价体系的四个核心方面，在试验区生态文明建设的整个评价体系中所体现的重要性表现在：生态经济水平是拉开生态文明水平的关键因素，也是园区生态文明水平的重要物质支撑；单位工业增加值氨氮排放量、资源产出增加率、单位工业用地工业增加值是园区生态文明建设的核心要素；生态化的经济增长方式、良好的生活质量、生态意识的高认知率是园区生态文明建设的核心驱动力。

生态文明是工业文明发展到一定阶段的产物，是为使人与自然、社会和谐相处所做出的物质和精神方面的成果总和。生态文明建设是社会、政治、经济、文化建设的前提和基础，涉及社会组织构架的方方面面，强调人的各种生产生活行为要将资源环境承载力考虑在内。生态文明，其含义可以反映在生态环境、生态经济、生态人居和生态管理4个方面。目前，国内关于生态文明建设评价指标体系已有若干试行标准和研究基础。环保部分别于2008年、2013年和2014年印发了《生态县、生态市、生态省建设指标（修订稿）》《国家生态文明建设试点示范区指标（试行）》和《国家生态文明建设示范村镇指标（试行）》，现阶段各地的生态文明实践多以环保部制定的评价指标为参考依据。

总之，在国家部署"一带一路"、建设长江经济带、深入实施西部大开发、《中国制造2025》等的发展背景下，要进一步完善攀西国家战略创新开发试验区战略规划，以新型钢铁产业、钒钛新材料产业、稀土新材料产业、新能源产业、高端制造产业等为主业，以结构调整为主线，以循环经济为方向，以科技为支撑，以创新为驱动，形成创新要素聚集、经济内生发展的新格局，探索钢铁、钒钛、稀土、能源和其他特色产业发展新模式和辐射带动周边的新机制，把试验区建设成独具特色的高端产业引领与生态环境优良的绿色新区域。

对策篇

攀西国家战略资源创新开发试验区发展研究

第16章 攀西试验区政策支撑体系研究

建设攀西国家战略资源创新开发试验区是一个系统工程，需要财税政策、金融政策、价格政策、产业政策、土地政策等多方面政策的支持以及强化相关体制机制的创新，才能加快推进试验区结构调整和产业发展方式转变，提高资源科学开发和综合利用水平。

16.1 科技创新政策

1. 设立攀西战略资源创新开发专项资金

重点支持试验区重大科技攻关及产业化项目、人才培养引进项目，集中全国优势力量攻关，重点突破一批核心关键技术。在国家、省级、市级科技、战略性新兴产业、工业发展等专项资金安排上，对试验区建设项目给予倾斜支持。

2. 支持试验区创新平台建设

支持试验区高校、科研机构和企业建立省级工程（技术）研究中心、技术转移中心、科技企业孵化器重点实验室、工程实验室、企业技术中心、博士后科研工作站和创新实践基地，支持各类创新平台加大创新能力建设，在专项资金上予以支持。

3. 加快科技成果转化

建立鼓励成果转化和产业化的激励机制，强化研究开发和成果转化并重，畅通研究开发、中间实验、工程化实验到产业化的科技创新全流程。鼓励科技人员以技术入股、股权期权等方式转化自己的科技成果，对攀西试验区内企业以股份或出资比例等股权形式给予企业高端人才和紧缺人才奖励,参照实行已试点的股权激励个人所得税分期纳税政策。在科技攻关资金中留出一定比例用于解决科技成果转化中的重大科技问题。鼓励企业、社会资本投资成果转化,鼓励重大科技攻关形成的成果尽快向产业转化,鼓励将转化的收益部分继续投入攻关,形成科技攻关和成果转化的良性循环。对顺利实现转化的科技成果通过科技成果奖励和后补助的形式给予激励。对于钒钛、稀土产业带来重大突破的有功人员,获得的奖励资金,由国务院或财政部明确试验区市州政府比照省政府政策执行,免征个人所得税。

4. 重大科技项目突破

将攀西钒钛、稀土等技术开发纳入国家重大专项支持,从科技、发改、工信、财政以及国际合作等不同渠道支持攀西试验区开展事关钒钛、稀土等应用基础、中间试验、工程建设等重大技术攻关或工程项目,以关键领域和关键环节的突破促进钒钛等战略产业的提升。鉴于攀西战略资源综合利用技术创新的困境,必须寻求多学科、多角度、多思维的解决方案。建议将重大科技项目研究需求在网上公布,向全球征集创新方案。利用众创模式,使重大项目研究富于开放性,推进重大项目研究。

16.2 财税政策

攀西地区属于西部大开发倾斜性支持的范围,攀西地区的发展既需要依靠攀西地区自身的努力,更需要中央、省财政的支持。通过改革和完善现行财税政策、创新相关财税政策,从而构建起有力、有效、科学、系统的促进试验区发展的财税支持政策体系。

1. 明确财税政策的支持方向和重点领域

一是支持战略资源的合理开发和综合利用。财税政策要围绕攀西地区的钒钛、稀土、碲铋材料等战略资源,通过财税政策一方面促进钒钛、稀土、碲铋材料等战略资源的合理开发和资源节约;另一方面鼓励开发利用低品位矿,促进尾矿、废渣、废液、废气的循环利用,提高资源综合利用水平。二是支持战略资源开发的科技创新。要通过财税政策加大资金与人才扶持力度,针对资源开发利用主要技术瓶颈，加强研发创新体系和人才队伍建设，增强技术创新能力，加快钒钛产业的技术创新和突破相关技术瓶颈制约，提高产业竞争力。三是支持战略资源相关产业的发展。要通过财税政策支持钒钛、稀贵金属产品及深加工，提高稀土深加工和应用水平，加快推进碲铋矿开发，提高战略资源的深加工规模化、产业化水平，不断延伸产业链，壮大产业集群。四是支持攀西地区的生态环境保护。财税政策在促进战略资源开发利用的同时，也需要积极促进地区的生态环境保护，包括通过财税政策促进矿区生态环境破坏的修复，推进资源综合利用和清洁生产，减少资源开发中的污染物的排放，淘汰落后产能，实现节能减排。

2. 加快财政投入的立法工作

通过制度保障的方式实现试验区对于企业扶植的财政稳定投入，在相关法律中应明确产业和财政科技投入的经费占 GDP 或预算支出的法定比例，并在每年编制预算方案和决算报告中予以明细阐明，通过立法形式明确资金的使用原则、要求、方向或相关配套资金的比例等，杜绝研究与开发财政经费使用上的随意性和无效性，通过立法保护那些来自于政府财政对于中小企业的扶植力度和资金的有效使用。

3. 实施资源税从价计征等改革试点[①]

一是在对钒钛磁铁矿、稀土等资源实行从价计征改革的情况下，应降低钒钛磁铁矿的低品位矿和表外矿资源税税额和成本，鼓励对低品位矿和表外矿的开发利用；同时，提高稀土、碲铋矿的资源税税额水平，保护战略资源的节约利用和保护。二是结合国家资源税改革趋势，建议在攀西试验区进行煤炭、钒钛磁铁矿、稀土、碲铋矿等矿产资源从价计征的试点改革。其中，可考虑在攀西战略资源创新开发试验区率先进行稀土、碲铋矿等资源税改革，以及水资源费改征资源税的先行先试。

4. 建议将钒钛产业纳入《西部地区鼓励类产业目录》

钒钛等战略资源相关技术的开发利用和废弃物的综合利用，包括含钒废弃物提取技术，高效清洁提钒技术，钒合金及钒中间合金，钒颜料及钒催化剂，钒光学功能材料，钒能源材料，高效选钛技术，高钛型高炉渣、尾矿提取钛原料技

[①] 2016 年 7 月 1 日起，全面实施资源税从价计征改革。

术、清洁、高效、低能耗富钛料生产技术，高品质专用型钛白粉，钛中间合金，海绵钛、钛基合金及钛材，钛功能合金，钛精细化工及粉体功能材料，密闭、半密闭电炉冶炼高钛渣，钛白粉废弃物（主要为硫酸亚铁、废酸、酸性废水）的综合利用，采矿过程中剥离的低品位钒钛磁铁矿（铁品位18%以下）开发利用等，应纳入《西部地区鼓励类产业目录》（以下简称《目录》），享受财税〔2011〕58号文规定的西部大开发的税收优惠政策。使《目录》规定的产业项目为主营业务，且其当年度主营业务收入占企业收入总额70%以上的企业减按15%的税率征收企业所得税。

5. 给予试验区企业所得税及钒钛相关产品的出口退税政策

对试验区鼓励类产业企业给予所得税优惠。落实西部大开发税收优惠政策，对试验区鼓励类产业企业，减按15%的税率征收企业所得税。在现有的钒产品中，高钒铁、钒氮合金不属于"两高一资"产品，而属于资源综合利用，且高钒铁、钒氮合金技术含量较高。为鼓励企业加强资源综合利用和提高产品竞争力，建议对钒氮合金和高钒铁产品恢复5%出口退税率。同时，将不属于"两高一资"而属于资源综合利用的钛产品（海绵钛、钛粉、钛加工材），也考虑纳入出口退税的政策实施项目范围，并确定相应的退税率。

6. 加大国家、省财政投入

一是建议中央、省财政加大对攀西试验区的转移支付资金投入力度，包括专项转移支付、一般性转移支付、均衡性转移支付等。提高试验区自身的财力水平，增强试验区自我发展能力，增强试验区的竞争力，落实中央确定的建设攀西战略资源创新开发试验区的工作方针；二是考虑攀西地区的财力薄弱，配套资金要求超出地方财政收入水平，建议降低或取消县及县以下中央投资配套。

7. 改革财政支持方式

由事前补贴和事后补贴等转变为税费减免为主的间接激励，降低政府、企业博弈。争取国税部门对钢铁行业、钒钛资源综合利用产业给予最长5年税款以科研专项资金方式全额退回支持，助力推动钢铁行业升级转型和钒钛资源综合利用产业发展。特别是对开辟钢铁、钒钛、石墨等产业新领域的前三家企业以及为产业链主要产业及主要产品作配套的首家企业给予若干年的税收减免。

16.3 金融政策

1. 建立钒钛、稀土产业政府引导基金

争取中央和省加大对试验区发展的金融支持力度，积极协调相关部门大力支持试验区创立钒钛、稀土产业发展基金。按照政府引导、民间为主、专业管理、市场运作的工业融资格局，组建钒钛、稀土产业政府引导基金，吸引各类风险投资和社会资本进入钒钛、稀土资源综合开发领域，为钒钛、稀土企业的发展筹集专项资金，促进钒钛、稀土产业的升级发展和钒钛、稀土产业产品的推广应用。

2. 支持试验区发行债券

支持发行地方政府债券，地方政府债券资金的分配向试验区倾斜，用于区域交通、电力、油气管网等重大基础设施项目。支持试验区发行企业债券。对于试验区符合资源开发要求的重点产业和重点企业，允许企业根据市场需求和企业发展，经国家相关部门批准，面向社会发行中长期企业债券，国家在发行条件上给予适当支持。

3. 支持科技企业上市融资

建立鼓励试验区科技企业上市融资的领导协调体制，协调解决试验区科技企业上市融资过程中出现的问题。对应主板、中小板、创业板等多层次资本市场，关注并继续深入研究科技企业上市融资的相关环节及问题，帮助解决产业园区的成长型、科技型中小企业融资和在创业板或主板市场上市。

4. 筹建或引进更多的金融机构

加强金融业务、金融产品等方面创新，支持国内外各类商业银行、证券公司在试验区设立分支机构。中央、省财政在安排金融发展专项资金时，对试验区符合奖补政策条件的金融机构予以激励。引导银行业金融机构在攀西试验区设立科技支行，加大对科技创新和科技企业的支持力度。建立试验区产业投资基金。试验区产业投资基金既可直接投资产业和项目，也可与国内外创业风险投资机构、招募投资机构或基金公司开展参股、融资担保和投资等多种形式的合作推动PE、

VC 等风险资本投资，建设产业孵化基地。

16.4 土地政策

1. 制定试验区用地总体规划

做好试验区用地总体规划、分区规划，建立土地规划用途及评估管理机制，通过统一规划的土地功能合理布局和分区来促进产业功能的合理布局和土地利用效益的提高，同时加强政府对土地市场的调控。

2. 创新土地管理体系

完善试验区土地利用规划，建立试验区统一的土地利用规划管理制度。完善土地开发利用机制，建立健全与试验区开发开放相适应的土地管理制度，增强政府对土地供应的调控能力。探索建立土地利用总体规划评估修改制度，统筹城乡发展、耕地保护和生态建设。建立并完善节约集约用地机制，在项目特别是基础设施等占地量大的重大项目规划建设时，尽可能少占耕地。在不突破规划约束性指标的前提下，根据试验区发展实际，合理调整用地结构和布局，适当增加年度建设用地指标，提高用地审批效率。统筹试验区土地资源利用合作，拓展未来发展空间，共同推进开发开放。

3. 保障试验区建设用地

对试验区内符合国家产业政策的建设项目，在土地规划和年度用地计划上优先保障、及时供地。优先安排试验区增减挂钩项目。选择采矿后易于复垦为耕地或者恢复原农业用途、且完成采矿和土地复垦的周期不超过 5 年的矿种和矿体，开展采矿用地方式改革试点。省投资土地开发整理项目安排上对试验区适当倾斜。

4. 鼓励合理使用未利用地

对使用土地利用总体规划确定的设用地范围外的国有未利用地，且土地前期开发由土地使用者自行完成的工业项目用地，在确定土地出让价格时可按不低于所在地土地等别相对应《全国工业用地出让最低价标准》的 15% 执行。使用土地利用总体规划确定的建设用地范围内的国有未利用地，可按不低于所在地土地等别相对应《全国工业用地出让最低价标准》的50%执行。深化工矿废弃地复垦利用试点，将所有工矿废弃地纳入工矿废弃地复垦利用试点范围，允许复垦挂钩指标全市统筹使用，项目立项后先行下达50%挂钩指标；下放建设用地征（转）用审批权，扩大临时用地范围并延长用地时间，争取纳入低丘缓坡改革试点等。

16.5 产业政策

1. 争取差别化的产业政策

现行产业政策制约着攀西战略资源的开发利用。建议由省市主要领导带队，尽快与国家发展改革委产业协调司对接，争取国家对钒钛、稀土新技术、新工艺、新产品实施差别化的产业政策。一是争取国家区别对待钒钛资源综合利用及深加工项目与普通钢铁项目，对纳入试验区建设规划的项目，可作为开展前期工作的依据；二是对纳入《攀西国家级战略资源创新开发试验区建设规划》的项目，可作为开展前期工作的依据。对试验区内属省级核准、备案权限的鼓励类产业投资项目，由市（州）政府投资主管部门核准、备案。

2. 促进产业转型升级

加大节能减排投入力度，试验区淘汰落后产能、关闭小企业的，争取国家相关政策补贴，对未享受到国家相关政策补贴的企业，省级财政按规定给予适当补助。试验区发展循环经济相关项目，优先申报国家相关专项支持，省级相关专项资金予以配套。

16.6 能源政策

1. 实行电力和电价支持政策

允许试验区先行先试、用活用够试验区境内丰富的水电资源，蹚出一条钒钛、稀土企业与水电企业联营的新路子。支持试验区内电网建设，鼓励区内中小水电直接接入地方电网，就地消纳。区域内水电开发企业要为地方电力输出和下载预留接口。在试验区实行电力用户和发电企业直接交易的直购电试点。区域内的凉山、雅安实行留存电量政策，制定完善可再生能源发电定价政策。

2. 建立跨省跨区电力市场交易

进一步深化电力体制改革，完善跨省跨区电力市场交易机制。攀枝花与云南省交界，鉴于云南省由南方电网供电而电价低于攀枝花，且攀枝花的供电网架结构可独立成网，符合开展跨省跨区电力市场交易的条件。故建议将攀枝花打造为全国跨省跨区电力市场交易试点城市，按市场竞价机制，在国网与南方电网之间选择更具价格优势的供电企业为试验区工业供电[①]。

16.7 生态政策

1. 创新生态建设投入机制

督促试验区县级人民政府充分调动用地单位积极性，多渠道筹集矿区生态植被恢复资金，优先将矿区生态植被恢复纳入地方财政、重点生态功能区转移支付、森林植被恢复费、矿产资源补偿费和造林补贴等项目资金安排范围。

2. 统筹污染治理

加强重金属污染国家级重点防控区西昌市、会理县、会东县以及重金属污染省级重点防控区攀枝花东区、仁和区、雅安汉源县、石棉县、凉山州冕宁县监控及评价，统筹污染治理项目，加强区域环境整治。继续争取国家在区域污染防治、重金属污染综合防治等专项资金的支持，以资源综合利用、清洁生产和污染减排为重点，推进区域环境整治。

3. 强化生态建设技术支撑

组织开展矿区生态保护与恢复调查研究，针对不同类型矿区实际，提出加快

---

① 栗素娟，田川，等. 攀西战略资源创新开发试验区建设对策再研究［R］. 2016.

矿区生态植被恢复技术措施,制定生态植被恢复技术标准。通过新兴高科技手段改善生态环境,推动试验区内的生态环境平衡。

4. 实行严格的环境一票否决制度

禁止污染和大面积破坏植被的资源开发性活动,建立起生态保护的补偿机制推动政府对人民群众生态保护方面的补偿和奖励,不断完善污染防治、淘汰落后产能、天然林保护等方面的政策支持体系,使之与经济的发展相配套。

16.8 人才政策

实施人才引进特殊政策。对试验区紧缺急需的高层次、高技能人才,其住房、户籍、就医、配偶就业、子女入学等享受我省人才引进有关优惠政策。对试验区范围内政府机关紧缺急需的高层次人才,经省公务员主管部门批准后可按特殊职务考录办法招录,或经国家公务员局同意后按聘任制公务员管理试点办法实行聘任。省实施的"千人计划""百人计划""西部之光访问学者""博士服务团""新世纪百千万人才工程"和"优秀企业家培育计划"等人才和引智项目向试验区倾斜。攀枝花市、雅安市、凉山州及相关县(市、区)都针对试验区建设与发展分别制订了人才引进和培养计划①。

---

① 2017年6月,攀枝花市委、市政府制定了《攀枝花人才新政七条》;2017年6月,中共凉山州委组织部、中共凉山州委宣传部等八个部门制定《凉山州高层次和急需紧缺人才引进稳定培养办法(试行)》;汉源县制定了人才津贴、安家补助等;石棉县人才资助、安家补助等;同时,实施"梧桐引凤""亲情顾家"等奖励政策。

第 17 章　攀西试验区发展建议

深化改革，扩大开放，理顺政府与市场在创新试验区资源配置中的关系，更加注重创新改革试验框架与具体创新政策的有效对接，进一步夯实发展基础，推进体制机制创新，创新资源开发模式，优化产业布局，推进重大技术创新。

17.1　夯实自身发展基础

1. 树立试验区主体意识

攀枝花市、凉山州、雅安石棉、汉源承担着国家钒钛资源创新开发利用的重大使命，是试验区建设的重要主体，甚至是核心主体，其自身的建设能力直接关系着整个试验区建设的成败。一是试验区在其发展初期阶段，主要是借助特殊优惠政策来实现超常规发展，但试验区依靠的不是特殊优惠政策驱动，而是依靠体制机制创新来实现超常规发展；二试验区不是依靠外部的力量来发展自己，主要靠内部的力量来发展自己。因此，试验区建设的主体是攀西地区而非国家，必须围绕战略资源创新开发利用这一主题，在体制机制方面做出切实可行的创新，有效解决攀西地区资源开发和产业发展所面临的难题。

2. 加强基础设施建设

发挥基础设施的先导效应，进一步加大试验区建设投入，继续抓好基础设施建设，不断提高试验区项目承载能力。推行试验区内企业标准化生产，加快建设标准化厂房，不断提升和完善生活配套设施。加快区域交通枢纽建设，为壮大钒钛、稀土产业集群构筑现代化交通平台。加快城市电网建设，确保电力需求。加快钒钛产业园区基础设施建设，做好产业园区扩园升级工作。加快发展生产性服务业，支撑资源综合开发利用。

3. 完善公共服务平台

适应产业转型升级和高端要素聚集需要，提升试验区公共服务平台的适应性，吸引社会资本参与公共服务平台建设和运营，逐步形成社会化、市场化、专业化的公共服务体系。加快建设统一开放的智慧园区云服务平台。围绕创新链、产业链推进生产性服务业资源整合，集聚产业配套服务资源。加快推进试验区知识产权服务平台建设，面向企业探索开展知识产权信息修订推送服务。

4. 营造良好发展环境

坚持科学发展、创新发展，进一步解放思想，大胆探索，勇于改革，先行先试，推进体制机制和管理创新，深化开放合作，着力构建优胜劣汰、公平竞争和资源要素自由流动、配置优化的市场环境，努力形成规则统一、公正透明、便捷高效、监管有力的制度保障。按照专业化、精细化、实时化要求，提升融资、人才、技术、管理、市场、信息、法律等服务水平。发挥社会组织的桥梁纽带作用，探索构建企业、社会组织和政府之间的良性互动机制，鼓励通过政府采购、项目招标、合同外包、委托代理、志愿者服务、公共参与等。

17.2　创新资源开发模式

1. 实施开放开发战略

（1）实施充分开放合作，引导各类投资主体和资本要素在试验区聚集发展。重点加强与央企和国家级科研机构合作，在战略资源开发利用和重大科技攻关等领域优先支持有实力的大集团和国家级科研机构进入。支持引导多种所有制企业重点发展下游产业和深加工应用。加强战略资源开发利用的薄弱环节和关键领域招商引资，重点引进深加工及高端制品、尾矿及废弃物综合利用项目等。

（2）优化战略资源配置。实施开放开发资源配置时，应符合四川省矿产资源总体规划、试验区建设发展规划和其他专项规划。资源开发企业的采选规模、生产工艺、资源利用指标必须满足国家和省相关规划及国土资源部发布的矿产资源合理开发利用"三率"指标要求。攀西红格矿区钒钛磁铁矿开发，还须符合《四川红格矿区矿产资源开发利用规划》的规模要求及准入条件，在综合开发铁、钒、钛资源的同时，还要积极进行科技攻关，探索利用铬、钴、镍、镓等多种有益组分。

2. 加快矿区规范整合

结合我省金属非金属矿山整顿工作，逐步建立矿山企业良性的退出机制。矿山开采规模达不到国家和省最低规模要求的，限期整改或关闭；矿山企业实际"三率"指标达不到国家规定的"三率"指标要求的，责令其在规定时间内整改，整改后仍未达标的矿山企业，不予通过矿产资源开发利用年度检查。完成攀枝花钒钛磁铁矿矿区选厂整合，重点加快红格北矿区选矿企业整合，整合为两家规模化现代化采选集团。凉山州重点规范整合会东、会理铁矿资源，将现有矿山企业整合为1~2家。进一步加强稀土矿山清理整顿，将稀土矿山开发企业整合为3~5家，提高可持续发展能力。

3. 推进企业兼并重组

以市场为导向，以资本为纽带，以企业为主体，通过外引内联，推进强强联合，加大资源和产业整合力度，鼓励具备规模、技术、资金优势的大型企业兼并、重组、收购中小型矿山企业，通过政策引导，促使规模较小、技术薄弱、资金缺乏的矿山企业向优势企业转让矿业权，实现矿山升级改造；支持现有矿业权整合并进行整体勘查和规模化开发利用，推进战略资源向优势企业集中。发展一批有实力的大型企业和企业集团，提高产业集中度和核心竞争力。支持有实力的大企业集团延伸产品链，兼并重组上下游关联企业，重点推进四川钒钛钢铁集团组建工作，研究组建四川稀土产业集团。努力实现资源的集约高效利用和价值最大化，提升攀西战略资源开发利用的整体水平。

4. 强化资源综合利用

按照国家批复的矿业权设置方案，坚持资源配置的市场化取向，提高资源开发利用的进入门槛和准入条件，对试验区内资源开发企业根据资源及条件制定技术水平和资源综合利用等激励约束指标，建立矿产资源开发的进入和退出机制。重要矿区要配置给有实力的优势企业集团，提高资源综合利用和产业技术水平。积极支持战略资源节约与综合利用示范工程、示范基地建设。坚持自主创新和技术引进相结合，加强创新能力建设，推进产、学、研、用协同攻关，突破核心关键技术，切实提高战略资源开采回采率、选矿回收率、综合利用率。加快科技成果转化，扩大应用领域。

5. 加强战略资源保护

攀西战略资源创新开发试验区内钒钛磁铁矿资源、稀土矿资源、碲铋矿资源属国家战略资源。确定攀枝花市红格南矿区钒钛磁铁矿区、凉山州稀土矿区、雅安市碲铋矿区为战略资源保护区。进一步加大钒钛资源勘查力度，做好钒钛资源储备工作。严格按照国家批复的矿区规划，切实加强资源科学开发利用和保护。充分利用好现有矿山和资源，严格限制新开矿区。在铬、镍、钪、镓等共伴生稀有金属规模化综合利用技术取得突破前，对红格南矿区实行封闭性保护。稀土开发要严格执行国家下达的稀土开采总量控制指标。加快推进钒钛磁铁矿资源整装勘查，提高铁矿石资源保障度和钒钛产业可持续发展能力。做好稀土矿、碲铋矿等资源保护，实现资源优化配置、有序开发、合理利用。

17.3 促进产业转型升级

1. 优化产业布局

试验区要打破行政区划限制，建立利益共享机制，调整优化园区布局，促进试验区内资源、要素合理流动和优化配置，推进产业布局调整。重点建设攀枝花钒钛铬钴产业基地、凉山钒钛稀土产业基地和石棉、汉源共建碲铋产业基地"三大基地"，攀枝花国家钒钛高新技术产业开发区、攀枝花高新技术产业园区、西昌钒钛产业园、凉山稀土科技产业园、德昌循环经济产业园和雅安汉源石棉工业园"六大园区"。攀枝花钒钛铬钴钢铁基地，主要发展钒钛特种材料、稀贵金属综合利用、钒钛铸造及深加工产品、化工、石墨新材、钒功能、高端钛制品等产业产品，打造千亿园区、国家级园区和全国重要的钒钛技术研发中心。凉山钒钛稀土产业基地重点发展精品钢、高档钛白、钒氮合金、钒铝合金、稀土深加工、钒钛特种合金、特色铸造、机械制造及零部件等产业产品，打造百亿园区和重要的稀土研发中心。雅安石棉汉源碲铋产业基地。包括四川石棉工业园等，主要开发碲铋、铅锌等有色资源开发，打造特色园区。

2. 调整产品结构

充分发挥比较优势，以延伸产业链、提升价值链为目标，大力调整产业产品结构。钛产业重点发展氯化法钛白、高档专用钛白等高端产品，加快发展钛合金及钛材等，积极开发大飞机制造及航空航天、海洋工程及船舶制造、医疗器械、高端消费品等系列钛合金材料及深加工制品。钒产业稳步提高冶金用钒规模水平，重点开发钒电池、高品质钒钢等，大力发展钒铝合金、氧化钒薄膜材料等。提高钒钛磁铁矿伴生金属的分离、提取及深加工规模化、产业化水平。积极推进稀土冶炼企业兼并重组，发挥攀西水电优势，建设规模化现代化火法冶炼生产装置，大力提高稀土深加工和应用水平。大力发展以汽车零部件为代表的钒钛铸造及装备制造等。推进碲铋矿开发利用，重点发展碲化镉薄膜太阳能电池等。

3. 推进产业升级

坚持高端切入、发展产业高端，着力延伸产业链、提升价值链，紧盯国防军工、航空航天、海洋工程、医疗器械等领域及消费升级新需求，大力调整产业产品结构，重点发展精深加工和终端应用，构建产业竞争新优势。

17.4　推进重大技术创新

采取自主创新和技术引进相结合的方式，针对资源开发利用主要技术瓶颈，整合科研力量，加强研发创新体系建设，加强产业技术攻关，突出应用技术开发，攻克一批对攀西资源开发利用和产业发展具有战略意义的重大技术，提高产业竞争力。

1. 加强科技创新平台建设

加快推进钒钛稀土创新体系建设，促进产学研结合。将目前组建的钒钛磁铁矿资源综合利用产学研技术创新战略联盟升级为国家级技术创新联盟；以攀钢、川威、达钢、龙蟒、宏达等重点企业为骨干，建设一批国家级企业技术中心；整合各方科技资源，加快建设国家钒钛工程技术研究中心和重点实验室、工程实验室，将攀枝花钒钛资源综合利用国家重点实验室建设为国家钒钛材料工程技术研究中心，搭建多层次、多方式的技术创新平台。加强与国内外科研机构交流合作，深化产、学、研、用合作，鼓励多种形式的联合攻关，试点重大科技攻关全球招标，吸引优秀人才创业发展。发展技术成果交易，促进科研成果转化。

2. 开展重大技术攻关

积极争取国家支持，进一步加大省级财政投入力度，支持重大科技攻关及产业化重点项目，筛选一批核心关键技术攻关项目争取纳入国家相关科技专项。发挥四川省同科技部等部省合作优势，建立钒钛产业专家指导委员会。加强与中科院及国防军工等有关科研单位合作，推进重大技术攻关和新产品研发。着眼于支持战略性新兴产业发展和国家重大工程，加强钒钛、稀土等应用技术开发。鼓励企业增加研发投入，落实国家鼓励自主创新扶持政策，建设创新型产业区。

参 考 文 献

[1] 胡昌绪，李思校，杜维宣．金色的攀枝花［M］．成都：四川科学技术出版社，1990：24．

[2] 郑有贵，张春鸿．三线建设和西部大开发中的攀枝花［M］．北京：当代中国出版社，2013：22－26，70－71．

[3] 陈东林．三线建设：备战时期的西部开发［M］．北京：中共中央党校出版社，2003：15．

[4] 陈睦富．"三线建设"的回顾与历史启示［J］．咸宁师专学报，2000（4）：44－51．

[5] 中共中央文献研究室．周恩来传（1949—1976）（下）［M］．北京：中央文献出版社，1998：511．

[6] 薄一波．若干重大决策与事件的回顾（下）［M］．北京：中共中央党校出版社，1993：1204．

[7] 中共中央党史研究室，中央档案馆．中共党史资料（第74辑）［Z］．北京：中共党史出版社，2000：189．转引自杨学平．论三线建设与攀枝花城市化进程［J］．濮阳职业技术学院学报，2011（6）：123－128，136．

[8] 国家计委档案．《1965年计划纲要（草案）》［A］．转引自郑有贵，张春鸿．三线建设和西部大开发中的攀枝花［M］．北京：当代中国出版社，2013：31．

[9] 刘吕红，阙敏．"三线"建设与四川攀枝花城市的形成［J］．唐都学刊，2010（10）：58－62．

[10] 周振华．试论国家级生态经济与资源开发试验区［J］．国土经济，1999（4）：16－18．

[11] 费孝通．梁山行（上）［J］．瞭望周刊，1991（35）：4－6．

[12] 费孝通．梁山行（中）［J］．瞭望周刊，1991（36）：5－6．

[13] 林毅夫．新结构经济学：反思经济发展与政策的理论框架（增订版）

[M]．苏剑，译．北京大学出版社：2014：146．

[14] 栗素娟，田川，等．攀西战略资源创新开发试验区建设对策再研究[R]．2016．

[15] 张旭辉，李博，杨勇攀，史仕新．攀西战略资源创新开发试验区利益协调模式设计[J]．开发研究，2015（1）：26－29．

[16] 顾朝林，赵令勋．中国高技术产业与园区[M]．北京：中信出版社，1998：105－117．

[17] 黄宁燕．论发展我国高新技术产业开发区的战略问题[J]．科技进步与对策，1998（5）：1－2．

[18] 牟宝柱．中国高新技术产业开发区理论与实践[M]．北京：中国物价出版社，1999：29－48．

[19] 姜彩楼，徐康宁．区位条件、中央政策与高新区绩效的经验研究[J]．世界经济，2009（5）：56－64．

[20] 孙丽文，于建朝，吕静韦．区域高新技术产业生长模型与实证研究[M]．北京：经济科学出版社，2015：10－30．

[21] 王稳妮，李子成．国家级高新区创新发展探析[J]．宏观经济管理，2016（2）：79－82．

[22] 郝静．美国支持高新技术产业发展的启示[J]．中国财政，2017（2）：66－67．

[23] 高博．基于SWOT定量分析模型的河南省高新技术产业发展环境分析[J]．统计与决策，2018（10）：109－112．

[24] 李强．国家高新区产业集聚实证研究——生产要素集中的规模效益分析[J]．科学学研究，2007，25（6）：1112－1121．

[25] 杨莉莉，王宏起．产业集群与区域经济协调发展机制及对策[J]．科技与管理，2008（2）：7－10．

[26] 武巧珍．高新区创新环境与产业集聚作用的理论探讨[J]．科技情报开发与经济，2013（24）：129－131．

[27] 徐维祥，方亮．华东地区高新技术园区创新对区域经济增长影响的实证研究[J]．经济地理，2015（2）：30－36．

[28] 麻彦春，马海斌．高新区产业集聚的经济效应研究[J]．中国高校科技，2014（10）：85－87．

[29] 顾元媛，沈坤荣．简单堆积还是创新园地？——考察高新区的创新绩

效[J]. 科研管理, 2015, 36 (9): 64 - 71.

[30] 董慧梅, 侯卫真, 汪建苇. 复杂网络视角下的高新技术产业集群创新扩散研究——以中关村产业园为例[J]. 科技管理研究, 2016 (5): 149 - 154.

[31] 童心, 陶武杰. 发达国家高新技术产业集群政策及其对我国的启示——以美日法为例[J]. 改革与战略, 2018 (5): 111 - 117.

[32] 窦江涛, 綦良群. 高新技术产业开发区可持续发展评价指标体系的研究[J]. 科技与管理, 2001 (1): 9 - 11.

[33] 朱斌, 王渝. 我国高新区产业集群持续创新能力研究[J]. 科学学研究, 2004 (5): 529 - 537.

[34] 朱少鹏, 曾刚. 基AHP方法的高新区竞争力指标体系分析——以中关村、张江、深圳高新区为例[J]. 工业技术经济, 2008 (6): 101 - 106.

[35] 陈家祥. 国家高新区功能异化偏离的测定与评价[J]. 科技进步与对策, 2009 (20): 134 - 138.

[36] 胡树华, 解佳龙, 王松, 王姣. 基于多级模糊综合评价法的国家高新区竞争力研究[J]. 软科学, 2011 (5): 53 - 56.

[37] 石晓梅, 胡珑瑛. 高新区创新绩效测度指标体系的研究[J]. 燕山大学学报(哲学社会科学版), 2003 (3): 26 - 29.

[38] 常玉, 董秋玲. 科技园区技术创新能力影响因素与绩效的关系研究[J]. 软科学, 2006 (2): 119 - 124.

[39] 河南省高新技术产业开发区发展评价研究课题组. 高新技术产业开发区评价指标体系研究——以河南省为例[J]. 调研世界, 2017 (11): 60 - 65.

[40] 李罗力. 对我国综合配套改革试验区的若干思考[J]. 开放导报, 2006 (10): 8 - 11.

[41] 陈文玲. 津沪深综合配套改革的背景与障碍——兼论三地的自由港建设[J]. 开放导报, 2007 (4): 15 - 7.

[42] 郝寿义, 高进田. 试析国家综合配套改革试验区[J]. 开放导报, 2006 (4): 25 - 28.

[43] 汪玉凯. 浦东综合改革试验区: 开启新一轮摸着石头过河[N]. 第一财经日报, 2005 - 6 - 24.

[44] 肖安民, 赵炜. 扎实推进武汉城市圈"两型社会"试验区建设[J]. 政策, 2008 (1): 23 - 26.

[45] 余鲁, 白志礼. 国家综合配套改革试验区的绩效评价研究[J]. 重庆

工商大学学报（社会科学版），2009，26（1）：39.

[46] 欧阳涛. 长株潭试验区统筹城乡发展水平评价[J]. 统筹城乡土地资源开发与利用高级研讨会，2011.

[47] 耿中华，杨志辉. 基于DEA方法的"合芜蚌试验区"经济效益分析[J]. 中国集体经济，2010（6S）：81-82.

[48] 李雪松，孙博文，夏怡冰. 两型社会建设绩效评价与影响因素研究——来自两型建设综合配套改革试验区的实证[J]. 科技管理研究，2014（15）：50-55.

[49] 汪晓梦，汪琛. 合芜蚌自主创新试验区科技创新绩效评价研究——基于灰色关联和主成分视角[J]. 嘉兴学院学报，2016，28（2）：64-69.

[50] 赵述. 基于灰色关联分析的泉州金融综合改革试验区建设成效评价[J]. 金融理论与实践，2016（12）：22-28.

[51] 谢丽彬，李民. 自贸试验区创新绩效评价指标体系研究[J]. 广西民族师范学院学报，2016，33（6）：72-75.

[52] 王家庭. 国家综合配套改革试验区制度创新的空间扩散机理分析[J]. 经济学研究，2007（7）：39-44.

[53] 林凌. 统筹城乡发展的重大举措[J]. 经济体制改革，2007（9）：5-12.

[54] 郝寿义，封旭红. 综合改革试验区的制度创新与经济增长研究[J]. 天津师范大学学报（社会科学版），2011（5）：31-35.

[55] 王佳宁，罗重谱. 我国综合配套改革试验区的现实定位与管理体制创新[J]. 马克思主义与现实，2012（6）：128-138.

[56] 程栋，王家庭. 论国家综合配套改革试验区制度创新[J]. 贵州社会科学，2015（3）：140-146.

[57] 王厚双. 沈阳加快建设国家全面创新改革试验区的对策思考[J]. 沈阳干部学刊，2015（5）：5-7.

[58] 王家庭. 国家综合配套改革试验区与区域经济发展研究[J]. 天津师范大学学报（社会科学版），2006（8）：12-16.

[59] 杨建文，胡晓鹏. 综合配套改革：基于沪津深的比较研究[J]. 上海经济研究，2007（3）：3-12.

[60] 袁易明. 综合配套改革：制度需求、改革重点与推进战略[J]. 开放导报，2006（10）：15-19.

[61] 张晓雯, 陈伯君. 统筹城乡发展: 国外经验借鉴及启示——以成都试验区建设为例 [J]. 财经科学, 2010 (3): 118-124.

[62] 彭荣胜. 欠发达地区农村改革发展综合试验区建设与区域协调发展——以河南省为例 [J]. 理论与改革, 2010 (1): 135-137.

[63] 吴金和, 范人伟. 合芜蚌自主创新试验区建设中的问题与对策 [J]. 合肥学院学报 (社会科学版), 2010, 27 (5): 19-22.

[64] 王钦敏, 程津培, 谢广祥, 徐国兴. 加快合芜蚌自主创新综合配套改革试验区建设步伐 完善安徽区域创新体系 [J]. 中国发展, 2010, 10 (5): 1-4.

[65] 杨敬宇, 聂华林. 兰州—西宁区域经济一体化试验区建设研究 [J]. 地域研究与开发, 2010, 29 (4): 27-31.

[66] 赵蓓文. 新型开放格局下的上海自由贸易试验区建设 [J]. 上海行政学院学报, 2014, 15 (1): 37-45.

[67] 王利平. 地方制度创新的困境与路径——以福建自贸试验区建设为例 [J]. 中共福建省委党校学报, 2016 (10): 67-72.

[68] 杨爱平. 广东自贸试验区建设与粤澳合作机制再创新 [J]. 华南师范大学学报 (社会科学版), 2015 (6): 111-114.

[69] 周宏春. "两山理论" 与福建生态文明试验区建设 [J]. 发展研究, 2017 (6): 6-12.

[70] 唐光荣, 欧德宇. 攀西战略资源创新开发试验区科技体制机制创新的对策研究 [J]. 攀枝花学院学报, 2015 (2): 6-10.

[71] 攀枝花市政协教科文卫体委员会. 攀枝花加快攀西战略资源创新开发试验区开发建设对策研究 [J]. 攀枝花科技与信息, 2015 (1): 12-27.

[72] 罗连. 国家级开发区转型背景下的攀西战略资源创新开发试验区发展思考 [J]. 成都行政学院学报, 2014 (2): 80-82.

[73] 石伟. 关于开发试验区财税优惠政策的探讨——以攀西国家级战略资源创新开发试验区为例 [J]. 冶金财会, 2014 (7): 48-50.

[74] 王一涵, 焦秀君. 超理性创新动机与攀西试验区创新人才集聚 [J]. 四川理工学院学报 (社会科学版), 2018 (4): 56-75.

[75] 陈秀山. 区域经济理论 [M]. 北京: 商务印书馆, 2003.

[76] 吴强. 政府行为与区域经济协调发展 [M]. 北京: 经济科学出版社, 2006.

[77] 颜鹏飞. 经济增长极理论述评 [M]//吴易风. 西方经济学与世界经济

的发展. 北京：中国经济出版社，2003.

[78] [美] 保罗·克鲁格曼. 发展、地理学与经济理论 [M]. 蔡荣，译. 北京：北京大学出版社，2000.

[79] 王缉慈，等. 超越集群：中国产业集群的理论探索 [M]. 北京：科学出版社，2010.

[80] 蔡宁，吴结兵. 产业集群企业网络体系：系统建构与结构分析 [J]. 重庆大学学报（社会科学版），2006（2）：9-14.

[81] 史晋川，谢瑞平. 区域经济发展模式与经济制度变迁 [J]. 学术月刊，2002（5）：49-55.

[82] 朱伟东. 区域经济集群研究——论长江三角洲区域经济的演进 [D]. 上海：复旦大学，2003.

[83] 王锋正. 生态经济视角下西部资源型企业自主创新能力的培育机理研究 [D]. 呼和浩特：内蒙古大学，2007.

[84] 傅允生. 资源禀赋与专业化产业区生成 [J]. 经济学家，2005（1）：84-90.

[85] 张伟. 西部地区资源型产业集群化发展分析 [J]. 统计与决策，2008（10）：107-109.

[86] 赵海东. 资源型产业集群：概念与形成机理 [J]. 广播电视大学学报（哲学社会科学版），2006（4）：90-93.

[87] 徐康宁，王剑. 自然资源丰裕程度与经济发展水平关系的研究 [J]. 经济研究，2006，46（1）：78-89.

[88] 胡援成，肖德勇. 经济发展门槛与自然资源诅咒——基于我国省际层面的面板数据实证研究 [J]. 管理世界，2007（4）：15-24.

[89] 邵帅. 煤炭资源开发对中国煤炭城市经济增长的影响——基于资源诅咒学说的经验研究 [J]. 财经研究，2010，36（3）：90-101.

[90] 张亮亮，张晖明. 比较优势和"资源诅咒"悖论与资源富集地区经济增长路径选择——基于对中国地区间经济增长差异原因的扩展分析 [J]. 当代财经，2009（1）：81-87.

[91] 杜辉. 资源型城市可持续发展保障的策略转换与制度构造 [J]. 中国人口·资源与环境，2013，23（2）：88-93.

[92] 郭存芝，罗琳琳，叶明. 资源型城市可持续发展影响因素的实证分析 [J]. 中国人口·资源与环境，2014，24（8）：81-89.

[93] 苏剑. 经济发展的内在逻辑和正确路径 [J]. 经济研究, 2012 (11): 157-159.

[94] 林毅夫. 新结构经济学——反思经济发展与政策的理论框架 [M]. 苏剑, 译. 北京: 北京大学出版社, 2012.

[95] 余永定. 发展经济学的重构——评林毅夫《新结构经济学》[J]. 经济学（季刊）, 2013, 12 (3): 1075-1078.

[96] 张曙光. 市场主导与政府诱导——评林毅夫的《新结构经济学》[J]. 经济学（季刊）. 2013, 12 (3): 1079-1084.

[97] 韦森. 探寻人类社会经济增长的内在机理与未来道路——评林毅夫教授的新结构经济学理论框架 [J]. 经济学（季刊）, 2013, 12 (3): 1051-1074.

[98] 胡春生, 蒋永穆. 资源富集区产业转型困境: 基于发展序的比较 [J]. 资源科学, 2011, 33 (4): 743-750.

[99] 李国平, 郭江. 能源资源富集区生态环境治理问题研究 [J]. 中国人口·资源与环境, 2013, 23 (7): 42-48.

[100] 黄解宇, 常云昆. 对西部地区转移支付的均等化模型分析 [J]. 财经研究, 2005, 31 (8): 111-123.

[101] 周茂权. 点轴开发理论的渊源与发展 [J]. 经济地理, 1992 (2): 49-52.

[102] 吴传清, 孙智君, 许军. 点轴系统理论及其拓展与应用: 一个文献述评 [J]. 贵州财经学院学报, 2007 (2): 7.

[103] 周起业, 刘再兴, 祝诚, 张可云. 区域经济学 [M]. 北京: 中国人民大学出版社, 1989: 127-134, 151-152.

[104] 郭凡生. 评国内技术的梯度推移规律——与何钟秀、夏禹龙老师商榷 [J]. 科学学与科学技术管理, 1984 (12): 19-22.

[105] 李国平, 许扬. 梯度理论的发展及其意义 [J]. 经济学家, 2002 (4): 69-75.

[106] 郭凡生, 王伟. 贫困与发展 [M]. 杭州: 浙江人民出版社, 1988: 121-128.

[107] 徐传谌, 庄慧彬. 加快市场化进程是振兴东北老工业基地的根本出路 [J]. 社会科学战线, 2003 (6): 78-85.

[108] 龚六堂. 经济增长理论 [M]. 武汉: 武汉大学出版社, 2000.

[109] 许广义. 东北老工业基地改造模式研究 [D]. 哈尔滨: 哈尔滨工程

大学，2006：91.

[110] 张复明. 资源型经济：理论解释、内在机制与应用研究 [M]. 北京：中国社会科学出版社，2007：225-230.

[111] [美] 西蒙·库兹涅茨. 各国的经济增长：总产值和生产结构 [M]. 常勋，等译. 北京：商务印书馆，1999：161-165.

[112] [美] 霍利斯·钱纳里. 发展的型式：1950—1970年 [M]. 李新华，等译. 北京：经济科学出版社，1988：60-81.

[113] 肖文，樊文静. 中国服务业发展悖论：基于"两波"发展模式的研究 [J]. 经济学家，2012（7）：88-95.

[114] 魏作磊，胡霞. 我国服务业发展水平偏低吗？[J]. 经济学家，2005（1）：37-43.

[115] 陈凯. 服务业在经济发展中的地位和作用：国外理论书评 [J]. 经济学家，2005（4）：112-118.

[116] 郑琼洁，李程骅. 现代服务业与城市转型关系的审视与思考 [J]. 城市问题，2011（12）：9-15.

[117] 曲艺，李鲲，张建蕊. 生产性服务业在资源型城市转型中的作用机制及对策 [J]. 对外经贸，2013（10）：81-83.

[118] 刘好香，李志红. 郴州市资源型城市服务业发展的现状与对策 [J]. 韶关学院学报（社会科学版），2009（2）：89-92.

[119] 张旺，申玉铭，曾春水. 十五以来中国资源型城市服务业发展研究 [J]. 经济地理，2012（8）：57-63.

[120] 陈保启，李为人. 生产性服务业的发展与我国经济增长方式的转变 [J]. 中国社会科学院研究生院学报，2006（6）：86-90.

[121] 张米尔，武春友. 资源型城市产业转型障碍与对策研究 [J]. 经济理论与经济管理，2001（2）：35-38.

[122] 李哲，李镕臣. 资源型城市产业转型的困境分析与路径选择 [J]. 经济研究导刊，2015（27）：19-20.

[123] 贺天龙，伍检古. 珠三角生产性服务业集聚的实证研究 [J]. 中国市场，2010（10）：66-69.

[124] 李普峰，李同升. 西安市生产性服务业空间格局及其机制分析 [J]. 城市发展研究，2009（3）：87-91.

[125] 韩元军. 国外生产性服务业研究的新进展 [J]. 中国流通经济，2011

(2): 7-11.

[126] 邓丽姝. 生产性服务业的经济服务功能——以北京市为例 [J]. 中国流通经济, 2013 (7): 62-69.

[127] 陈殷, 李金勇. 生产性服务业区位模式及影响机制研究 [J]. 上海经济研究, 2004 (7): 52-57.

[128] 万千欢, 千庆兰, 陈颖彪. 广州市生产性服务业影响因素研究 [J]. 经济地理, 2014, 34 (1): 89-93.

[129] 杜德瑞, 王喆, 杨李娟. 工业化进程视角下的生产性服务业影响因素研究 [J]. 上海经济研究, 2014 (1): 3-16.

[130] Cooper. The Role of Incubator Organizations in the Founding of Growth-oriented Firms [J]. *Journal of Business Venturing*, 1985, 34 (3): 94-116.

[131] Link, Scott. The Growth of Research Triangle Park [J]. *Small Business Economics*, 2003, 20 (2): 167-175.

[132] Dijk. Government Policies with Respect to an Information Technology Cluster in Bangalore India [J]. *European Journal of Development Research*, 2003, 12 (2): 93-108.

[133] Francis, Winston, Feichin. An Analytical Framework for Science Parks and Technology Districts with an Application to Singapore [J]. *Journal of Business Venturing*, 2005, 20 (2): 217-239.

[134] Felsenstein. University-related Science Parks—"Seedbeds" or "Enclaves" of Innovation? [J]. *Technovation*, 1994, 14 (2): 93-110.

[135] Phillmore. Beyond the Linear View Science Park Evaluation: An Analysis of Western Australian Technology Park [J]. *Technovation*, 1999, 19 (11): 673-680.

[136] Park Sang-Chul. Science Parks in Sweden as Regional Development Strategies: A Case Study on Ideon Science Park [J]. *AI & Society*, 2002, 16 (3): 288-298.

[137] Kihlgren. Promotion of Innovation Asctivity in Russia Through the Creation of Science Parks: the Case of St. Petersburg (1992—1998) [J]. *Technovation*, 2003, 23 (1): 65-76.

[138] Lofsten, Lindelof. Science Park Effects in Sweden: Dimensions Critical for Firm Growth [J]. *International Journal of Public Policy*, 2006, 1 (4): 451-475.

［139］ Athreye. Agglomeration and Growth: A Study of the Cambridge Hi-Tech Cluster ［J］. *SSRN Electronic Journal*, 2001: 1-46.

［140］ Felsenstein D. Do High Technology Agglomerations Encourage Urban Sprawl? ［J］. *The Annals of Regional Science*, 2002, 36 (4): 663-682.

［141］ Hansson, Husted, Vestergaard. Second Generation Science Parks: From Structural Holes Jockeys to Social Capital Catalysts of the Knowledge Society ［J］. *Technovation*, 2005, 25 (9): 1039-1049.

［142］ JunKoo J. Agglomeration and Spillovers in a Simultaneous Framework ［J］. *The Annals of Regional Science*, 2005, 39 (1): 35-47.

［143］ Wersching K. Agglomeration in an Innovative and Differentiated Industry with Heterogeneous Knowledge Spillovers ［J］. *Journal of Economic Interaction and Coordination*, 2007, 2 (1): 1-25.

［144］ Klimis V., Theodore T. Spatial Agglomeration of Manufacturing in Greece: Sectoral Patterns and Determinants ［J］. *European Planning Studies*, 2013 (21): 1853-1872.

［145］ Andrzej C., Mahdi G. Agglomeration Externalities, Market Structure and Employment Growth in High-tech Industries: Revisiting the evidence ［J］. *Miscellanea Geographica*, 2015 (19): 76-81.

［146］ Thorelli H. B. Networks: between markets and hierarchies ［J］. *Strategic Management Journal*, 1986 (7): 37-51.

［147］ Tichy, G. *Clusters, Less Dispensable and More Risky Than Ever Clusters and Regional Specialization* ［M］. London: Pion Ltd, 1998: 180-191.

［148］ J R Boudeville. *Problems of Regional Economic Planning* ［M］. Edinburgh: Edinburgh University Press, 1966: 10-11.

［149］ Corden W. M, Neary J. P. Booming Sector and De-Industrialization in a Small Open Economy ［J］. *Economic Journal*, 1982, 92 (368): 825-848.

［150］ Hall R. E, Jones C. I. Why Do Some Countries Produce So Much More Output Per Worker Than Others? ［J］. *Quarterly Journal of Economics*, 1999, 114 (1): 83-116.

［151］ Knack S., Keefer P. Institutions and Economic Performance: Cross-country Tests Using Alternative Institutional Measures ［J］. *Economics and Politics*, 1995, 7 (3): 207-227.

[152] Engerman, Stanley L. , Kenneth L Sokoloff. The Evolution of Suffrage Institutions in the New World [J]. *Journal of Economic History*, 2005, 65 (12): 891 – 921.

[153] Sonin K. Why the Rich May Favor Poor Protection of Property Rights [J]. *The Journal of Comparative Economics*, 2003, 31 (4): 715 – 731.

[154] Mehlum H. , Moene K. , Torvik R. Institutions and The Resource Curse [J]. *The Economic Journal*, 2006, 116 (1): 1 – 20.

[155] G Grabher. The Weakness of Strong Ties: The Lock-in of Regional Development in the Ruhr Area [J]. *The Embedded Firm On the Socioeconomics of Industrial Networks*, 1993: 255 – 277.

[156] Colin Clark. The Conditions of Economic Progress [M]. London: Macmillian, 1940.

[157] Coffey W. J. The Geographies of Producer services [J]. *Urban Geography*, 2000, 21 (2): 170 – 183.

[158] Herbert G. Grubel, Michael A Walker, Service and the Changing Economic Structure [J]. *Services in World Economic Growth Symposium institute*, 1989, 23 (5): 11 – 18.

[159] Geo W. The Growth of Producer Services Industries: Sorting through the Externalization Debate [J]. *Growth and Change*, 1991 (22): 118 – 141.

[160] Harrington J. W. Empirical Research on Producer Service Growth and Regional Development: International Comparisons [J]. *The Professional Geographer*, 1995, 47 (1): 66 – 74.